Deutschland in den Siebzigerjahren. Katharina Berner stammt aus einer gut situierten Unternehmerfamilie, geht aber seit jeher ihren eigenen Weg. Dass sie Jura studieren wollte, statt eine Familie zu gründen, haben weder ihr Vater, der alte Patriarch, noch ihre Mutter oder Schwestern je verstanden. Doch sie hat sich durchgesetzt und arbeitet in einer großen Kanzlei in Köln – glücklich ist sie allerdings nicht. Die männlichen Kollegen machen ihr den Alltag zur Hölle, am liebsten würde sie sich selbstständig machen. Nur wie, wenn nicht einmal jemand Büroräume an sie vermieten will? Da bittet eine junge Frau Katharina um Hilfe: Rita Maiburg besitzt eine Pilotenlizenz, versucht jedoch vergeblich, eine Anstellung zu bekommen. Die Lufthansa hat ihre Bewerbung mit der Begründung abgelehnt, dass sie grundsätzlich keine Frauen als Piloten einstellt. Diese Ungerechtigkeit will Rita sich nicht gefallen lassen. Katharina nimmt den Fall an, und die beiden beschließen zu klagen – gegen die Lufthansa und die BRD. Einen Verbündeten findet Katharina in ihrem Vermieter Theo, der sie nach Kräften unterstützt. Doch wird es den beiden Frauen gelingen, Ritas Traum vom Fliegen endlich Wirklichkeit werden zu lassen?

Christine Drews ist Schriftstellerin und Drehbuchautorin. Mit ›Schattenfreundin‹ veröffentlichte sie 2013 ihren ersten Roman, der in sechs Sprachen übersetzt und fürs ZDF verfilmt wurde. Neben Kriminalromanen und Thrillern schreibt sie auch Familienromane. Außerdem verfasst sie Drehbücher für Filme und TV-Serien. Nachdem Christine Drews einige Jahre in England gelebt hat, wohnt sie heute mit ihrer Familie in Köln.

Christine Drews

Freiflug

Roman

DUMONT

Dieses Buch wurde klimaneutral produziert.

März 2022
DuMont Buchverlag, Köln
Alle Rechte vorbehalten
© 2021 DuMont Buchverlag, Köln
Umschlaggestaltung: Lübbeke Naumann Thoben, Köln
Umschlagabbildung: © Susan Fox / Trevillion
Gesetzt aus der Adobe Caslon
Druck und Verarbeitung: CPI books GmbH, Leck
Gedruckt auf säurefreiem und chlorfrei gebleichtem Papier
Printed in Germany
ISBN 978-3-8321-6624-3

www.dumont-buchverlag.de

Für Emil und Johan

PROLOG

2. SEPTEMBER 1977

Der Nebel war so dicht, dass sie kaum etwas erkennen konnte. Zum Glück herrschte wenig Verkehr, um diese Uhrzeit lagen die meisten Menschen noch in ihren Betten. Selbst hier auf dem platten Land, wo es die Bauern doch sonst viel früher nach draußen trieb. Vermutlich war sie die Einzige, die so früh arbeiten musste, dachte sie seufzend. Sie war spät dran, in einer halben Stunde begann ihr Dienst, und Fehler konnte sie sich nicht erlauben. Ob sich daran jemals etwas ändern würde? Jürgen war neulich eine halbe Stunde zu spät gekommen, und keiner hatte etwas gesagt. Aber bei ihr schauten alle ganz genau hin, das spürte sie deutlich.

Obwohl die Sicht unter fünf Metern lag, trat sie aufs Gaspedal. Der Motor heulte auf, aber ihr hellblauer VW Käfer trug sie blitzschnell den kleinen Hang hinauf. Er zog immer noch gut, dachte sie zufrieden. Dem Milchtankwagen, der wie aus dem Nichts vor ihr auftauchte, konnte sie nicht mehr ausweichen.

1

20. APRIL 1974

Katharina Berner saß in der Bibliothek der Villa ihrer Eltern. Ihre Mutter hatte die Kaffeetafel dort decken lassen, es gab Schwarzwälder Kirsch- und Prinzregententorte, gebacken von Martha, der Haushälterin im Hause Berner. Der vertraute, leicht muffige Geruch der alten Bücher hatte sich mit dem Duft von Kaffee und Kuchen vermischt, und der Raum, in dem Katharina früher stundenlang gelesen hatte, bekam dadurch eine ganz andere Aura.

Traute Berner nahm sich gerade ihr zweites Stück Torte, was von ihrer ältesten Tochter Eva kritisch beäugt und von Hanna, der zweitgeborenen, besorgt kommentiert wurde. Während ihre Schwestern mit der Mutter die Zuckerwerte diskutierten, fiel Katharinas Blick durch die Sprossenfenster auf die Terrasse, die im herrlichsten Sonnenschein lag. Eine bildschöne Blondine, höchstens dreißig Jahre alt, schenkte einem gut aussehenden Mann und zwei ausgesprochen hübschen Kindern dort gerade Kaffee und Kakao ein. Dann bekam jeder ein Stück Erdbeerkuchen, bevor sich die dauerlächelnde Frau mit an den Tisch setzte, der mit einer strahlend weißen Decke und gutem Porzellan gedeckt war. Die Malheure kamen völlig unerwartet: Der Mann kleckerte Kaffee auf sein blütenweißes Hemd, dem Jungen fiel der Kakao um und dem kleinen Mädchen ein Stück Erdbeerkuchen auf den Tisch. In Erwartung einer schlimmen Standpauke starrten alle ängstlich auf die Blondine. Gleichgültig beobachtete Katharina die Reaktion der Frau, die ausfiel wie immer. Lächelnd sah sie über das Desaster hinweg und zog wie aus dem Nichts eine Flasche Semil unter dem Tisch hervor. Obwohl Katharina nicht hören konnte, was die Frau sagte, kannte sie den Text in- und auswendig: »Das macht doch nichts, mein Lieber. Mit Semil wird dein Hemd im Nu wieder blütenrein. Und das gute Tischtuch erst recht.« Daraufhin drehte sie sich zur Kamera und lächelte noch glücklicher als zuvor, während die anderen im Hintergrund erleichterte Gesichter machten. »Semil. Für strahlend weiße Wäsche.« – »Und eine glückliche Hausfrau«, fügte der Mann noch mit einem selbstzufriedenen Lächeln hinzu und tätschelte der Blondine die Wange, deren Gesicht bei dem ganzen Strahlen eigentlich längst hätte verkrampfen müssen.

Zufrieden klopfte Karl Berner seinem Sohn Erich auf die Schulter, als der Werbefilm im Kasten war. Die beiden standen neben dem Kameramann und hatten von da aus die gesamten Dreharbeiten genau beobachtet. Es war nicht das erste Mal, dass auf dem Anwesen der Berners gedreht wurde. Nachdem Willy Brandt, der damals noch Außenminister gewesen war, vor sieben Jahren auf der Funkausstellung in Berlin einen symbolischen roten Knopf gedrückt und damit den Startschuss für das Farbfernsehen in der BRD gegeben hatte, waren die kurzen Werbefilme immer beliebter geworden. Besonders in der Waschmittelindustrie. Kein Wunder, schließlich ließ sich die *strahlende Leuchtkraft* und die *bunte Vielfalt* der Wäsche im Farbfernsehen deutlich leichter transportieren, als es in den Schwarz-Weiß-Filmen möglich gewesen war. Und da die Jugendstilvilla der Berners den perfekten Rahmen für eine solche Reklame abgab, war es für den Firmengründer nur naheliegend, hier zu drehen. Warum sollte man

Geld für ein gemietetes Objekt ausgeben, wenn der Chef den perfekten Drehort sein Eigentum nennen durfte? Dafür war Karl viel zu sparsam.

Katharina hatte den Geschäftssinn ihres Vaters immer bewundert, und es hatte sie nie gestört, wenn ihr Elternhaus für Dreharbeiten genutzt wurde. Aber hätte er den Dreh diesmal nicht um einen Tag verschieben können? Das Wetter war traumhaft, für Ende April fast sommerlich. Sie hätten auf der Terrasse sitzen können, alle zusammen, und nicht nur die Frauen. Immerhin war heute der fünfundsiebzigste Geburtstag ihrer Mutter.

»Heute werde ich mir ja wohl ein zweites Stück genehmigen dürfen«, sagte Traute.

»Natürlich darfst du das, Mama.« Katharina legte ihr eine Hand auf den Arm.

Eva verdrehte die Augen. »Dir ist wohl egal, ob sie einen Zuckerschock bekommt.«

»Nein, ist es nicht«, antwortete Katharina und versuchte, eine möglichst freundliche Tonlage beizubehalten. Im Gespräch mit ihrer fünfzehn Jahre älteren Schwester fiel ihr das manchmal schwer. »Mama hat doch den besten Überblick über ihre Zuckerwerte und weiß genau, wann sie spritzen muss. Keiner kann besser entscheiden als sie, ob sie noch ein Stück Torte essen darf oder nicht.«

Traute lächelte sie an. »Wo du recht hast, hast du recht, mein Kind.« Demonstrativ steckte sie sich ein besonders großes Stück Kuchen in den Mund.

Eva verzog das Gesicht, wodurch ihre Zornesfalte auf der Stirn noch deutlicher zum Vorschein kam. Früher war sie ein hübsches Mädchen gewesen. Groß gewachsen und mit einer schlanken Figur, dazu die blauen Augen und die blonden Haare – kein Wunder, dass die Amerikaner sie nach Kriegsende, da war sie gerade zwanzig, kaum in Ruhe lassen wollten. Eva war der Inbegriff des deutschen Fräuleins gewesen, was im völlig zerstörten Köln seine Vor- und Nachteile gehabt hatte. Vielleicht war das der Grund, warum sie so schnell nach Kriegsende geheiratet hatte. Katharina war auf der Hochzeit Blumenmädchen gewesen und erinnerte sich noch genau, wie alt ihr Evas Mann damals vorgekommen war. Dr. Konrad Kruse war bereits fünfunddreißig, als er ihre Schwester zum Traualtar führte. Ein gestandener Arzt mit gut laufender Praxis, ein Katholik, besser hatte es Eva gar nicht treffen können, glaubte Karl Berner, der sich freute, dass endlich bessere Zeiten kommen würden.

Katharina betrachtete ihre älteste Schwester, wie sie schlecht gelaunt an der Geburtstagstafel ihrer Mutter saß und an ihrem Kaffee nippte. Die hübsche und hoffnungsvolle Braut von damals konnte man nur noch erahnen. Eva wurde bald fünfzig und kam Katharina manchmal eher wie eine Tante als wie eine Schwester vor. Die Haare immer perfekt frisiert, grundsätzlich nur in Rock und Bluse gekleidet, gehörte sie eindeutig einer anderen Generation an. Vier Kinder und fünf Fehlgeburten hatten Evas schlanken Körper üppig werden lassen, und ihr Ehemann hatte sich im Laufe der Jahre zu einem nervtötenden Besserwisser entwickelt, jedenfalls empfand Katharina das so, die ihren Schwager nicht lange ertragen konnte.

»Wir fliegen im Sommer an die Côte d'Azur«, sagte Hanna, offenkundig bemüht, das Thema zu wechseln. »In dasselbe Hotel, in dem Erich und Barbara letztes Jahr waren.«

»Wie schön«, meinte Traute. »Die waren ja ganz begeistert. Besonders von den Partys … Hoffentlich ist das auch was für die Kinder.«

»Peter und Claudia bleiben hier. Sie gehen so lange zu Uwes Schwester.«

»Das ist vernünftig.«

»Was machen eure Kreuzfahrtpläne?«, fragte Hanna, und die Mutter seufzte.

»Ach, ich habe gar keine Lust. Aber euer Vater will ja unbedingt. Ich würde viel lieber nach Norderney fahren.«

Eva nickte. »Da ist es ja auch immer schön. Wir fahren auch wieder hin.« Sie drehte sich zu Katharina. »Und du? Hast du Sommerpläne? Alleine zu fahren ist natürlich immer ein bisschen blöd ...«

Darauf hatte Katharina gewartet. In den letzten Jahren hatte es keine Familienfeier gegeben, bei der sie nicht auf ihre private Situation angesprochen wurde. Sie war nun vierunddreißig Jahre alt und immer noch unverheiratet. Für ihre Familie ein unhaltbarer Zustand.

»Ach was, das ist gar nicht blöd«, antwortete sie. »Ich mag es ja, allein zu reisen. Da ist man total frei und kann tun und lassen, was man will, ohne auf jemanden Rücksicht nehmen zu müssen. Das ist toll!«

»Und man hat nie jemanden bei sich. Weder beim Frühstück noch beim Abendessen. Das ist so traurig.« Jetzt war der Spott in Evas Stimme deutlich zu hören, und auch Hanna, die sich bei diesen Streitereien meistens zurückhielt, musste grinsen.

»Ob das immer so ist, steht ja noch auf einem ganz anderen Blatt«, sagte Katharina und lachte. Die anderen blieben still.

Sie sah, wie ihre Mutter die Lippen zusammenpresste, als würden ihre Dritten jeden Moment herausfallen. Katharina wusste, wie sehr sie es hasste, wenn ihre Mädchen sich stritten, auch wenn sie schon seit Jahren nichts mehr dazu sagte. Aber heute war ihr Geburtstag, und Katharina wollte ihn ihr nicht verderben. »Wo soll eure Kreuzfahrt denn hingehen?«, fragte sie ihre Mutter deshalb.

Während Traute Berner die Route zu den Kanarischen Inseln erläuterte, fiel Katharinas Blick wieder auf die Terrasse, wo Erich sich mit dem blonden Model unterhielt. Offensichtlich war er sehr zufrieden mit ihrer Arbeit, jedenfalls sah es so aus, als würde er die junge Frau die ganze Zeit loben. Er legte ihr lächelnd eine Hand auf die Schulter, nickte anerkennend, während er mit ihr sprach, und die Frau strahlte über das ganze Gesicht.

Ihr Bruder, der zwischen Eva und Hanna geboren worden war, hatte offiziell die Geschäftsführung übernommen, auch wenn der Seniorchef nach wie vor die Zügel in der Hand hielt. Von Geburt an war Erich auf die Leitung der Firma getrimmt worden. Da die Gebäude am Stadtrand und in Rheinnähe standen, um die Abwässer auf kurzem Weg im Fluss entsorgen zu können, hatten sie den Krieg einigermaßen unbeschadet überstanden, sodass Karl in den Nachkriegsjahren ein gefragter Mann gewesen war und seinem Sohn ein florierendes Unternehmen hatte übergeben können. Erst in den letzten Jahren hatten sie sich von der Großwäscherei getrennt, die sie jahrelang neben der Waschmittelproduktion betrieben hatten, und alle Energie in die Expansion von Semil gesteckt. Seitdem die Kölner Hotelbetriebe ihre Wäsche nicht mehr bei ihnen wuschen, schäumte der Rhein an dieser Stelle deutlich weniger.

»Wo ist Barbara eigentlich?«, fragte Katharina. Sie mochte Erichs Frau. Eine schlaue und lustige Person, die sie als Bereicherung in der Familie empfand.

»Sie ist unpässlich«, antwortete ihre Mutter. »Wenn sie sich heute Abend besser fühlt, kommt sie zum Essen.«

»In letzter Zeit kränkelt sie aber häufig«, meinte Eva. »Was hat sie denn?«

»Das kann ich dir nicht sagen, ich habe sie nicht gefragt.«

Niemals würde ihre Mutter genauer nach einer Krankheit fragen. Brach sich jemand ein Bein oder wurde vom Schlag getroffen, dann war das etwas anderes. Es war offensichtlich, und so erkundigte man sich natürlich nach dem Heilungsverlauf. Aber Krankheiten, die sich im Inneren abspielten, die womöglich noch Organe betrafen, über die man sowieso nicht sprach, die wurden besser ignoriert. Schließlich wollte man weder den Betroffenen noch sich selbst in eine peinliche Situation bringen.

»Möchtet ihr noch einen Sherry?«, fragte ihre Mutter, und als alle bejahten, stand Hanna auf und drückte auf den Knopf, der neben der Zimmertür angebracht war.

In fast allen Räumen im Erdgeschoss der Villa befand sich ein solcher Klingelknopf, er war direkt mit der Küche verbunden, in der sich Martha üblicherweise aufhielt. Kurz darauf erschien sie dann auch in der Bibliothek und nahm die Wünsche der Familie entgegen. Katharina fand das alles andere als zeitgemäß. Beim Bau der Villa in den Zwanzigerjahren mochte das im noblen Stadtteil Marienburg modern gewesen sein, aber heute? In der Zeit, die es brauchte, um nach Martha zu läuten, hätten sie den Sherry längst selbst holen können und der alten Haushälterin damit ein bisschen Lauferei erspart.

»Sollte Martha nicht längst in Rente sein?«, fragte sie, nachdem diese den Sherry gebracht und wieder in der Küche verschwunden war.

»Warum sollte sie?«, entgegnete ihre Mutter. »Martha hat doch niemanden. Wir sind so was wie ihre Familie, hier wird sie gebraucht, das hält sie am Leben.«

Schöne Familie, dachte Katharina, die einen in der Küche hocken ließ und bei Bedarf zu sich pfiff wie einen Hund.

»Vielleicht wäre Marthas Leben ganz anders verlaufen, wenn sie nicht immer hier gewesen wäre«, gab sie zu bedenken und dachte an das *Mädchenzimmer*, in dem Martha seit Jahrzehnten wohnte. »Wenn sie einen normalen Arbeitstag gehabt hätte, abends nach Hause gegangen wäre, dann hätte sie heute vielleicht ein Privatleben.«

Ihre Mutter sah sie mit großen Augen an. »Du kennst doch ihre Vorgeschichte! Außerdem ist sie Hauswirtschafterin. Da hat man nun mal keine Familie.«

»Nicht nur als Hauswirtschafterin«, warf Eva ein. »Als Juristin scheint einem das ja nicht anders zu gehen.«

Katharina unterdrückte ein genervtes Stöhnen. »Das ist ja wohl etwas anderes. Ich habe einen Feierabend, ein Privatleben und Freizeit, die ich sehr genieße.«

»Martha hat montags immer frei!«, sagte ihre Mutter. »Und die Wochenenden haben wir ihr grundsätzlich doppelt bezahlt, weil wir immer so viele Empfänge gegeben haben. Sie hat es doch wirklich gut bei uns.«

»Sicher …« Katharina wich ihrem Blick aus und sah aus dem Fenster. Es hatte überhaupt keinen Zweck. Solche Diskussionen hatten sie schon zuhauf geführt, und ihre Mutter hatte nie Verständnis für ihren Standpunkt gezeigt. In Trautes Augen war die Anstellung in der Villa das Beste, was Martha hätte passieren können. Sie war ein Mädchen aus einfachen Verhältnissen gewesen, als sie Anfang der Dreißigerjahre in dem Haushalt angefangen hatte. Alternativ hätte sie in einer Fabrik im Akkord schuften können, was weniger Geld und härtere Arbeit bedeutet hätte, die für sie womöglich gar nicht auszuhalten gewesen wäre. Wenn sie überhaupt welche gefunden hätte; die wirtschaftliche Situation war damals so schwierig, dass eigentlich nur Männer in den Fabriken eingestellt wurden, wenn überhaupt. Auf dem Land konnten sich alleinstehende Frauen ohne Ausbildung noch als Magd ausbeuten lassen, aber in den großen Städten gab es sonst höchstens eine Anstellung als Zimmermädchen, jedenfalls wenn man anständig bleiben wollte. Als junges Mädchen hatte Martha an Tuberkulose gelitten. Eine Heirat verbot sich daher für sie, so eine konnte in den Dreißigerjahren nicht Mutter werden, das war keinem Mann zuzumuten, der am Ende womöglich allein mit seinen Kindern dastand. Ihre tödliche und angeblich stark lebenszeit-verkürzende Krankheit hatte Martha bereits über fünfzig Jahre hinter sich gelassen. Sie war nie wieder ausgebrochen, und Katharina konnte sich nicht erinnern, dass die kräftige Frau mit der grauen Dauerwelle jemals auch nur einen Schnupfen gehabt hatte.

Ihre Mutter unterdrückte ein Gähnen. »Ich würde mich bis zum Abendessen gern noch ein wenig hinlegen.«

»Macht dir dein Zucker jetzt doch zu schaffen?«, fragte Hanna besorgt, und Eva sah ihre Mutter tadelnd an.

»Nein, nein«, antwortete diese. »Ich bin fünfundsiebzig. Das macht mir zu schaffen.« Sie lachte.

»Soll ich dir nach oben helfen?«, fragte Katharina und ärgerte sich im nächsten Augenblick über die Frage.

Voller Unverständnis sah ihre Mutter sie dann auch an. »So schlimm ist es nun auch nicht. Fünfundsiebzig ist ja keine Krank-heit«, sagte sie kopfschüttelnd und stand auf, was ihr einige Mühe bereitete.

*

Rita Maiburg lag auf einer karierten Picknickdecke und hatte ihren Kopf an Franks Oberschenkel gelehnt, der neben ihr saß und Bier trank. Ihre ganze alte Clique von früher war gekommen, um beim ersten Open-Air-Festival des Jahres dabei zu sein, dem Spring Festival, wie die Veranstalter es genannt hatten. Savoy Brown, Thin Lizzy, Ufo und Electric Mud sollten spielen, aber noch röhrte eine unbekannte Vorband auf der Bühne.

Es war ihr nicht schwergefallen, München zu verlassen und wieder ins heimische Rheinland zu ziehen. Aber es war schwer gewesen, sich einzugestehen, dass er sich nicht verwirklicht hatte, ihr Traum von einem Leben als Pilotin. Als Co-Pilotin und Bürokraft hatte sie gearbeitet, bis der kleine Betrieb, der sich auf die Fracht wertvoller Güter spezialisiert hatte, geschlossen wurde. Seitdem hatte sie nichts Neues gefunden, jedenfalls nichts, was sie langfristig machen wollte. Vielleicht hätte sie als Kellnerin oder Verkäuferin irgendwo arbeiten können, auch eine Anstellung als Sekretärin wäre sicherlich möglich. Aber sie wollte keinen Kompromiss eingehen und sich von ihrem Lebenstraum verabschieden, jedenfalls noch nicht jetzt. Dafür war sie mit zweiundzwanzig noch zu jung. Allerdings hatte sie sich eine Frist gesetzt: Wenn es bis zum Jahresende mit ihrem Traumjob nicht klappen sollte, dann musste sie etwas anderes finden. Auf Dauer war die Arbeitslosigkeit einfach zu deprimierend, und ihren Eltern wollte sie auch nicht länger auf der Tasche liegen.

Sie ließ den Blick über das Festivalgelände schweifen. Auf den Rheinwiesen tummelten sich bestimmt zehntausend Leute, eingehüllt in eine Wolke aus Marihuana. Einige Mädchen trugen die Röcke so kurz, dass sie nur knapp den Po bedeckten, andere so lang, dass sie beim Laufen fast stolperten. Und bei den Jungs sah es nicht anders aus, nur dass sie statt Röcken Hosen trugen. Es war angenehm warm, die Sonne schien, und es war sicher schon über zwanzig Grad. Dementsprechend gut war die Stimmung, die Festivalbesucher tanzten, tranken oder genossen einfach die Atmosphäre, so wie Rita, der es in ihrer Schlaghose aus dunkelbraunem Cord und dem engen grünen Pulli fast zu warm wurde.

Vor ihnen lag ein junges Paar auf einer verfilzten Decke. Das Mädchen trug einen Blumenkranz im Haar, den sie in der letzten halben Stunde aus Gänseblümchen geflochten hatte. Aber jetzt lag ihr Freund halb auf ihr und durchwühlte mit den Fingern ihre lange Mähne, sodass der Kranz nach und nach zerstört wurde. Die beiden knutschten so wild herum, dass Frank sich einen Spruch nicht verkneifen konnte.

»Pass auf, Mädchen, sonst erstickt er dich noch mit seiner Zunge!«

Rita lachte, und auch das Pärchen kicherte kurz, ließ sich aber sonst nicht groß irritieren und knutschte hemmungslos weiter.

»Savoy Brown und Thin Lizzy haben angeblich abgesagt«, meinte Uta, die mit einer Ladung Kölsch zur Picknickdecke zurückgekehrt war. Als sie sich auf den Boden hockte, um die Flaschen abzustellen, rutschte ihr geblümter Minirock hoch, sodass ihre Unterhose zu sehen war. Dort, wo sich ihre Scham verbarg, war das Wort *Dienstag* zu lesen, und Rita dachte unwillkürlich, dass heute doch Samstag war.

»Ausgerechnet die? Woher weißt du das?«, fragte sie ihre Freundin.

»Dahinten hängen ein paar ältere Semester von der Uni rum. Die wussten es. So 'n Mist.«

»Allerdings. Und das erklärt natürlich, warum diese miese Vorband so lange spielt.« Frank stöhnte. Seine langen Haare hingen ihm über die Schultern und waren an der einen Seite etwas angesengt, was seinem neuen Feuerzeug anzukreiden war, das ihn beim Zigarettenanzünden mit einer übergroßen Flamme überrascht hatte. »Ich bin nur wegen Thin Lizzy hier.« Genervt trank er sein Bier auf ex.

Rita rutschte mit dem Kopf von seinem Oberschenkel und lag nun lang ausgestreckt auf der Decke. Während sich ihre Freunde über die Vorband und die schlechte Organisation des Festivals ausließen, blickte sie in den wolkenlosen Himmel. Der Flughafen Köln/Bonn war nicht sonderlich weit entfernt, und die startenden und landenden Maschinen überflogen in regelmäßigen Abständen das Festivalgelände.

Das Gefühl zu fliegen war unvergleichlich, ganz anders, als nur als Passagier in einer Maschine mitzufliegen. Das erste Mal würde sie niemals vergessen. Schon als kleines Mädchen war sie vom Fliegen begeistert gewesen und hatte lieber mit Spielzeugflugzeugen gespielt als mit ihren Puppen. Schließlich hatte sie so lange auf ihren Vater eingeredet, bis er ihr erlaubte, einen Segelflugschein zu machen. Es war ein ungewöhnliches Hobby, damals, Ende der Sechzigerjahre, vielleicht noch ungewöhnlicher als heute, kostspielig und gewiss nicht ungefährlich. Wäre ihr Patenonkel nicht Mitglied im Segelflugverein gewesen und hätte er nicht ein gutes Wort für sie eingelegt, hätten ihre Eltern es vermutlich nie zugelassen. Aber so konnte sie schon als Jugendliche das Fliegen lernen, als einziges Mädchen im ganzen Verein. Es war wie ein Rausch, nur eben einer, bei dem sie klar denken konnte, klarer als sonst. Rita hatte das Gefühl, dass ihr Gehirn auf Hochtouren arbeitete, wenn sie hinter dem Steuerknüppel saß. Vielleicht lag es am Adrenalin, das dann durch ihren Körper raste, jedenfalls gab es keinen Ort, an dem sie konzentrierter und fokussierter war als im Cockpit. Und glücklicher war sie auch nirgendwo. Daran konnten auch die vielen abfälligen Bemerkungen nichts ändern, die sie dauerhaft zu hören bekam, seitdem sie zum ersten Mal ein Flugzeug gesteuert hatte. Die Lehrer in ihrer alten Schule hatten sie belächelt, als sie von ihrem Wunsch zu fliegen hörten, und der Pfarrer in ihrer Gemeinde hatte sie sogar sehr ernst ermahnt, sie solle diese Flausen besser schnellstmöglich aus ihrem Kopf verbannen, bevor noch ein Unglück geschehe. Wenigstens in ihrem alten Segelflugverein hatte man sich inzwischen an die Tatsache gewöhnt, dass sie die einzige Frau unter all den männlichen Hobbyfliegern war. Aber auch das war ein langer Weg gewesen.

Sie ließ den Joint an sich vorüberziehen, der über der Picknickdecke kreiste, und dachte daran, dass sie bald schon wieder fliegen würde. Ihre Bewerbung für die Lufthansa war fertig, sie brauchte nur noch ein anständiges Foto, dann konnte sie die Mappe zur Post bringen. Und sie glaubte ganz fest daran, dass es mit einer Anstellung klappen würde. Sie gehörte nun mal in die Luft, das spürte jeder, der sie kannte, und das würden auch die Verantwortlichen von der Lufthansa merken.

Plötzlich beugte sich Frank über sie und drückte seine Lippen auf ihren Mund. Einen Augenblick später spürte sie, wie er ihr den Rauch in den Rachen blies. Kichernd und hustend stieß sie ihn zurück.

»Das ist ekelhaft!«

»Das ist ein original Blow Job.« Frank lachte. »Durch meine Lippen wirst du breit«, fügte er voller Pathos hinzu. Dann nahm er einen tiefen Zug und stieß ein paar Rauchkringel in die Luft.

Rita strich sich ihre schulterlangen, dunkelblonden Haare aus dem Gesicht und nahm ihm den Joint aus der Hand. »Gib her. Auf Blow Jobs kann ich heute gut verzichten.« Sie sog den Rauch tief in die Lungen und hustete erneut. »Was ist das für ein Kraut?«, krächzte sie heiser. Im Gegensatz zum süßlichen Duft, der von dem Joint ausging, war der Geschmack, den sie nun im Mund hatte, eher bitter. »So was hab ich ja noch nie geraucht.«

»Schwarzer Afghan. Das Beste, was der Markt hergibt. Ich bin gespannt, wie er vor Ort schmecken wird.« Frank nahm ihr den Joint wieder ab und rauchte mit geschlossenen Augen weiter.

»Ach ja, die große Reise ins Glück. Habt ihr denn den Bulli inzwischen auf Vordermann gebracht?«, fragte Rita. Frank wollte mit drei anderen Jungs nach Afghanistan fahren und dort den schönsten Kifferurlaub seines Lebens verbringen.

»Der Bulli läuft. Ich hoffe, er hält auch«, antwortete er. »Wir haben ja einiges vor. Erst mal bleiben wir ein bisschen in Herat, dann weiter über Kandahar nach Kabul; da sollen die Straßen sehr gut sein.«

»Was immer das da unten auch heißt.«

»Stimmt. Aber in Kabul wollen wir ein bisschen bleiben. Vielleicht fahren wir von da noch in das Bamiyan-Tal, wo diese berühmten Buddha-Statuen stehen. Ansonsten wollen wir es ja entspannt angehen lassen.«

Rita grinste. Ein paar Wochen dauerbekifft durch Afghanistan zu reisen war für Frank und seine Kumpels das Schönste, das sie sich vorstellen konnten.

»Und ihr wollt die ganze Zeit im Bulli pennen?«

Frank zuckte mit den Schultern. »Mal schauen. Ein paar Hostels gibt es da schon. Wir sind ja nicht die Ersten, die so einen Trip machen.«

»Stimmt.« Rita wusste, dass sich Afghanistan in den letzten Jahren zu einem beliebten Reiseziel entwickelt hatte. In erster Linie unter Hippies. Auch wenn der Drogenkonsum in dem Land nicht erlaubt war, so war er offenbar doch allgegenwärtig und wurde von offizieller Seite geduldet. Selbst Polizisten verkauften wohl Haschisch auf den Straßen, das in rauen Mengen in den Tälern des Hindukuschs angebaut wurde. Jedenfalls hörte man solche Geschichten immer wieder von Reisenden, die bereits dort gewesen waren.

»Wenn du wiederkommst, bin ich vielleicht schon offizielle Lufthansa-Pilotin«, sagte sie.

»Cool«, meinte Frank und formte seine Hände zu einer Kugel, durch die er an dem Joint zog. Durch die größere Sauerstoffzufuhr verstärkte sich die Wirkung. »Wenigstens eine von uns, die es zu was bringt.«

Er blickte sie mit seinen glasigen Augen an, reichte den Joint weiter und bekam einen respektablen Lachanfall, als plötzlich weißer Vogelmist auf Utas Schulter landete. Auch Rita musste lachen. Sie mochte ihre alte Clique, die so unbeschwert und sorgenfrei war. Keiner von ihnen machte sich groß Gedanken um die Zukunft. Uta studierte zwar in Köln und Rita hatte neben ihrer Flugausbildung noch eine Ausbildung im mittleren nichttechnischen Betriebsdienst der Bundesanstalt für Flugsicherung absolviert, aber damit waren sie auch die Einzigen aus der Truppe. Frank feierte seit zwei Jahren seine Ausmusterung aus der Bundeswehr wegen eines verkürzten Beins, von dem man eigentlich nichts merkte. Und die anderen waren noch in der *Orientierungsphase*, wie sie es so schön nannten, und hingen in erster Linie rum.

Frank griff in die Innentasche seiner viel zu engen Jeansjacke und holte ein kleines Tütchen hervor, in dem sich einige daumennagelgroße Papierstückchen befanden, auf die ein Smiley gedruckt war. Er bot Rita eines der Papierstückchen an, aber sie schüttelte nur lächelnd den Kopf. Sie fühlte sich jetzt schon so unbeschwert und leicht, dass sie keine Verstärkung mehr brauchte.

»So jung kommen wir nicht mehr zusammen!«, rief Frank und legte eines der Papierchen auf seine Zunge. Genüsslich schloss er die Augen und streckte sich lang neben Rita aus.

*

Katharina lag auf dem Bett, in dem sie in ihrer Kindheit und Jugend geschlafen hatte, und starrte an die Decke. Es war ein merkwürdiges Gefühl, in ihrem Kinderzimmer zu sein, meistens vermied sie es. Aber während ihre Mutter sich vor dem Abendessen etwas hingelegt hatte, wollte auch Katharina für einen Moment ihre Ruhe haben. Bei dem opulenten Mahl, zu dem sie sich gleich mit der ganzen Familie einfinden würde, gab es noch genügend

Gelegenheiten, um mit den Geschwistern aneinanderzugeraten, und dafür brauchte sie gute Nerven. Einen Streit wollte sie nach wie vor gern umschiffen. Keiner konnte wissen, wie oft sie diesen Tag noch gemeinsam feiern würden. Die meisten Freunde ihrer Eltern waren jedenfalls schon tot oder würden es in absehbarer Zeit sein, so sehr hatten sie abgebaut. Und bei Traute wurden mit zunehmendem Alter die Wehwehchen auch nicht weniger, selbst wenn sie sich noch so sehr bemühte, ihren Diabetes zu ignorieren. Sie sollte einen schönen Geburtstag haben, das hatte sich Katharina fest vorgenommen.

Sie ließ ihren Blick durch das Zimmer wandern, das sich nach ihrem Auszug kaum verändert hatte. Es war das Kinderzimmer geblieben, das ihre Mutter sich immer für das Nesthäkchen der Familie vorgestellt hatte. Eine lavendelfarbene Textiltapete zierte die Wände, an den Fenstern hingen schwere Vorhänge in derselben Farbe, über der Tür ein silbernes Kreuz und über dem schmalen Bett drei gerahmte Stiche: Rose, Nelke und Tulpe, die Lieblingsblumen ihrer Mutter. Katharina erinnerte sich, wie sie mit sechzehn ein großes Foto von Elvis Presley aufhängen wollte. 1956 war das gewesen, als er gerade seinen Durchbruch hatte. Katharina war so verliebt in ihn gewesen, dass sie permanent Schmetterlinge im Bauch gehabt hatte, wenn sie nur an das Foto dachte. Aber ihre Mutter war entsetzt gewesen, hatte das Bild sofort von der Wand gerissen und ihr einen Vortrag darüber gehalten, wie unanständig die Musik von diesem Amerikaner sei. Er würde die Jugend verderben und habe einen schlechten Einfluss auf ihre moralische Entwicklung. In den ersten Jahren durfte sie keine Schallplatten von ihm kaufen, und als sie es irgendwann doch tat, bekam sie Hausarrest, durfte die Platte aber wenigstens behalten.

Sie musste schlucken. Dass die Eltern ihr Elvis verboten hatten, erschien ihr rückblickend nicht mehr so schlimm. Aber die

24

Einsamkeit, die sie in diesem Zimmer gespürt hatte, die empfand sie immer noch erdrückend. Wären vier Kinder hier gemeinsam groß geworden, hätte die Villa ihnen ein tolles Zuhause geboten. Aber als Katharina hier aufwuchs, war sie durch den großen Altersunterschied zu ihren Geschwistern gewissermaßen ein Einzelkind, lebte allein mit ihren vielbeschäftigten Eltern in dem riesigen Haus, in dem Martha zu ihrer Hauptbezugsperson wurde. Eva war fünfzehn gewesen, als sie auf die Welt gekommen war, sie, der Nachkömmling, mit dem niemand gerechnet hatte und den man mitten im Krieg auch nicht gebrauchen konnte. Kurz nach Katharinas Geburt kam Eva auf eine Schule für höhere Töchter in die Schweiz, wo sie den Krieg von allen Berners vermutlich am besten überstand. Als sie wiederkam, war sie für die kleine Katharina eine Fremde gewesen.

Und Erich war schon im Internat gewesen, als Katharina geboren wurde, sie hatten eigentlich nie etwas zusammen gemacht. Schon in jungen Jahren kümmerte er sich in seiner Freizeit um das Familienunternehmen, unterstützte seinen Vater, wo er nur konnte, und setzte sich später für den Wiederaufbau seiner Heimatstadt ein. Er war es, der Karl klarmachte, dass man sich in Köln im Karneval engagieren musste, wenn man geschäftlich weiterkommen wollte, auch wenn die ganze Stadt in Schutt und Asche lag. Vielleicht war es seiner Jugend geschuldet, vielleicht hatte Erich aber auch schon früh einen raffinierten Geschäftssinn entwickelt, jedenfalls machte er sich die Sehnsucht nach Ausgelassenheit und Frohsinn zunutze und war maßgeblich daran beteiligt, dass sich in den Trümmern der Stadt schon bald karnevalistisches Treiben regte. Mangels geeigneter Räume wurde in den ersten Nachkriegsjahren, von Erich organisiert, im Zelt des Zirkus Williams gefeiert. Die Kölner räumten alle Schränke aus und zogen über, was vom Krieg verschont geblieben war: Opas alten Gehrock,

Omas uralten Hut, zerschlissene Beinkleider oder selbst genähte Lappenkostüme. Seine aus Resten zusammengeflickte Karnevalsjacke hatte Katharina geliebt und immer getragen, wenn sie als Kind in der Villa Verstecken gespielt hatte und Martha sie suchen musste. Sie kannte jede Naht.

Vielleicht war Hanna ihr von den Geschwistern noch am nächsten. Nicht nur äußerlich ähnelten sie sich am meisten, auch wenn ihre Schwester die einst dunklen Haare heute bleichte und mit einem Haarteil zu einer Hochsteckfrisur türmte. Mit Hanna hatte sie in der Eifel den Krieg überstanden, ihre Schwester war erst danach auf ein Internat gekommen. Die ersten fünf Lebensjahre hatte sie immerhin mit ihr verbracht. Jahre, die geprägt waren von den Sorgen und Ängsten ihrer Eltern, wenngleich die Berners kaum Not leiden mussten und vergleichsweise glimpflich durch die harten Jahre gekommen waren. Ihrem Vater war der Kriegseinsatz aus gesundheitlichen Gründen erspart geblieben: Sein linkes Auge war durch ein Glasauge ersetzt worden, nachdem ihn ein Freund als Siebenjähriger mit einer Zwille beschossen hatte. So einer konnte nicht schießen. Und seine Firma war schon vor dem Krieg so gut gelaufen, dass die Familie ein Ferienhaus in der Eifel hatte. Nach dem ersten großen Luftangriff verließ die Familie mit mehr als hunderttausend anderen Kölnern die Stadt. Danach lebten sie dauerhaft in der Eifel und bekamen vom Bombardement Kölns nichts mit, konnten Obst und Gemüse im eigenen Garten anbauen und mussten nicht einmal Hunger leiden. Trotzdem waren ihre Eltern voller Sorgen gewesen, und Katharina erinnerte sich, dass sie immer angespannt waren. Eine Kindheit, wie Kinder sie heute erlebten, die mit ihrem Bonanzarad auf den Bürgersteigen fuhren und für die es eigene Sendungen im Fernsehen gab, die sich ein Eis kaufen und ins Freibad gehen konnten, all das hatte es für sie nicht gegeben. Sie freute sich jedes Mal, wenn sie die Pänz am Kiosk neben der Kanzlei Schlange stehen sah, wie sie sich Schleckmuscheln oder eine Tüte Treets für fünfzig Pfennig holten. Sie gönnte den Kindern diese Unbeschwertheit von Herzen und hoffte, dass sich diese Zeiten niemals ändern würden.

Katharina drehte sich auf die Seite und roch an der altrosafarbenen Tagesdecke, die über ihr Bett ausgebreitet war. Der Geruch war vertraut, wenn auch ein bisschen muffig. Wie oft hatte sie hier gelegen und ihren Gedanken nachgehangen? Endlose Stunden lang. Ja, sie hatte sich als Kind ein bisschen einsam gefühlt, und dieses Gefühl der Einsamkeit prägte sie bis heute.

Ihre Eltern hatte sie früher nur zu den Mahlzeiten gesehen, Karl arbeitete immer viel, und Traute war mit gesellschaftlichen Verpflichtungen beschäftigt. Katharina verstand sich zwar mit ihren Klassenkameraden, aber sie blieb für die anderen doch das Reicheleutekind; vielen ging es in der Nachkriegszeit deutlich schlechter als den Berners, und Neid und Missgunst waren an der Tagesordnung. Als kleines Mädchen hatte sie diese Ablehnung nicht einordnen können, hatte nicht verstanden, warum die anderen Kinder nicht in die Villa zum Spielen kommen wollten, obwohl hier doch kaum etwas kaputt gewesen war. Sie hatte es auf sich bezogen und nach Fehlern in ihrem Verhalten gesucht. Nicht selten hatte Katharina sich ausgegrenzt gefühlt. Erst sehr viel später hatte sie erfahren, dass es fast immer die Eltern gewesen waren, die ihre Kinder nicht zu den Berners gelassen hatten. Neid war nur ein Grund gewesen, Scham, weil das eigene Kind keine ordentliche Kleidung hatte und man Katharina zudem niemals zu sich nach Hause hätte einladen mögen, ein anderer.

Das Klopfen an der Tür riss sie aus ihren Gedanken. Kurz darauf stand Martha vor ihr.

»Ich habe eure alten Kleider aussortiert«, sagte sie, nachdem sie sich besorgt erkundigt hatte, ob sie Katharina auch nicht geweckt habe. »Der ganze Dachboden war voll mit dem Plunder. Deine Schwestern wollen nichts davon behalten. Willst du die Sachen einmal durchschauen? Ich würde sie sonst in die Kleiderkammer bringen. Da oben werden sie nur von den Mäusen zerfressen.«

»Natürlich, Martha. Ich komme. Danke, dass du dich darum kümmerst.«

»Ich habe alles ins Gästezimmer geräumt, deine Sachen liegen noch auf dem Bett, der Rest ist schon in den Säcken.«

»Ich sage dir dann gleich Bescheid.«

Martha ließ die Zimmertür offen, und Katharina streckte sich noch mal auf ihrem alten Bett aus. Dann rieb sie sich über die Augen, um die Müdigkeit und alle alten Erinnerungen fortzuwischen, und stand auf. Der alte Dielenboden knarzte unter ihren Füßen, das Geräusch war ihr immer noch vertraut. Sie ging den langen, breiten Gang hinunter, an Evas und Hannas alten Kinderzimmern vorbei, und betrat das Gästezimmer, das auch noch genauso aussah wie früher. Die Einrichtung ähnelte der in Katharinas Zimmer, allerdings waren die Wände in diesem Raum fast ausschließlich in einem Grünton gehalten.

Es war merkwürdig, die alten Petticoat-Kleider zu sehen, die sie vor zwanzig Jahren noch mit Begeisterung getragen hatte. Die meisten gefielen ihr immer noch, aber sie aus Nostalgiegründen aufzubewahren, fand Katharina dann doch albern. Anziehen würde sie so etwas nie wieder, also weg damit. Einzig ihr Abschlussballkleid wollte sie aufbewahren. Darin hatte sie 1956 zum ersten Mal einen Jungen geküsst, damit hatte es verdient, der Kleiderkammer zu entkommen.

Während sie die anderen Sachen in die Säcke stopfte, stieß sie versehentlich gegen eine Kiste aus abgewetztem braunem Leder.

Sie kippte um, und zahlreiche Fotos fielen zu Boden. Katharina sammelte sie wieder ein, es waren alte Familienfotos, von denen sie die meisten nicht kannte. Da Martha in dem Moment die Glocke läutete, beschloss sie, die Kiste am Abend mitzunehmen und in ihrer Wohnung in Ruhe durchzuschauen, jetzt musste sie sich sputen. Traute und Karl würden bereits im großen Esszimmer sein, sonst hätte Martha nicht geläutet, und Karl mochte es nicht, mit dem Essen zu warten, wobei er umgekehrt selbstverständlich davon ausging, dass keiner ohne ihn anfing, falls er sich mal verspätete.

Sie strich ihre Bluse glatt und steckte sie in die schwarze Schlaghose, die zwar nicht so konservativ war wie die Kleider ihrer Schwestern, dafür aber deutlich eleganter. Jedenfalls in Katharinas Augen. Sie kämmte sich und versuchte, ihre langen, rotbraunen Haare mit einem Band zu bändigen, fuhr mit dem rostbraunen Lippenstift über ihre Lippen, den sie wie den Kamm immer in ihrer Handtasche hatte, und verließ das Zimmer.

Die ganze Familie stand im Esszimmer zusammen. Martha ging mit einem silbernen Tablett mit Sektschalen herum, und jeder nahm sich eine. Barbara war inzwischen auch da und stand etwas blass neben Erich. Während sie nur an ihrem Sekt nippte, trank Konrad sein Glas fast in einem Zug aus, was Eva mit einer als besorgt getarnten Spitze kommentierte: »Sekt ist zum Anstoßen«, sagte sie lächelnd. »Gegen Durst hilft eher ein Kölsch.«

Konrad überhörte seine Frau einfach und plauderte munter mit Uwe weiter, Hannas Mann. Auf Familienfeiern unterhielt er sich meistens mit ihm, und Katharina vermutete, dass das nicht unwesentlich mit Uwes Vermögen zu tun hatte. Ihr Schwager besaß ein großes Textilunternehmen und hatte es zu beachtlichem Wohlstand gebracht, was Dr. Konrad Kruse sichtlich beeindruckte, auch wenn er selbst nicht gerade arm war und seine orthopädische Praxis hervorragend lief. Karl Berner betonte nicht selten, wie gut er seine Töchter verheiratet hatte, die eine an einen erfolgreichen Arzt, die andere an einen noch erfolgreicheren Unternehmer. Selbst Barbara, die als Schwiegertochter nicht für das Geldverdienen zuständig war, kam aus gutem Hause und brachte eine anständige Mitgift in die Ehe mit Erich ein. Nur Katharina verdarb die Statistik.

»So, nun setzt euch mal, ich habe Hunger«, verkündete das Familienoberhaupt, und alle folgten der Aufforderung.

Traute hatte sich umgezogen und trug ein helles Kleid mit weißem Spitzenbesatz. Auch den Schmuck hatte sie noch einmal ausgetauscht; ihre Ohrläppchen wurden nun von schweren Diamantohrringen nach unten gezogen, und um ihren Hals lag ein dreireihiges Perlencollier mit einer Brosche aus Rubinen. Geizig war ihr Vater nie gewesen, das musste Katharina ihm lassen. Im Gegenteil. Er hatte seine Frau ihr Leben lang mit Schmuck überhäuft, den sie jetzt im Alter noch häufiger trug als früher.

»Als Erstes möchte ich einmal das Glas erheben.« Karl hielt seine Sektschale in die Höhe. Etwas von der Flüssigkeit schwappte über den Rand und tropfte auf sein weißes Hemd, das über seinem beachtlichen Bauch spannte. Von seiner Statur und seinem Aussehen ähnelte er immer mehr Ludwig Erhard, den Karl für einen der bedeutendsten Politiker aller Zeiten hielt und sehr verehrte. Es freute ihn jedes Mal, wenn man ihn auf die Ähnlichkeit ansprach. »Wir hatten heute einen extrem erfolgreichen Tag. Wir haben eine wunderbare Reklame an nur einem Nachmittag gedreht. Dafür brauchen andere drei Tage. Darauf möchte ich mit euch anstoßen.«

Alle hielten ihre Gläser in die Höhe und prosteten sich zu.

Hoffentlich sagt er noch was zu Mama, dachte Katharina, die wusste, dass das nicht selbstverständlich war. Für Karl waren Geburtstage nichts Besonderes. Seinen eigenen feierte er nur, wenn sich das mit einer Einladung für Kunden verbinden ließ. Ansonsten waren ihm seine Geburtstage egal und die der anderen Familienmitglieder im Prinzip auch. Ein Tag wie jeder andere. Namenstagen wurde im Hause Berner eine wesentlich größere Bedeutung zugemessen, die vergaß der katholische Patriarch nie.

»Dann möchte ich noch mein Glas auf meine liebe Frau erheben!«

Gott sei Dank, dachte Katharina, die genau sah, wie sich ihre Mutter darüber freute.

»Mögest du noch viele Jahre bei uns sein und mit Gesundheit gesegnet bleiben.«

»Auf Traute!«

»Auf dich, Mama!«

»Prost!«

Alle stießen mit Traute an, die sich lächelnd bedankte. Martha schob den Servierwagen herein und stellte eine große Terrine mit Suppe auf den Tisch. Karl verdrehte die Augen.

»Ich wollte eure Mutter ja eigentlich zu italienischen Antipasti überreden, so wie wir sie in Rimini jeden Abend gegessen haben, aber …«

»Ich wollte gerne Hochzeitssuppe«, unterbrach Traute ihn, während Martha erst Karl und dann ihr etwas auftat. »Dieses ganze neumodische Zeug schmeckt mir einfach nicht so.«

»Neumodisches Zeug, so ein Blödsinn«, rief ihr Mann. »Das ist *la dolce vita*! So genießt man heute das Leben!«

»Ich aber nicht.«

Karl unterdrückte ein Seufzen, sagte aber nichts. Im Gegensatz zu seiner Frau wollte er alles Neue nur zu gern ausprobieren. Erst neulich hatte er einen riesigen Farbfernseher liefern lassen, der so groß war, dass er einen extra Tisch brauchte. In Trautes Augen eine völlig sinnlose Anschaffung, zumal sie mit der neumodischen Fernbedienung nicht zurechtkam.

»Was macht denn die Arbeit, Kati?« Nur ihr Bruder Erich nannte sie so.

»Ich bin sehr zufrieden«, log Katharina, »danke der Nachfrage.«

»Wo sitzt die Kanzlei noch mal?«

Sie wusste nicht, wie oft Erich ihr diese Frage schon gestellt hatte.

»Am Hohenzollernring, da wo sie schon immer saß.«

»Natürlich, natürlich. Gute Adresse.«

Sie nickte und nahm aus dem Augenwinkel den missbilligenden Blick ihres Vaters wahr. Er war immer dagegen gewesen, dass sie Rechtswissenschaften studierte, auch wenn er es schlussendlich nicht verhinderte, was er sicherlich irgendwie gekonnt hätte. Die Tatsache, dass sie überhaupt an die Uni wollte, war für ihn, den Unternehmer, der nicht mal Abitur hatte, nicht nachvollziehbar. Eva und Hanna hatten so gut geheiratet, hatten beide eine Vorzeigefamilie gegründet und lebten das Leben, von dem jede Frau träumte. Aber die Jüngste wollte unbedingt zur Universität! Katharina glaubte, dass der Vater es ihr nur erlaubt hatte, weil sie der Nachkömmling war, Teil einer anderen Generation, der Unfall, wie Erich mal angetrunken gespottet hatte, der passiert war, als die Welt am Abgrund stand.

Obwohl sie eine gute Studentin gewesen war und mit einem Prädikatsexamen abschloss, konnte sich Karl Berner nicht vorstellen, was sie mit Jura anfangen wollte. Ihm selbst war keine Rechtsanwältin bekannt, erst recht keine Richterin. Das war kein Job für Frauen, dafür braucht man einen ruhigen und klaren Kopf, hatte er ihr immer gesagt. Das war Mitte der Sechzigerjahre gewesen, aber seine Meinung hatte sich bis heute nicht geändert. Und obwohl Katharina aufgrund ihrer guten Noten schnell einen Job als angestellte Rechtsanwältin in einer großen und renommierten Kanzlei bekommen hatte, war ihr Vater bis heute skeptisch geblieben.

»Bist du immer noch die einzige Frau in dem Laden?«, fragte er, und Traute legte ihm eine Hand auf den Arm, als wollte sie ihn bitten, das Thema ruhen zu lassen, wenigstens heute.

»Ich bin die einzige Rechtsanwältin. Die Sekretärinnen sind alle Frauen.«

»Das ist ja auch selbstverständlich«, meinte ihr Vater. »Und? Hast du Mandanten?«

»Ja. In erster Linie Mandantinnen.«

Ihr Chef hatte sie nicht nur wegen ihrer guten Noten eingestellt, sondern vor allen Dingen deshalb, weil er hoffte, dass durch die anstehende Reform des Familien- und Scheidungsrechts mehr Frauen in die Kanzlei kommen würden, die eventuell auch lieber von einer Frau beraten werden wollten.

»Was soll sich denn am Familienrecht ändern?«, fragte ihr Vater, nachdem Katharina den Zusammenhang zu ihren Mandantinnen kurz erklärt hatte. Martha räumte inzwischen die Teller ab.

»Hast du davon nicht in der Zeitung gelesen?«, mischte sich Traute in das Gespräch ein, während Konrad mit Uwe über dessen Expansionspläne sprach, Barbara still auf ihre Hände schaute und Hanna und Eva sich über ihre Kinder austauschten.

»Nein. So etwas lese ich nicht.«

»Es gibt einen Gesetzesentwurf, mit dem das Eherecht reformiert werden soll«, sagte Katharina. »Weg von der Hausfrauenehe, hin zu einem Partnerschaftsprinzip.«

Das Gesicht ihres Vaters zeigte nur Unverständnis. »Was soll das denn bitte sein?«

»Nun, dass die Frau nicht mehr gesetzlich dazu verpflichtet ist, sich allein um Haushalt und Kinder zu kümmern, sondern dass sich die Eheleute das partnerschaftlich teilen.«

Karl lachte auf. »Und dann sollen die Männer Windeln wechseln, oder wie muss ich mir das vorstellen? Was für ein Quatsch! Das wird doch nie durchgehen!«

Katharina befürchtete, dass ihr Vater damit recht haben könnte. Seit über einem Jahr wurde im Bundestag über den Entwurf gestritten, ohne dass etwas passierte. Wenn sie sich überlegte, dass der prozentuale Anteil der Frauen im Parlament noch nicht mal sechs Prozent war, dann lag der Schluss nahe, dass der Gesetzesentwurf immer im Stadium des Entwurfs verharren würde.

»Und was hast du als Rechtsanwältin damit zu tun?«, fragte Erich.

»In erster Linie berate ich Frauen in Scheidungsfragen«, antwortete Katharina. »Aber ich hatte auch andere Fälle. Letztens hatte ich eine Mandantin, die von ihrem Arbeitgeber fristlos entlassen wurde mit der Begründung, sie würde Familie und Haushalt vernachlässigen.«

»Das ist ja auch ein vernünftiger Kündigungsgrund«, meinte Karl.

»Ihr Mann hatte sich bei dem Arbeitgeber über die Arbeitszeiten seiner Frau beschwert, weil sie den Nachmittag über nicht zu Hause war und ihm und den Kindern kein Abendessen zubereiten konnte. Daraufhin wurde ihr gekündigt.«

Katharina konnte sich immer noch über den Fall aufregen. Sie hatte der Frau nicht helfen können, da ihr Arbeitgeber rechtlich auf der sicheren Seite war. Die Ungerechtigkeit, die ihre Mandantin hinnehmen musste, war nur schwer zu ertragen gewesen. Die Frau hatte ihre Arbeit gemocht, es war für sie ein Schritt zu mehr Unabhängigkeit gewesen, und das zusätzliche Geld hatte die Familie auch gut gebrauchen können. Die Tatsache, dass ihr Mann sich an ihren Chef gewandt hatte, ohne ihr etwas davon zu sagen, hatte sie zusätzlich geschmerzt.

»Dass so etwas heute noch möglich ist!« Traute schüttelte den Kopf. »Wir leben doch nicht mehr in den Fünfzigern!«

»Es kommt deutlich seltener vor als früher«, sagte Katharina. »Aber die Gesetzeslage hat sich seit damals nicht verändert. Rein rechtlich ist das nach wie vor möglich. Es wird wirklich allerhöchste Zeit, dass da Reformen durchgeführt werden.«

»Das Leben funktioniert nun mal nicht so, wie es sich irgendwelche Politiker vielleicht vorstellen«, warf ihr Vater ein. »Eine Frau gehört nun mal in den Haushalt und zu ihren Kindern. Sie ist nicht dafür geschaffen, ein Unternehmen zu leiten oder Bundeskanzler zu werden, das ist gegen ihre Natur. Und das ist doch auch gar nicht schlimm. Frauen stehen ja schließlich auch nicht auf dem Fußballplatz oder gehen zum Wehrdienst. Sie können dafür andere tolle Sachen. Wie zum Beispiel diesen Tafelspitz.« Er wies auf das große Stück Rindfleisch, das Martha gerade auf einer dampfenden Platte hereintrug. »Das sieht fantastisch aus! Und wie das duftet!«

In Katharina kochte es. »Du bist echt noch nicht in der Gegenwart angekommen«, regte sie sich auf. »Die Zeiten, in denen Frauen nur den Haushalt schmissen, sind doch lange vorbei!«

»Meinst du vielleicht, das weiß ich nicht?«, entgegnete ihr Vater. »Ist dir eigentlich klar, dass ich als Hersteller von Waschmittel einen großen Beitrag zur Entlastung der Hausfrau geleistet habe? Wenn es Männer wie mich nicht gäbe, würde die Hausfrau heute immer noch mit Kernseife die Wäsche schrubben!«

»Darum geht es doch gar nicht …«

»Wir leben in einer Zeit, in der ständig etwas Neues erfunden wird.« Ihr Vater ließ sie nicht zu Wort kommen. »Und es sind überwiegend Dinge, die den Frauen die Möglichkeit geben, etwas anderes zu tun, als im Haushalt zu arbeiten. Hast du eigentlich eine Ahnung, wie die Welt aussah, als es noch keine Waschmaschinen oder Staubsauger gab? Damals wurden die Teppiche ausgeklopft! Heute müsst ihr nur noch fünf Minuten mit dem Sauger drübergehen!«

»Und warum können Männer diesen verdammten Sauger nicht in die Hand nehmen?«

Karl verschluckte sich fast. »Na, du stellst ja Fragen! Vielleicht weil wir arbeiten müssen?«

»Und Frauen vielleicht nicht?«, entgegnete Katharina im selben Tonfall. Jetzt hatte sie den Streit, den sie eigentlich vermeiden wollte.

»Ich finde es toll, dass du arbeitest.« Es war das Erste, was sie an dem Abend von Barbara hörte. »Weißt du, lieber Schwiegerpapa, das Leben als Hausfrau und Mutter ist nicht immer so glücksbringend, wie du es dir vielleicht vorstellst.«

»Ach, meinst du vielleicht, ich säße nur lachend in meinem Büro?«

»Nein. Aber du und Erich, ihr habt jeden Tag neue, spannende Herausforderungen.«

»Die dürftest du mit Sabine und Irene ja nun auch haben!« Karl lachte und konnte seiner Schwiegertochter damit ein kleines Lächeln entlocken.

»Sie sind jetzt richtige Teenager. Die brauchen ihre Mutter nicht mehr viel.«

»Umso besser für dich«, meinte Karl und steckte sich ein Stück Fleisch mit Meerrettichsoße in den Mund. »Bleibt dir mehr Zeit für deine Hobbys.«

»Spielst du noch Bridge, meine Liebe?«, fragte Traute, die ganz offensichtlich froh war, die Diskussion zwischen Karl und ihrer Jüngsten unterbrechen zu können.

»Im Moment nicht, nein.« Barbara blickte wieder auf ihre Hände und rührte das Essen nicht an, das vor ihr auf dem Teller lag.

»Ich glaube, mit unserem Bundeskanzler wird es nicht gut ausgehen«, sagte Erich, offensichtlich darum bemüht, den Fokus von seiner Frau auf ein anderes Thema zu lenken. »Da kommt doch jetzt alles raus.«

Katharina warf ein, dass Willy Brandt von seinem Referenten, also einer Vertrauensperson, einem Menschen, den er zu seinen engsten Freunden zählte, mit dem er in den Urlaub gefahren war und mehr Zeit als mit seiner eigenen Frau verbracht hatte, belogen, hintergangen, ausspioniert und verraten worden war. »Die Guillaume-Affäre ist doch auch eine menschliche Tragödie«, fand sie.

»Der Mann war erpressbar!«, mischte sich Konrad ein. »Was glaubst du, was der Spitzel alles über ihn wusste? Allein die ganzen Affären, die er angeblich hatte. Der hat doch jedem Rockzipfel nachgejagt.«

»Er muss zurücktreten«, meinte nun auch Uwe. »Du siehst das als Frau viel zu emotional.«

»Das ist Quatsch«, sagte Katharina. »Ich habe nicht behauptet, dass er nicht zurücktreten muss, und ja, das mit der Erpressbarkeit sehe ich genauso. Ich finde lediglich, dass man die menschliche Tragödie in diesem Fall nicht vergessen darf …«

»Hauptsache, er ist weg«, unterbrach Erich sie. »Tragödie hin oder her. Das ist vollkommen irrelevant.«

»Für mich nicht.«

»Unter Adenauer wäre das nicht passiert«, schnaubte Karl, der ebenso überzeugter CDU-Anhänger war wie die anderen Männer am Tisch. »Den Sozen fehlt einfach der Anstand. Wenn man als Kanzler den Ruf eines Weiberhelden und Weinliebhabers hat, dann ist doch wohl einiges schiefgelaufen.«

»Aber er ist doch kein schlechter Bundeskanzler«, warf Katharina ein, die den Kniefall Brandts nie vergessen würde.

Hanna nickte. »Ich habe ihn auch immer gemocht.«

»Fehler hat er trotzdem gemacht«, entgegnete Eva.

»Er ist in die Fänge der SED geraten«, sagte ihr Vater. »Das kann man nicht schönreden. Ich möchte nicht wissen, womit die ihn all die Jahre erpresst haben.«

Mit Karl über Politik zu diskutieren war genauso mühsam wie ein Gespräch über Frauenrechte. Er hatte eine festgefahrene Meinung, von der er keinen Millimeter abrückte. Im Gegensatz zu ihren Schwestern, die das ebenfalls wussten und sich daher lieber mit Traute über die neue Bepflanzung im Garten unterhielten, konnte Katharina sich nicht zurücknehmen und sah sich einen Wimpernschlag später in eine fast hitzige Diskussion mit den konservativen Männern ihrer Familie verwickelt, die sich durch ihre sozialdemokratischen Ansichten allesamt provoziert fühlten.

»Entschuldigt mich kurz«, sagte Barbara leise, stand von den anderen unbemerkt auf und verließ den Tisch.

»Alfred Tetzlaff ist nichts gegen dich«, meinte Katharina zu ihrem Vater. Sie fühlte sich, als säße sie mitten in den Dreharbeiten zu *Ein Herz und eine Seele*. Nur dass Ekel Alfred in diesem Fall kein armer Malocher, sondern ein reicher Unternehmer war.

Karl lachte laut und ließ sich weiter über die SPD aus. Seine Laune schien dabei immer besser zu werden, offensichtlich machte ihm die Lästerrunde über die Sozialdemokraten großen Spaß.

Als Martha das Geschirr abräumte und die Herrencreme zum Dessert servierte, war Barbara immer noch nicht zurück. Da Katharina eine Pause von der Auseinandersetzung gut gebrauchen konnte, beschloss sie, nach ihrer Schwägerin zu schauen.

Sie ging durch die Eingangshalle und warf einen Blick in das verwaiste Herrenzimmer, in dem Martha schon alles für den Absacker bereitgestellt hatte. Vier große, schwere Ledersessel standen dort, dazwischen jeweils ein schwarzes Tischchen mit einem Aschenbecher. Der kleine Servierwagen war von Martha in die Mitte geschoben worden, oben befand sich ein Humidor mit unterschiedlichsten Rauchwaren, darunter mehrere Flaschen mit edlem Hochprozentigem. Hierhin würden sich die Männer nach dem Abendessen zurückziehen, während die Frauen der Familie in der Bibliothek noch einen Mokka tranken. Seit den Zwanzigern hatten sich die Gewohnheiten im Hause Berner nicht geändert.

Katharina wollte gerade zum Wohnzimmer rübergehen, als sie Barbara bemerkte. Mit ihrer schmalen, in ein langes hellblaues Seidenkleid gehüllten Figur und den lockigen, fast zu einem Afro frisierten Haaren sah sie in der Dunkelheit aus wie eine Statue. Sie saß draußen auf der Sandsteinbrüstung der Veranda und rauchte eine Zigarette. Nicht die erste, wie Katharina dem vollen Aschenbecher entnahm, der vor ihr stand.

»Hier bist du.«

»Ja.«

Katharina setzte sich zu ihr, nahm die Zigarettenschachtel, die neben dem Aschenbecher lag, sah Barbara fragend an und steckte sich eine in den Mund, nachdem ihre Schwägerin zustimmend genickt hatte.

»Seit wann rauchst du?«, fragte sie und gab Katharina Feuer.

»In meiner WG rauchen alle.« Sie nahm einen tiefen Zug und unterdrückte den Hustenreiz, der sich sofort bei ihr einstellte. »Da kommt man gar nicht drum herum. Aber eigentlich mag ich es nicht.«

»Dass du mit fremden Frauen zusammenwohnen kannst, finde ich immer noch erstaunlich.«

»Die eine ist meine älteste Freundin und die andere ist mir jetzt nach zwei Jahren auch nicht mehr fremd.«

»Stimmt. Aber verdienst du nicht genug, um dir eine eigene Wohnung leisten zu können?«, fragte Barbara.

Katharina überlegte kurz, ob sie die Schwägerin in ihre Pläne einweihen sollte. »Doch. Aber ich wollte so viel Geld wie möglich sparen.«

»Wozu?«

»Ich überlege, mich selbstständig zu machen.«

»Oh«, sagte Barbara nur und fügte dann ein »mutig« hinzu.

»Findest du?«, entgegnete Katharina, der bei dem Gedanken an eine Selbstständigkeit selbst etwas mulmig wurde. »Es ist nicht so, wie Papa immer meint. Es gibt durchaus noch mehr Frauen, die als Rechtsanwältin arbeiten.«

»Ja, klar. Aber besonders viele sind es nicht.«

»Ist doch gut, wenn sich das ändert.«

Barbara zog an ihrer Zigarette. »Ist dir das Risiko nicht zu groß? So ganz auf dich gestellt, ohne Mann, ohne Absicherung?«

Katharina zuckte mit den Schultern. Es war nicht so, als hätte sie sich darüber keine Gedanken gemacht, im Gegenteil, natürlich war sie alle Risiken zigmal im Kopf durchgegangen. Aber die Vorstellung, weiterhin in der Kanzlei zu arbeiten, war so unerträglich, dass ihr jedes Risiko lieber war.

»Ich glaube schon, dass ich mich durchsetzen kann und genug Mandanten finden werde«, sagte sie. »Vielleicht spezialisiere ich mich auf Frauenfragen, das gibt es so noch nicht.«

»Allzu viele Männer würden wahrscheinlich eh nicht zu dir kommen«, glaubte Barbara. »Dein Vater ist doch nicht der Einzige, der so denkt.«

»Ich weiß.« Katharina atmete tief durch und zog wieder an ihrer Zigarette. »Aber wenn es ein Spaziergang würde, wäre es ja auch langweilig«, sagte sie und grinste ihre Schwägerin schief an.

»Da hast du recht. Sich einer Herausforderung zu stellen, ist besser, als in Langeweile zu versinken.«

Barbara starrte in den Garten. Der weitläufige Rasen war sonst von Rhododendren umsäumt gewesen, die erst vor wenigen Tagen den neu gepflanzten Buchsbäumen hatten weichen müssen. Diese unterstrichen den parkähnlichen Charakter des Gartens noch zusätzlich. Ihre Schwägerin zog an ihrer Zigarette, die nur noch aus dem Filter bestand, was sie aber nicht zu bemerken schien.

»Ist alles in Ordnung mit dir?«, fragte Katharina nach einem Moment. »Du bist schon ganz schön lange hier draußen.«

»Ich fühle mich nicht so gut und brauchte ein bisschen frische Luft.«

»Und zwanzig Kippen?«

Barbara lachte schwach. »So viele waren es nun auch nicht.« Schnell wurde sie wieder ernst und drückte ihre Zigarette schweigend aus.

»Was ist los? Irgendetwas stimmt doch nicht mit dir«, hakte Katharina nach. »Ist mit dir und Erich alles in Ordnung?«

Barbara nickte und packte Zigaretten und Feuerzeug in ihre Tasche. »Natürlich. Unsere Ehe ist so wie immer. Ich mag einfach keinen Tafelspitz, das ist alles. Gehen wir wieder rein?«

*

Rita war etwas schummrig zumute. Sie hatte nur wenig geraucht und das LSD gänzlich links liegen gelassen, aber Franks schwarzer Afghan hatte in Verbindung mit dem Bier ausgereicht, um ihre Sinne zu benebeln. Nach dem Konzert hatte sie sich noch überreden lassen, mit den anderen in Utas Elternhaus zu gehen, wo noch weitergefeiert wurde.

»Sturmfreie Bude«, meinte Uta, deren Eltern auf Mallorca waren, wo sie sich nach einem Ferienhaus umschauen wollten. Utas Vater war Kieferorthopäde, der erste, den es in Bonn gegeben hatte, und bis heute gab es nicht viel Konkurrenz. Mit seinen Zahnspangen hatte er sich eine goldene Nase verdient. Genauso sah es in dem Einfamilienhaus auch aus: Überall glänzte goldenes Messing; Tür- und Fenstergriffe, Gardinenstangen und Beistelltische, alles schien wie aus Gold. An der Garderobe hingen vier verschiedene Pelzmäntel, darunter ein schneeweißer und einer aus Leopardenfell, obwohl das Wetter längst viel zu warm dafür war, und über dem großen Ledersofa im Wohnzimmer zierte ein Ölgemälde die Wand, von dem Uta behauptete, dass es ein echter Chagall sei. Rita kannte den Maler zwar nicht, aber sie war sich sicher, dass das Bild sehr wertvoll war. Allein der goldene Rahmen sah ungeheuer edel aus.

Sie saß auf den weißen Marmorstufen, die zum Wohnzimmer hinunterführten, und legte die Illustrierte zur Seite, von der ihr Farah Diba-Pahlavi entgegenlächelte, die Journalisten ihre Pariser Wohnung gezeigt hatte. Rita hatte sich nicht auf den Artikel konzentrieren können, der sich nur um die Kleider der Frau drehte und sie eigentlich auch gar nicht interessierte.

Jetzt sah sie zu, wie zwei Jungs, die sie noch nie gesehen hatte, an Uta herumfummelten, während Frank auf dem Sofa lag und sich seinem Trip hingab. Es war offensichtlich ein guter.

»Ich kann die Farben hören!«, rief er euphorisch, während er den Chagall anstarrte. »Rita, hast du schon mal Farben gehört? Das Blau ist so laut, es ist so wahnsinnig laut, ich halte es kaum noch aus!«

»Du hast nicht mehr alle Tassen im Schrank«, sagte Rita und kämpfte gegen die Übelkeit an, die in ihr aufkam.

»Das Rot ist dagegen ganz leise … ganz zart und sanft ruft es nach mir … hörst du es, Rita?«

»Nein. Mir ist schlecht.«

»Ich habe das Gefühl, als würde ich schweben … Getragen von den Farben des Bildes …«

»Ich muss hier raus …«, sagte Rita leise und stand mit wackeligen Beinen auf.

Uta war kurz davor, es mit den beiden Typen zu treiben, und Frank redete nur noch wirres Zeug. Sie war einfach nicht betrunken genug für das alles.

»Du springst nicht aus dem Fenster oder so was, klar?«, sagte sie zu Frank, der jetzt wie paralysiert seine Hand anstarrte. Anstatt ihr zu antworten, gab er nur unverständliche Worte von sich. Mit einem Blick vergewisserte sich Rita noch, dass Uta alles, was sie tat, auch wirklich tun wollte, schnappte sich ihre Jacke und verließ das Haus.

Die frische Luft, die ihr draußen entgegenschlug, empfand sie als Wohltat. Wann würde sie eigentlich lernen, dass die Mischung aus Alkohol und Haschisch nichts für sie war? Als Pilotin hielt sie sich eigentlich von Drogen fern, aber da sie im Moment ohne Job war, hatte sie heute mal fünfe gerade sein lassen. Bekommen war es ihr trotzdem nicht, und jetzt wollte sie nur noch in ihr Bett.

Aber wie sollte sie nach Hause kommen? Wesseling war zwar nur fünfzehn Kilometer entfernt, aber zu Fuß wollte sie die Strecke abends um zehn bestimmt nicht mehr laufen. Busse fuhren jetzt nicht mehr, und ein Taxi kostete viel zu viel.

Sie griff in die Hosentasche und holte eine Handvoll Zehn-Pfennig-Münzen heraus. Zum Glück bestand ihre Mutter immer darauf, dass sie ausreichend Groschen zum Telefonieren dabeihatte, wofür sie ihr in diesem Moment sehr dankbar war. Sie ging die Straße hinunter und fand kurz darauf eine Telefonzelle, in deren Innerem es nach Urin und kalter Asche roch.

»Papa, ich bin's.«

»Ist dir was passiert?«

»Nein. Aber es fährt kein Bus mehr. Könntest du mich …«

»Ach Kind«, stöhnte ihr Vater. »Flugzeuge fliegen, aber sich vom Papa abends abholen lassen.«

»Ich hätte ja gerne ein Auto. Aber du weißt doch, wie viel ich ausgeben musste in letzter Zeit.«

»Keiner weiß das besser als ich, Rita.«

Damit hatte er allerdings recht. Hätte ihr Vater ihr nicht so großzügig unter die Arme gegriffen, wäre sie jetzt noch höher verschuldet, als sie es eh schon war. Einen Großteil der Ausbildung zur Pilotin hatte er finanziert. Es erfüllte sie mit großer Dankbarkeit, dass ihre Eltern sie so unterstützten.

Sie hockte sich auf die Bordsteinkante und wartete auf ihren Vater. Mit niemandem war sie länger befreundet als mit Uta und Frank. Es verband sie viel mit ihren alten Schulfreunden, aber manchmal ging der Dauerrausch der beiden ihr auf die Nerven. Natürlich war es sehr lustig, mit ihnen zu feiern, aber wann hatte sie sich mit Frank eigentlich das letzte Mal nüchtern unterhalten? Sie konnte sich nicht daran erinnern und fragte sich, ob er noch alles im Griff hatte. Andererseits kifften nun wirklich alle, und mit den Trips war es fast genauso. Wein und Bier wurden sowieso bei jeder Gelegenheit getrunken, das war ja normal, nicht nur bei ihren Freunden. Papa hatte noch nie auf sein Feierabendbierchen verzichtet, und wenn Mama zum Kaffeeklatsch einlud, gab es immer einen Sekt dazu, den Rita auch gerne mal mittrank. Eigentlich wurde Alkohol überall und zu jeder Tageszeit ganz normal getrunken. Warum störte es sie dann, dass ihre Freunde das auch machten? Nur weil sie manchmal etwas übertrieben?

»Vielleicht wirst du spießig«, sagte sie leise zu sich und war froh, dass die Übelkeit langsam nachließ.

Eine halbe Stunde musste sie warten, bis ihr Vater neben ihr an der Straße hielt. »Schneller ging's leider nicht«, sagte Alois Maiburg zur Begrüßung.

»Ich weiß. Danke, dass du mich abholst.«

»Bist du betrunken?« Er musterte sie mit besorgter Miene.

»Nein. Mehr als drei Bier waren es nicht.« Das stimmte zwar nicht ganz, aber so genau musste ihr Vater das ja auch nicht wissen.

»War es denn schön, euer Rockkonzert?«, fragte ihr Vater, als er den Wagen stadtauswärts lenkte.

»Es ging. Ein paar Bands hatten leider abgesagt …«

»Schade. Hattet ihr trotzdem Spaß?«

Rita grinste ihn an. »Na klar. Du kennst doch meine Clique.«

Ihr Vater lachte. »Stimmt. Blöde Frage. Trinkst du zu Hause noch ein Glas Rotwein mit? Ich habe noch eine schöne Flasche offen«, sagte er und drückte das Gaspedal durch, als er auf die Autobahn fuhr.

Obwohl Rita eigentlich nur noch ins Bett wollte, stimmte sie zu. Sie wusste es zu schätzen, dass sie mit ihren Eltern einen offenen Umgang pflegte, eigentlich über alles mit ihnen sprechen konnte. Das war keine Selbstverständlichkeit. Auch dass ihre Eltern sie wieder zu Hause aufgenommen hatten, nachdem sie in München ihren Job verloren hatte und wieder zurück ins Rheinland gezogen war, rechnete sie ihnen hoch an. Sie kannte genug Leute, die der Meinung waren, dass man mit Anfang zwanzig gefälligst allein klarzukommen hatte, Arbeitslosigkeit hin oder her. Aber ihre Eltern unterstützten sie, und sie hoffte, dass sie ihnen eines Tages etwas davon zurückgeben konnte. Nicht nur das Geld, das sie ihnen schuldete. Es war so viel mehr.

*

Als Katharina am späten Abend die Tür zu ihrer Wohnung auf-
schloss, spürte sie die Erleichterung, die sie immer überkam, sobald sie wieder in ihren eigenen vier Wänden war. Natürlich würde ihr Gehalt für eine eigene Wohnung reichen, aber sie mochte
die WG mit Elke und Ingrid, ihren beiden Mitbewohnerinnen.
Elke war ihre älteste und beste Freundin und genauso alt wie sie.
Sie war zusammen mit fünf Geschwistern auf einem Bauernhof
in der Eifel aufgewachsen, der in unmittelbarer Nähe vom Ferien-
domizil der Berners lag. Die beiden Mädchen hatten den Krieg
im Wald und auf den Feldern spielend verbracht, mit Elke war
sie durch dick und dünn gegangen, ihr konnte sie blind vertrauen.
Als Elke sich relativ spät und nach einer gescheiterten Liebe zu
einer Krankenschwesterausbildung in Köln entschloss, war es für
Katharina selbstverständlich, dass sie mit der Freundin zusammenzog, die sich eine eigene Wohnung nicht leisten konnte und im
überfüllten Schwesternwohnheim nur ein schimmeliges Zimmer
bekommen hätte. Da es bei Elke immer sehr knapp mit dem Geld
war und sie nicht wollte, dass Katharina den Großteil der Miete
übernahm, beschlossen die Freundinnen, das kleinste Zimmer in
der Wohnung an eine Referendarin zu vermieten. So kam Ingrid
noch dazu. Mit siebenundzwanzig war sie nur acht Jahre jünger
als Katharina, aber es kam ihr manchmal so vor, als lägen Gene-
rationen zwischen ihnen. Im Gegensatz zu ihr, die als Studentin
nur geackert und gelernt hatte, hatte Ingrid sich Zeit gelassen
beim Studium und viel Freude dabei gehabt, vor allen Dingen, was
die Partys anging. Und dieselbe Freude hatte sie auch im Umgang
mit Männern. Ingrid schlief, mit wem sie wollte. Alles in ihrem
Leben erschien einfach, und Katharina musste zugeben, dass sie
ihre Freundin deshalb manchmal beneidete. Sie war nie einsam,
schien mit ihren wechselnden Partnern viel Spaß zu haben und
sich rundum wohlzufühlen.

Obwohl sie alle drei sehr unterschiedlich waren, verstanden sich die Frauen gut und waren längst zu einer eingeschworenen Gemeinschaft zusammengewachsen. Heute war Katharina froh, dass sie nicht allein war, wenn sie von einem harten Tag in der Kanzlei oder von einem anstrengenden Familientreffen nach Hause kam.

Als sie den Flur betrat, kamen ihr zu ihrer Überraschung zwei kleine Kinder entgegen, die offensichtlich Fangen spielten und dabei vor Vergnügen jauchzten. Sie waren vielleicht drei und fünf Jahre alt, vielleicht auch ein bisschen älter, Katharina konnte das schwer schätzen.

»Na, wer seid ihr denn?«, fragte sie, während sie ihr Abschlussballkleid an der Garderobe aufhängte und die Kiste mit den alten Fotos abstellte. Aber da rannten die Kinder schon wieder ins nächste Zimmer.

Elke und Ingrid saßen am Küchentisch zusammen mit zwei langhaarigen Männern, die sich als Kurt und Addi vorstellten.

»Die Kinder sind meine«, sagte Kurt, als Katharina zu ihnen kam. »Meine Ex muss die ganze Woche arbeiten, deshalb sind sie bei mir.«

Aus der Kompaktanlage, die Katharina von ihren Eltern zu Weihnachten bekommen hatte und die nun in der Ecke des Raumes auf einem alten Nierentisch stand, schepperte Janis Joplin in ohrenbetäubender Lautstärke.

»Kein Wunder, dass sie das nicht überlebt hat«, murmelte sie und drehte die Lautstärke runter, was zu maulenden Protesten führte. Addi kippelte mit seinem Stuhl und lehnte sich an die grüne Küchenzeile, die mit der grün gefliesten Wand dahinter eine farbliche Einheit bildete. Einzig die unzähligen Prilblumen stachen heraus.

»Wie kann man Janis nicht mögen! Bist du eher so'n Abba-Typ?«, fragte Addi grinsend und musterte sie von oben bis unten.

Im hohen Falsett begann er, *Waterloo* zu singen, und die anderen krümmten sich vor Lachen.

»Aus dir wird noch mal ein echter Rockstar«, sagte Ingrid und erzählte, dass sie mit Addi und Kurt auf einem Festival in den Bonner Rheinwiesen gewesen war, das sie aber vorzeitig verlassen hatten, weil Kurt die Kinder bei seiner Ex abholen musste. »Jetzt sind wir ein bisschen im Eimer«, hauchte Ingrid.

Katharina grinste. Der Rauch in der Küche war dicht und süßlich, und ihr war klar, dass er nicht nur von Ingrids Ernte 23 stammte.

Obwohl sie todmüde war, setzte sie sich zu den anderen an den Tisch und schenkte sich ein Glas Wein ein.

Elke und Ingrid sahen ganz schön mitgenommen aus. Ihre langen Haare hingen strähnig herunter und hatten nichts mit dem gepflegten Äußeren zu tun, das sie spätestens am Montag wieder an den Tag legen würden. Elke hatte ihre pechschwarz gefärbten Haare normalerweise zu einem Pferdeschwanz gebunden, was in ihrem Beruf als Krankenschwester unerlässlich war, und Ingrids brünette Mähne war sonst sorgfältig geföhnt, die Haarspitzen nach außen gedreht, was ihr einen Farah-Fawcett-Look vom Feinsten verlieh.

Kurt und Addi entpuppten sich als Lehramtsstudenten, allerdings waren sie noch nicht im Referendariat wie Ingrid. Wegen des Wehrdienstes hingen die Männer ihren Kommilitoninnen grundsätzlich ein paar Jahre hinterher.

»Addi heißt eigentlich Adolf«, sagte Elke. »Wie kann man sein Kind bloß so nennen?«

Addi verdrehte die Augen. »Mein Vater war in der Partei. Noch Fragen?«

Die anderen schüttelten die Köpfe und zogen gedankenverloren an ihren Zigaretten.

»Mein Vater ist im Krieg geblieben«, erzählte Elke und schenkte sich Wein nach. »Er hat mich nur einmal gesehen, als er Fronturlaub hatte. Da war ich gerade auf der Welt. Kurz danach hat es ihn an der belgischen Grenze erwischt.«

Katharina nahm einen Schluck von dem billigen Rotwein. Sie konnte sich noch gut daran erinnern, wie hart es für Elkes Mutter gewesen war, als Kriegswitwe den Bauernhof zu halten und die sechs Kinder zu ernähren. Zum Glück hatte sie viele Verwandte in dem Eifeldorf gehabt, die ihr alle halfen. Allein hätte sie das vermutlich kaum schaffen können. Katharina dachte daran, dass die Eltern ihrer Freunde so alt gewesen waren wie sie jetzt, als sie in den Krieg zogen. Was für ein Glück es war, dass sie alle eine andere Perspektive hatten, studieren und einen Beruf ausüben konnten, der ihnen Spaß machte, anstatt auf Menschen zu schießen und die Welt in Schutt und Asche zu legen. Ingrid hatte sich bewusst fürs Lehramt entschieden, weil sie es als eine ihrer Hauptaufgaben sah, Kinder über das aufzuklären, was damals passiert war. Ihre eigene Schulzeit hatte ganz anders ausgesehen, ebenso wie die Katharinas. Obwohl der Krieg schon zehn Jahre vorbei gewesen war, als sie in die Oberschule kam, wurde im Geschichtsunterricht kein Wort über diese Zeit verloren. Der Stoff ging bis zur Kaiserzeit, und selbst der Erste Weltkrieg wurde nur kurz angesprochen.

»Ich muss ins Bett.« Katharina gähnte. »Um acht klingelt mein Wecker.«

Addi wirkte fassungslos. »Warum stehst du denn so früh auf?«

»Ich muss noch was für die Kanzlei machen.«

»Sonntags? Scheiße.«

»Da hast du wohl recht.«

»Arbeiten ist echt das Letzte. Ich werde so lange studieren, wie es nur geht«, meinte Addi und schenkte sich noch Wein nach.

Als Katharina am Montag in die Kanzlei kam, hatte sie leichte Kopfschmerzen. Sie hatte am Wochenende einfach zu wenig geschlafen, und der Sonntag mit viel Arbeit in der verrauchten Wohnung hatte auch nicht gerade zur Erholung beigetragen.

»Guten Morgen, Dr. Hassel«, begrüßte sie ihren Chef, der im perfekt sitzenden Anzug an ihr vorbeieilte.

»Guten Morgen, Frau … Sie sind spät dran.«

Das sagte er immer zu ihr, obwohl es nie stimmte. Auch jetzt war es erst Viertel vor acht, sie war eine gute Viertelstunde vor Dienstbeginn im Büro. Es gab einige ihrer Kollegen, die vor neun Uhr nicht da waren, aber das sah Dr. Hassel nicht. Er schien immer in der Kanzlei zu sein und sie besonders im Auge zu behalten. Vielleicht bildete sie sich das aber auch nur ein.

Katharina ging über den breiten Flur, der mit einem blauen Teppich ausgelegt war, wodurch jeder ihrer Schritte geschluckt wurde. An den weiß getünchten Wänden hingen großformatige, gerahmte Fotos von Köln. Die neu errichtete Oper mit ihrer herrschaftlichen Auffahrt, der moderne Barbarossaplatz mit seinem geschäftigen Treiben und natürlich der Dom, die schönste Kathedrale der Welt. Der Schreibtisch vor ihrem Büro, an dem Frau Kirsch normalerweise saß, war noch nicht besetzt. Ihre Sekretärin kam immer pünktlich um acht wie alle anderen auch, bis auf Frau Schmidt, die für Dr. Hassel arbeitete. Sie schien genauso daueranwesend zu sein wie ihr Chef, und Katharina beneidete sie beim besten Willen nicht um ihren Job.

Sie nahm die Post aus Frau Kirschs Ablage und ging sie durch. Der Postjunge nahm die Korrespondenz des gesamten Hauses morgens um sieben vom Postboten entgegen und verteilte sie dann in den einzelnen Büros; er brachte sie sogar an die Schreibtische. Das war ein Service, der beileibe nicht in allen Firmen des Geschäftshauses stattfand und der zu den Kleinigkeiten gehörte, die Katharina das Gefühl gaben, einen besonderen Arbeitgeber zu haben. Tatsächlich zählte Hassel und Partner mit gut zwei Dutzend Rechtsanwälten zu den größeren Kanzleien der Stadt. Katharina hatte ein gutes Einstiegsgehalt verhandelt, auch wenn ihr klar war, dass sie am wenigsten von allen Anwälten verdiente. Das lag vor allen Dingen an ihrer mangelnden Berufserfahrung, hatte sie damals geglaubt. Auch dass man ihr nur einen Jahresvertrag angeboten hatte, hatte sie darauf geschoben. Neulinge bekommen eben keine unbefristete Anstellung. Als sie nach zwei Jahren wieder nur einen Jahresvertrag bekam, erfuhr sie, dass ein jüngerer Kollege direkt nach dem Studium eingestellt wurde, unbefristet und mit einem deutlich höheren Einstiegsgehalt, als sie es zwei Jahre zuvor erhalten hatte und noch heute erhielt. Und das, obwohl er wesentlich schlechtere Noten vorzuweisen hatte als sie. Frau Schmidt, vor deren Schreibtisch sie zufällig von dieser Sache mitbekommen hatte, hatte sie fast mitleidig angesehen, als sie entsetzt gestottert hatte, dass sie doch immer nur Jahresverträge bekomme.

»Ja natürlich, meine Liebe. Für eine Frau in Ihrem Alter ist eine unbefristete Anstellung doch nur sehr selten. Das Risiko ist viel zu groß.«

Katharina war die Luft weggeblieben, und sie hatte tonlos hervorgebracht, dass das aber doch ungerecht sei, und dafür nur ein mildes Lächeln von Frau Schmidt geerntet.

»Wollen Sie Dr. Hassel vielleicht verklagen?«

In diesem Moment war in Katharina zum ersten Mal der Wunsch aufgekeimt, sich selbstständig zu machen. Wie sollte sie in einer Kanzlei für das Recht ihrer Mandanten kämpfen, wenn sie sich selbst so ungerecht behandeln ließ? Obwohl ihr Gehalt nicht schlecht war und sie einen renommierten Arbeitgeber hatte, war sie fast ohnmächtig vor Wut gewesen. Vielleicht würde sie mit vierzig eine Festanstellung bekommen, wenn die Gefahr einer

Familiengründung nicht mehr gegeben war. Vielleicht aber auch nicht. Und weniger Geld als ihre Kollegen würde sie auch dann noch verdienen.

Mit einer Auswahl der wichtigsten Post unter dem Arm ging sie in ihr Büro. Es hatte ihr von Anfang an gefallen, der moderne orangefarbene Teppich passte wunderbar zu den braun gestrichenen Wänden. Ihr Schreibtisch war ebenfalls in einem Braunton gehalten, nur der Lampenschirm war in Orange und vervollständigte das Farbspiel perfekt. Keine Frage, hier war ein Innenarchitekt am Werk gewesen, der etwas von seiner Arbeit verstand. Aus dem großen Fenster blickte sie direkt auf den Ring, auf dem der Verkehr wie immer recht hektisch war.

Sie setzte sich an ihren Schreibtisch, nahm das Diktiergerät und begann, einen Brief zu formulieren, den Frau Kirsch nachher abtippen konnte.

Wenig später klopfte es kurz, und ihre Sekretärin betrat den Raum, ein kleines Tablett mit Kaffee, Milch und Zucker in der Hand.

»Guten Morgen, Frau Berner.«

Am Anfang hatte die deutlich ältere Frau Kirsch sie immer Fräulein Berner genannt, was Katharina ihr aber zum Glück hatte abgewöhnen können. Frau Kirsch hatte etwas Mütterliches an sich, und genauso kümmerte sie sich auch um Katharina. Sie war etwas älter als Eva und ähnlich rund wie sie, trug nie etwas anderes als schlichte Kostüme, stets mit einer goldenen Brosche am Revers. »Ihre erste Mandantin ist schon da. Eine Frau Hildegard Köhler. Soll sie noch warten oder kann ich sie schon hereinlassen?«

»Bitten Sie sie gerne rein, Frau Kirsch, danke.«

Kurz darauf saß ihr eine hagere, blasse Frau gegenüber. Hildegard Köhler stellte sich ihr vor und nannte ihre Personalien, als wäre sie bei einem Verhör: Jahrgang 1932, verheiratet, drei Kinder.

»Ich möchte mich von meinem Mann scheiden lassen«, sagte die Frau schließlich und atmete tief durch. »Können Sie mich vertreten?« Sie strich sich eine graue Strähne hinter das Ohr, die einzige, die aus dem streng frisierten Dutt herausgefallen war.

»Natürlich kann ich das«, antwortete Katharina und lächelte sie freundlich an. Es war nicht zu übersehen, wie mitgenommen die Frau war. Alles an ihr wirkte verhärmt. Dunkle Schatten lagen unter ihren Augen, und eine tiefe Falte hatte sich zwischen ihre Brauen gegraben. Ihre Kiefermuskulatur war deutlich sichtbar und bewegte sich ständig hin und her. Offenbar biss sie permanent die Zähne zusammen. »Möchten Sie einen Kaffee? Oder ein Wasser?«

»Nein. Danke«, antwortete sie leise.

»Gut. Dann erzählen Sie mir bitte, warum Ihre Ehe gescheitert ist«, sagte Katharina. Sie wusste, dass diese Frage die Mandanten häufig aus dem Konzept warf. Die wenigsten waren es gewohnt, so private Dinge vor einer fremden Person auszusprechen. »Sie können mir vertrauen, Frau Köhler. Eigentlich müssen Sie das sogar«, fuhr Katharina daher fort. »Denn wenn Sie nicht ganz offen zu mir sind, kann ich Ihnen nicht optimal helfen. Ich versichere Ihnen, dass ich alles, was Sie mir sagen, vertrauensvoll behandeln werde. Das ist nicht nur selbstverständlich für mich, sondern das ist auch meine Pflicht als Anwältin.«

Hildegard Köhler zögerte kurz und atmete dann tief durch. »Ich kann ihn nicht mehr ertragen. Ich will einfach nur die Scheidung.«

Katharina nickte lächelnd. »Möchten Sie vielleicht einen Sherry?«, fragte sie und holte zwei Gläser aus dem Regal, das neben ihrem Schreibtisch stand. Sie musste irgendwie dafür sorgen, dass die Frau sich entspannte.

»Da sage ich nicht nein.«

Katharina schenkte ihr ein Glas ein und reichte es ihr. In ihr eigenes hatte sie nur einen kleinen Schluck geschüttet, und auch den ließ sie erst mal stehen, während Hildegard Köhler ihr Glas mit einem Zug fast ausgetrunken hatte.

»Das tut gut«, sagte die Frau. »Ich trinke sonst nicht um diese Uhrzeit«, fügte sie schnell hinzu. »Aber jetzt … ich bin irgendwie ein bisschen nervös …«

»Das kann ich gut verstehen. Man reicht schließlich nicht jeden Tag die Scheidung ein. Ich brauche allerdings ein paar Informationen, Frau Köhler. In der Bundesrepublik gilt das Schuldprinzip. Eine Ehe kann nur bei Feststellung der Schuld eines Ehepartners geschieden werden.«

Die Frau knetete ihre Hände. Katharina schenkte ihr noch einen kleinen Sherry ein, den sie dankbar nahm. Diesmal nippte sie allerdings nur an ihrem Glas.

»Es ist ganz klar, dass mein Mann die Schuld trägt.« Die Stimme von Hildegard Köhler wurde brüchig.

»In Ordnung.« Katharina ließ ihr etwas Zeit, stand auf und holte das Rauchertablett von der Fensterbank. Sie stellte es vor ihre Mandantin und wies auf die hölzerne Zigarettendose mit silbernem Deckel. »Lord Extra. Möchten Sie?«

Hildegard Köhler nickte, nahm sich eine Zigarette und zündete sie an. Katharina tat es ihr gleich, und während sie rauchten, erzählte sie ihrer Mandantin von ihrer letzten Beziehung. Eigentlich sprach sie ungern über diese Geschichte mit Thomas, die schon über fünf Jahre zurücklag und an der sie lange zu knabbern gehabt hatte. Aber Hildegard Köhler war ihr sympathisch, und vielleicht hatte die Frau ja etwas Ähnliches in ihrer Ehe erlebt wie Katharina damals. »Wir waren zwar nicht verheiratet«, sagte sie, »aber wenn wir es gewesen wären, hätte er eindeutig die Schuld am Scheitern der Ehe gehabt. Wenn man eine Affäre mit einer anderen hat, liegen die Karten ziemlich eindeutig.«

Hildegard Köhler blickte Katharina verständnisvoll an. »Tut mir leid, dass Sie so eine Erfahrung machen mussten.«

»Mir auch. Aber ihm dürfte es noch mehr leidgetan haben. Am Ende war er jedenfalls beide Frauen los. Und wir haben ihm beide die Hölle heiß gemacht.«

Sie lachte, und für einen Moment stimmte Hildegard Köhler in das Lachen mit ein. In diesem kurzen Augenblick hatte Katharina fast das Gefühl, mit einer guten Freundin zu plaudern, mit der man einen Schluck trank, ein paar Zigaretten rauchte und über Männer sprach.

»Erzählen Sie mir, warum Ihr Mann die Schuld am Scheitern der Ehe trägt«, versuchte Katharina es nun erneut.

Hildegard Köhler senkte den Kopf und blickte auf ihre Hände, bevor sie wieder nervös an der Zigarette zog.

»Wissen Sie«, begann sie leise, »wenn man die Illustrierten aufschlägt oder das Fernsehen anschaltet, dann hat man den Eindruck, als würden die jungen Leute heute dauernd übereinander herfallen«, murmelte sie und sah Katharina an. »Auf dem Weg zur Kanzlei bin ich am Kino vorbeigekommen. Wissen Sie, was da jetzt läuft?«

»Nein, das habe ich leider nicht verfolgt.«

»*Schulmädchenreport* nennt sich das. Als hätten die Leute nichts anderes mehr im Kopf!« Sie seufzte.

Katharina ahnte, dass sich die Eheprobleme in einem sehr intimen Bereich abspielten, und sie wollte der Frau gern eine Brücke bauen, damit es ihr leichter fiel, die Sache beim Namen zu nennen.

»Hat Ihr Mann Sie auch betrogen?«, fragte sie. »Ist er fremdgegangen, so wie mein Freund damals?«

»Nein …« Hildegard Köhler zögerte, die Schamesröte stieg ihr ins Gesicht.

»Sie können ganz offen sprechen, Frau Köhler.«

Sie atmete tief durch, als würde sie all ihren Mut zusammennehmen. »Es fing ziemlich schnell nach der Geburt unseres Jüngsten an«, begann sie mit leiser Stimme. »Es war keine leichte Geburt, und auch danach war es nicht einfach für mich. Ich lag lange mit Fieber im Wochenbett, konnte mich kaum rühren ...«

»Wie lange liegt das zurück?«

»Joachim ist jetzt sieben.«

Katharina machte sich eine Notiz. »Fahren Sie fort.«

»Nun ... jedenfalls konnte ich in dieser Zeit meinen ...«, sie suchte nach den richtigen Worten, »... ehelichen Pflichten nicht nachkommen, wenn Sie verstehen, was ich meine.«

»Selbstverständlich.«

»Karl-Heinz, mein Mann, nahm zunächst noch Rücksicht. Im Wochenbett ließ er mich in Ruhe. Aber dann ... ungefähr drei Monate nach Joachims Geburt ...« Sie stockte.

Katharina schenkte ihr noch etwas von dem Sherry nach. »Was passierte dann?«

Ihre Mandantin drückte die Zigarette aus und steckte sich eine neue an, nahm noch einen Schluck von dem Sherry und versuchte, sich zu sammeln. Sie starrte auf ihre Hände und vermied es, Katharina in die Augen zu schauen. Mit tonloser Stimme sprach sie weiter.

»Von da an nahm er sich, was er brauchte. Obwohl ich es nicht wollte.«

Katharina schrieb erneut etwas in ihr Notizheft. »Hat er Ihnen Gewalt angetan?«

Hildegard Köhler seufzte. »Er schlägt mich nicht, das nicht. Aber er packt mich, hält mich fest, drückt mich in die Kissen ... manchmal hält er mir auch den Mund zu ... und die Sache selbst ist sehr schmerzhaft ...« Jetzt liefen der Frau die Tränen über das Gesicht. »Am Anfang habe ich noch versucht, ihn wegzustoßen.

Ohne Erfolg. Inzwischen lasse ich es einfach über mich ergehen und wehre mich nicht mehr.«

»Wie oft passieren diese Übergriffe?«

»Zweimal die Woche … Manchmal auch öfter. Ich ekle mich so, ich halte das kaum noch aus. Mir wird schon schlecht, wenn er ins Schlafzimmer kommt, auch wenn er gar nichts von mir will. Allein sein Geruch löst einen Würgereiz bei mir aus. Nicht selten muss ich mich danach übergeben …«

Katharina reichte ihrer Mandantin ein sauberes Stofftaschentuch, von denen sie immer einen Vorrat in ihrer Schublade hatte. Hildegard Köhler legte die Zigarette in den Aschenbecher und putzte sich die Nase. Ratlos blickte sie danach auf das benutzte Taschentuch.

»Sie können es ruhig behalten«, sagte Katharina.

»Danke.«

»Wie verhält sich Ihr Mann Ihnen und den Kindern sonst gegenüber? Findet Gewalt im Alltag statt?«

»Das ist ja das Verrückte. Ansonsten ist er ein liebevoller Familienvater, er ist streng mit den Kindern, aber nicht ungerecht, und hat immer ein Herz. Wenn er den Jungs den Hintern versohlen muss, ist er danach immer ganz mitgenommen. Er macht das nicht gerne.«

Das kannte Katharina noch von ihrem eigenen Vater. Die Mädchen wurden im Hause Berner nie mit Prügel bestraft, aber Erich war natürlich gezüchtigt worden. Die neunschwänzige Katze hing immer neben der Kellertür wie eine Warnung für alle, die daran vorbeigingen. Aber obwohl Karl Berner wusste, dass Erich die einzelnen Lederstriemen regelmäßig kürzte, hatte er nie etwas gesagt, als wäre es ihm ganz recht, wenn seine Schläge den Jungen nicht zu sehr schmerzten. Auch er hatte nie Spaß am Schlagen gehabt.

»Zu mir ist er sonst höflich und freundlich«, fuhr Hildegard Köhler fort, »er sorgt für uns, bringt einen guten Lohn nach Hause und ist zu Nachbarn und Freunden immer hilfsbereit und nett. Wenn er nachts nicht so brutal wäre, könnte ich nichts Schlechtes über ihn sagen.«

»Haben Sie mal mit ihm darüber gesprochen?«

»Nein ... Ich schäme mich so. Außerdem denke ich ja auch, dass es in Teilen meine Schuld ist. Bei Joachims Geburt ... da war so viel ... kaputt ... Entschuldigung, dass ich über so etwas spreche.«

»Kein Grund, sich zu entschuldigen. Joachim war ein schweres Baby?«

»Ja. Achteinhalb Pfund hat er auf die Waage gebracht. Es dauerte lange, bis alles verheilt war, und danach ...« Jetzt sah Hildegard Köhler ihr fest in die Augen, und die Worte sprudelten geradezu aus ihr heraus. »Ich wollte es danach einfach nicht mehr, obwohl ich ja weiß, dass es meine Pflicht ist, verstehen Sie? Wenn es nicht so oft wäre, könnte ich es ja noch aushalten. Ich habe jetzt so viele Jahre gewartet, weil ich dachte, mit dem Alter regelt sich das schon. Aber es wird und wird nicht weniger, obwohl Karl-Heinz jetzt auch schon fünfzig ist. Ich will jetzt einfach nur noch weg. Und das Schuldprinzip müsste bei seinem Verhalten doch eindeutig sein, oder?« Die Frau blickte hoffnungsvoll auf.

»Ich werde mir Ihren Fall ganz genau anschauen, Frau Köhler. Aber über eines müssen Sie sich jetzt schon im Klaren sein ...« Katharina räusperte sich und überlegte, ob sie es der Frau auf irgendeine Weise schonend beibringen konnte. Aber da gab es keine Schonung. »Ihr Mann hat nichts Unrechtes getan.«

Hildegard Köhler runzelte die Stirn. »Wie bitte?«

»Verstehen Sie mich nicht falsch, ich bin in der Sache voll und ganz auf Ihrer Seite«, erklärte sie. »Diese Übergriffe sind in keiner Art und Weise hinzunehmen. Ich werde mir das alles genau anschauen, und sobald wir eine Körperverletzung nachweisen können, ist das ein Straftatbestand, für den Ihr Mann belangt werden kann, und dann ist natürlich auch die Schuldfrage eindeutig geklärt. Mussten Sie nach einem Übergriff schon mal ins Krankenhaus oder einen Arzt aufsuchen?«

»Nein.«

»Dann könnte es schwierig werden. Unsere Gesetzgebung kennt leider keine Vergewaltigung in der Ehe.«

»Aber … nichts anderes macht er.«

»Ich weiß. Wenn wir ihm körperliche Gewalt nachweisen können, Sie zum Beispiel Knochenbrüche oder andere Verletzungen davontragen, wäre das etwas anderes.«

»Und solange er mich nicht schlägt, sondern sich nur rücksichtslos nimmt, was er will …?«

»Bedeutet das vor dem Gesetz, dass er keine Schuld am Scheitern Ihrer Ehe trägt. Dass er den Beischlaf gegen Ihren Willen ausübt, reicht leider nicht.«

»Aber …« Die Fassungslosigkeit in Hildegard Köhlers Gesicht traf Katharina ins Herz.

»Keine Sorge, loswerden können Sie ihn so oder so. Ich werde mir Ihre finanzielle Situation anschauen, prüfe alle Ihre Unterlagen, und dann sehen wir weiter.«

»Es ist nicht verboten, seine Ehefrau zu vergewaltigen?«, sagte Frau Köhler ungläubig. »Das ist ja wie im Mittelalter!«

»Ja. Aber im Mittelalter hätten Sie sich nicht scheiden lassen können. Das können Sie heute, Frau Köhler, vergessen Sie das nicht, Sie können weg von diesem Mann.«

Sie erläuterte ihr noch, welche Unterlagen sie von ihr brauchte, und brachte Hildegard Köhler dann bis zur Tür der Kanzlei. Zum Abschied drückte sie ihr die Hand und sprach ihr noch mal Mut zu. Das Mitleid, das sie für die Frau empfand, versuchte sie zu unterdrücken. Mitleid war ein schlechter Ratgeber für eine Rechtsanwältin. Ihr Vater hatte durchaus recht gehabt, als er sagte, Juristen brauchten einen klaren Kopf. Dennoch fühlte sie mit der Frau, und manchmal dachte sie, dass genau das sie von den anderen Anwälten unterschied. Sie war nicht wegen der guten Verdienstmöglichkeiten Rechtsanwältin geworden, auch nicht, weil es ihr Spaß machte, die Leben anderer Menschen zu beeinflussen und zu verändern, und erst recht nicht wegen der Macht, die manche ihrer Kollegen bei der Arbeit verspürten. Sie hatte sich für Jura entschieden, weil sie Menschen helfen wollte, zu ihrem Recht zu kommen. Das war heute noch genauso wie damals zu Beginn ihres Studiums.

Als sie den langen Gang zurück zu ihrem Büro ging, kamen ihr Bottner und Hardorf entgegen. Die Anwälte waren schon lange in der Kanzlei, zwei dickbäuchige Mittfünfziger, die beide immer den neusten Mercedes Benz fuhren. Schon von weitem musterten sie Katharina unverhohlen.

»Fräulein Berner, warum tragen Sie denn so lange Hosen?« Bottner war der schmierigere von beiden und musterte sie unverhohlen, als er vor ihr stehen blieb. »Wer so hübsche Beine hat, der sollte sie auch zeigen.«

»Sie könnten doch sogar einen von diesen Miniröcken tragen«, stimmte Hardorf ihm grinsend zu. »Sie müssen doch mal an uns denken. Wir brauchen auch was fürs Auge.«

Katharina verzog keine Miene, obwohl sie spürte, wie es in ihr brodelte. Sie konnte die beiden Kerle und ihre dämlichen Sprüche kaum ertragen.

»Vielleicht schaffen Sie es ja eines Tages, Ihre Aufmerksamkeit Ihren Mandanten zu schenken und nicht meiner Kleidung«, sagte sie mit eisiger Stimme und ging erhobenen Hauptes an ihnen vorbei.

»Ui, heute sind wir aber zickig.« Bottner kicherte.

»Vielleicht ist die Rote Armee im Anmarsch«, flüsterte Hardorf seinem Kollegen hörbar zu, und jetzt lachten die Männer laut auf.

Katharina versuchte, sich nicht anmerken zu lassen, wie sehr sie diese Bemerkungen verletzten. Es war nicht der pubertäre Inhalt, der ihr zu schaffen machte, sondern vielmehr die Tatsache, dass sie sich nicht dagegen zur Wehr setzen konnte. Egal was sie ihnen auch entgegensetzte, es wurde nur mit einem hämischen Lachen quittiert. Und diese Machtlosigkeit traf sie, jeden Tag aufs Neue.

Sie war froh, als sie die Bürotür hinter sich zuschlagen konnte. Seufzend ließ sie sich in ihren Schreibtischstuhl fallen. Sie war die Einzige in der Kanzlei, deren Kleidung regelmäßig kommentiert wurde. Beim besten Willen nicht immer so schmierig wie von Bottner und Hardorf, aber Bemerkungen fielen trotzdem nahezu täglich. Sie bekam Komplimente für ihr Äußeres, und manchmal forderten sie die Kollegen auch auf, sich etwas weiblicher zu kleiden, gerade bei älteren, männlichen und finanzstarken Mandanten, die besonders wichtig für die Kanzlei waren. Auch die Art, wie sie ihre Haare trug, wurde nicht unkommentiert gelassen. Katharina war davon überzeugt, dass viele ihrer Kollegen dachten, es wäre eine freundliche Geste. Nicht Bottner und Hardorf, die machten sich einen Spaß daraus, sie verunsichern zu wollen, das war klar. Aber so waren zum Glück nicht alle. Trotzdem hatte sie diese Kommentare satt. Am liebsten wäre es ihr, wenn niemand ihr Aussehen ansprechen würde, weder in die eine Richtung noch in die andere. Es hatte nichts mit ihrer Arbeit als Anwältin zu tun, ob sie gut oder schlecht aussah.

Katharina dachte an den Artikel, den sie vor nicht allzu langer Zeit fasziniert gelesen hatte und der von über vierhundert Feministinnen berichtete, die in den USA einen Schönheitswettbewerb mit »Frauen sind kein Fleisch«-Rufen gestört hatten. Sicherlich hatte sich schon eine Menge verändert, und Frauen wurden heute anders wahrgenommen als noch vor zwanzig Jahren. Auch Katharina lebte nicht mehr das Leben, das ihre Mutter und selbst ihre Schwestern noch führten. Aber hier, in der Kanzlei, in dieser ausgemachten Männerdomäne, war ein hübsches Äußeres immer noch das Erste, das bei einer Frau bemerkt wurde.

Katharina war es so leid. Sie ahnte, dass Leute wie Bottner und Hardorf damit auch eine Strategie verfolgten. Ihnen war es von Anfang an ein Dorn im Auge gewesen, dass eine Frau in die Kanzlei einzog. Bei ihrer ersten Weihnachtsfeier, einem teuren Abendessen nur mit der Anwaltschaft, maulten sie offen, dass man sich in Katharinas Anwesenheit nicht mehr so frei bewegen könne wie auf früheren Feiern, als die Männer noch unter sich waren. Sie war in ihren elitären Männerclub eingedrungen, und das mochte nicht jeder.

Katharina rollte mit ihrem Stuhl näher an den Schreibtisch heran und versuchte, sich wieder auf ihre Arbeit zu konzentrieren. Es würde noch ein anstrengender Tag werden. Gleich stand die lange Besprechung mit allen Anwälten an, bei der jeder seine aktuellen Fälle vorstellen musste. Eine Art Profilierungsrunde, in der Dr. Hassel sich einen Überblick über die Profitabilität seiner Angestellten verschaffte. Katharina hatte einen guten Schnitt vorzuweisen, hatte mehr Mandanten als die meisten anderen Anwälte, allerdings waren viele dabei, die Dr. Hassel als sogenanntes Kleinvieh bezeichnete. Vor allen Dingen die Scheidungsangelegenheiten von Mandantinnen, bei denen es noch nicht zum Prozess gekommen war, brachten der Kanzlei nicht das gewünschte Einkommen.

»Da ist noch Luft nach oben, Frau … Kollegin«, sagte Dr. Hassel. »Sehen Sie zu, dass Sie diese Ehen geschieden kriegen, dann kommen Sie auf eine anständige Stundenzahl.«

»Manchmal muss man abwägen, ob eine Scheidung wirklich das Optimum …«

Aber Dr. Hassel ließ sie nicht ausreden, sondern wandte sich an Bottner und rügte ihn für den Ausgang des letzten Prozesses. Bottner rechtfertigte sich und seine Strategie, und eine lebhafte Diskussion entstand.

Nach drei Stunden war die Sitzung zu Ende, und ihr rauchte der Kopf. Sie empfand diese Besprechungen als unsägliche Zeitverschwendung. Oberstes Ziel schien immer zu sein, sich möglichst gut bei Dr. Hassel zu positionieren, um die Karriereleiter noch eine Stufe nach oben klettern zu können. Als sie um kurz nach sieben die Kanzlei verließ, brummte ihr der Schädel noch mehr als am Morgen. Sie war froh, dass niemand mitbekam, dass sie um diese Uhrzeit schon nach Hause ging, ihre männlichen Kollegen waren alle noch da, und auch sie blieb normalerweise länger. Aber für heute reichte es ihr. Außerdem hatte sie noch etwas vor.

Eiligen Schrittes ging sie den Hohenzollernring hinunter, warf dem Obdachlosen, der immer an der gleichen Ecke saß, einen Heiermann in seinen Hut und stieg am Friesenplatz in die Straßenbahn. Es gab Pläne, die Bahn als U-Bahn umzubauen, aber keiner konnte sich vorstellen, dass sie irgendwann mal Wirklichkeit wurden. Wie wollte man schon die Innenstadt untertunneln? Eine Stadt, in der jeder Bauarbeiter beim Ausheben der kleinsten Grube auf römische Fundstücke oder alte Kriegsbomben stieß? Entweder rückten die Archäologen an und buddelten das nächste römische Badehaus aus oder alles musste weiträumig abgesperrt werden, bis die Bombe aufwendig entschärft werden konnte. Nein. So schön eine U-Bahn für die Stadt auch wäre, vorstellen konnte sich das keiner.

Katharina entwertete ihre Karte und setzte sich in die hinterste Reihe. Es lag noch gar nicht so lange zurück, dass ein Schaffner in jeder Straßenbahn die Fahrscheine lochte, und eigentlich fand sie es schade, dass es die nicht mehr gab, sie hatte gerne einen Plausch mit ihnen gehalten.

Sie fuhr mit der Bahn die Ringe hoch bis in die Südstadt und stieg am Chlodwigplatz aus. Sie mochte dieses Viertel, das vor Leben sprühte. Bei schönem Wetter konnte man fast den Eindruck haben, man wäre in Südeuropa, so viel spielte sich draußen ab. Sicherlich lag das auch an den beengten Platzverhältnissen, die Südstadt bestand nur aus hohen Mehrfamilienhäusern, und die Kinder spielten zwangsläufig auf der Straße. Aber vor allem lag es wohl an den Bewohnern. Auch wenn es immer noch ein klassisches kölsches Veedel war, hatten sich hier inzwischen viele Gastarbeiter angesiedelt. Vielleicht nicht so viele wie in Mülheim, Ehrenfeld und Kalk, aber besonders Portugiesen und Spanier hatten hier ein neues Zuhause gefunden.

Katharina wusste um die Rolle, die ihre Heimatstadt bei der Anwerbung von Gastarbeitern spielte. Neben München war Köln der Ort, von dem aus die ankommenden ausländischen Arbeitskräfte in die ganze Bundesrepublik verteilt wurden. Während die italienischen, griechischen, türkischen und jugoslawischen Arbeiter am Münchener Hauptbahnhof ankamen und durch die dortige Weiterleitungsstelle betreut wurden, nahm man die spanischen und portugiesischen Gastarbeiter am Bahnhof Köln-Deutz in Empfang. Und viele blieben in der Domstadt, fanden Arbeit in den Ford-Werken, die gezielt Gastarbeiter anwarben. Aber auch die Schokoladenfabrik Stollwerck in der Südstadt konnte auf die ausländischen Mitarbeiter nicht verzichten, und so kam es, dass das Viertel immer internationaler wurde und sich zahlreiche portugiesische und spanische Obsthändler und Restaurants etablierten.

Sie stand vor dem Altbau in der Bonner Straße, die vom Chlodwigplatz abging, und drückte auf das Klingelschild. Kurz darauf öffnete ihr der Vermieter die Tür zu der frisch renovierten Wohnung im Erdgeschoss. Der großzügige Eingangsbereich eignete sich perfekt für den Arbeitsplatz einer Sekretärin, rechts davon ging es in eine kleine Küche, links in ein Bad. Durch eine Glastür war der Eingangsbereich von einem großen Raum abgetrennt. Die Raufasertapete sah frisch gestrichen aus, und die Holzdielen waren neu geölt.

»Die Wohnung ist für eine gewerbliche Nutzung zugelassen«, erklärte ihr der Vermieter. »Hier war vorher ein kleiner Friseursalon. Aber davon sehen Sie jetzt nichts mehr. Tatsächlich haben hier aber drei Friseusen gearbeitet. Hier war ganz schön was los.« Er lachte.

»Warum hat der Salon geschlossen?«, fragte Katharina, die ausschließen wollte, dass bauliche Mängel dafür ausschlaggebend gewesen waren.

»Eine nach der anderen wurde schwanger.« Der Mann zuckte lächelnd mit den Achseln. »Am Ende sogar die Chefin. Kann man nichts machen. Ich wäre jedenfalls froh, wenn jetzt ein dauerhafter Mieter käme.« Er musterte sie.

Katharina überlegte, ob der Mann sie ernsthaft nach ihrem Kinderwunsch fragen wollte, aber zum Glück hielt er sich zurück.

»Was für ein Geschäft wollen Sie denn hier eröffnen?«

»Eine Rechtsanwaltskanzlei«, antwortete Katharina.

»Ah. Sie suchen für Ihren Mann?«

»Nein. Für mich. Und ich denke, die Räumlichkeiten würden gut passen.«

Der Mann zog skeptisch eine Augenbraue hoch. »Sie wollen sich als Anwältin selbstständig machen?«

»So sieht es aus. Ab wann könnte ich die Räume mieten?«

Er zögerte, ging zum Fenster, überprüfte scheinbar den Griff und murmelte etwas Unverständliches. Dann drehte er sich wieder zu ihr.

»Ich habe noch einige andere Bewerber. Lassen Sie mir doch Ihre Telefonnummer da, dann rufe ich Sie an.«

Als Katharina sich auf den Weg in die WG machte, war ihre Laune auf dem Tiefpunkt. Sie wusste, dass Rechtsanwälte nicht die beliebtesten Mieter waren. Wer wollte schon jemandem ein Büro vermieten, bei dem die Gefahr bestand, dass er bei jeder Kleinigkeit klagen könnte? Lehrer und Rechtsanwälte, hatte mal ein Vermieter zu ihr gesagt, kämen ihm nicht ins Haus. Die einen wüssten alles besser, die anderen würden ihn bei einem Wasserschaden verklagen. Erschwerend kam offenbar noch hinzu, dass Katharina sich als Frau allein selbstständig machen wollte. Auch wenn es kaum jemand aussprach, so konnte sie die Skepsis im Gesicht der Vermieter sehen. Hätte sie einen Friseursalon eröffnet, wäre das vermutlich etwas anderes gewesen. Alle fanden es normal, dass Frauen in diesem Beruf arbeiteten, auch wenn die Salonchefs meistens noch Männer waren. Aber Rechtsanwältinnen in einer eigenen Kanzlei waren immer noch die Ausnahme. Sie hatte irgendwo gelesen, dass es in der ganzen Bundesrepublik nur rund tausendvierhundert Rechtsanwältinnen gab. Denen standen fast siebenundzwanzigtausend männliche Rechtsanwälte gegenüber. Wie viele von ihren Kolleginnen hatten wohl eine eigene Kanzlei? Vielleicht ein Prozent? Wenn überhaupt, schätzte Katharina. Die meisten arbeiteten als angestellte Juristinnen bei Konzernen oder Rechtsschutzversicherungen oder eben in Kanzleien wie Katharina.

Aber selbst wenn sie den Zuschlag für diese Räume nicht bekommen sollte – sie war fest entschlossen, sich durch so einen Rückschlag nicht von ihrem Vorhaben abbringen zu lassen.

2

Rita saß auf einer Bank am Rheinufer und genoss die wärmen-
den Sonnenstrahlen auf ihrer noch blassen Haut. An Tagen wie
diesen konnte sie ihre Arbeitslosigkeit fast genießen, aber auch
nur fast. Einerseits war es ganz schön, hier so faul zu sitzen und
etwas Sonne zu tanken, andererseits konnte man so einen Tag
eigentlich nur richtig genießen, wenn er die Ausnahme war und
nicht die Regel. Und bei ihr dauerte die Ausnahme nun schon
über ein Jahr an.

Sie stand auf, zog ihre dunkelbraune Cordjacke aus, krempel-
te die Ärmel ihrer gelben Bluse hoch und machte sich auf den
Heimweg. Vielleicht sah die Welt gleich ja schon ein bisschen
anders aus. Heute musste doch eigentlich etwas im Briefkasten
sein, ihre Bewerbung lag nun über vier Wochen zurück, irgendwann mussten die doch antworten.

Es war eine gute Bewerbung gewesen, als Arbeitgeber konnte
man sich eigentlich nichts Besseres wünschen als eine fertig ausgebildete Pilotin wie sie: als Teenager schon das Segelfliegen gelernt, später dann die Privatpilotenlizenz und zusätzlich eine Ausbildung in der Bundesanstalt für Flugsicherung. Jetzt wollte sie
bei der Lufthansa die großen Passagiermaschinen fliegen. Und
es war keine Frage, dass sie eine ideale Kandidatin war. Die teure

Pilotenausbildung, die die Lufthansa normalerweise in ihre Angestellten investierte, entfiel bei ihr schließlich. Das war ein deutlicher Pluspunkt für sie.

Rita atmete tief durch und sog die milde Luft ein. Mit einer großen Boeing transatlantische Flüge zu bestreiten – was konnte es Schöneres geben? Sie sah sich in einer schicken Lufthansa-Uniform, wie sie im Cockpit einer 747 saß, dem Co-Piloten letzte Anweisungen gab und durch das Mikrofon die Passagiere an Bord begrüßte, bevor sie den großen Vogel Richtung New York starten würde.

Gut gelaunt schwang sie sich auf ihr Fahrrad und radelte nach Hause. Es wurde so viel gebaut in dieser Stadt, dass sie manchmal den Eindruck hatte, Bonn sei eine einzige Baustelle. Ob das jemals aufhören würde? Irgendwie fand sie, dass es für Bonn Segen und Fluch zugleich war, Hauptstadt zu sein. Einerseits hatte das vergleichsweise beschauliche Städtchen plötzlich unermesslich viel Geld und konnte anscheinend so viel bauen, wie es nur wollte. Andererseits war es für den Ansturm von Diplomaten und dem dazugehörenden Tross an Beamten gar nicht ausgerichtet und kam schnell an seine Grenzen. Als die Queen vor knapp zehn Jahren nach Bonn gekommen war, herrschte in der Stadt tagelang Ausnahmezustand. Natürlich war es toll, der englischen Königin zujubeln zu können, auch Rita hatte sich an den Straßenrand gestellt und mit ihrem Fähnchen gewinkt. Aber insgeheim waren die meisten Bonner dann doch froh gewesen, als der Spuk vorbei war, die Straßen nicht mehr gesperrt wurden und das Chaos sich verflüchtigte.

Bis nach Wesseling brauchte sie nicht mehr als eine halbe Stunde. Der Weg führte die ganze Zeit am Rhein entlang, und die Bewegung tat ihr gut. Sie stellte das Fahrrad vor ihrem Elternhaus ab, das ihre Eltern gemeinsam entworfen hatten. Sie waren beide Architekten, auch wenn heute nur noch der Vater arbeitete. Mit der Erziehung ihrer drei jüngeren Geschwister hatte ihre Mutter alle Hände voll zu tun.

»Ich bin froh, dass ich zu Hause bleiben kann«, hatte sie einmal zu ihr gesagt. »Bei Frau Barlage sieht das ja anders aus. Ihr Mann verdient nicht gut, die muss leider arbeiten.«

Rita konnte die Einstellung ihrer Mutter nicht teilen. Für sie war es keine Frage, ob sie arbeiten musste oder nicht. Natürlich musste sie dafür sorgen, dass sie ihren Lebensunterhalt verdiente. Aber sie wollte sich dabei auf keinen Fall von einem Mann abhängig machen. Und abgesehen von der Notwendigkeit, Geld zu verdienen, konnte sie sich auch nichts Schöneres vorstellen, als in ihrem Traumberuf als Pilotin zu arbeiten. Selbst wenn sie heiraten sollte, würde sie das nicht aufgeben. Aber das war kein Thema für sie. Ihren letzten Freund hatte sie in München auf einer Fete kennengelernt, und er küsste so schlecht, dass es nicht zum Aushalten gewesen war. Er hatte seine Zunge immer schon ein bisschen herausgestreckt, bevor sich ihre Lippen überhaupt berührt hatten. Sie konnte sich nicht daran gewöhnen, und als sie ihn darauf ansprach, wurde er so ausfallend, dass sie direkt Schluss gemacht hatte. Seitdem sie wieder in Wesseling wohnte, hatte sie sich kaum noch mit Männern getroffen, von ihren alten Klassenkameraden mal abgesehen. Aber die kamen ihr eher vor wie Brüder oder Cousins, und die Vorstellung, etwas mit Frank oder einem der anderen anzufangen, erschien ihr geradezu absurd.

Noch bevor sie den Schlüssel ins Schloss stecken konnte, riss ihr jüngster Bruder die Haustür auf und strahlte sie an.

»Er ist da! Er ist da!«

Rita versuchte, ein Grinsen zu unterdrücken. Das Herz schlug ihr bis zum Hals, und obwohl sie sofort wusste, was Martin meinte, stellte sie sich ahnungslos.

»Wer ist da?«

»Der Brief! Von der Lufthansa! Komm schnell rein, Rita! Wir sind alle so gespannt!«

Martin rannte ins Haus und wirkte in dem Moment viel jünger, als er es mit seinen zehn Jahren eigentlich war. Die Aufregung und die Vorfreude ließen ihn hüpfen wie ein junges Fohlen.

Ihre ganze Familie hatte die letzten Monate mitgefiebert, alle wussten, wie wichtig ihr die Bewerbung bei der Lufthansa war, hatten sie bei dem Anschreiben beraten und ihren Senf zu den verschiedenen Bewerbungsfotos gegeben, die sie hatte machen lassen. Es rührte sie, wie sehr Eltern und Geschwister mit ihr bangten.

»Rita ist da! Rita ist da!«, rief Martin und tanzte fast, als er ins Wohnzimmer kam.

Die Eltern saßen auf der dunkelgrünen Samtcouch, die Zwillinge Mechthild und Simone lümmelten auf dem Wohnzimmerteppich und blätterten in der *Bravo*. Rita wusste genau, dass die beiden mal wieder so taten, als würden sie nur die Berichte über die Hochzeit von Roy Black lesen oder sich für den Klatsch über andere Stars interessieren, während sie tatsächlich ausgiebig das *Dr.-Sommer-Team* studierten. Die Luft in dem Raum war rauchverhangen, und der Geruch nach Zigaretten hatte sich mit dem von Mutters Eintopf vermischt. Als Erstes öffnete Rita ein Fenster.

»Dass ihr noch nicht erstickt seid!«, sagte sie fröhlich, während Martin sie immer wieder zu dem Brief ziehen wollte.

Auf dem Wohnzimmertisch aus grünem Granit lag ein weißer Umschlag, auf dem sie schon von weitem das Logo der Lufthansa erkennen konnte.

»Setz dich, mein Kind«, sagte ihre Mutter lächelnd und strich ihren roten Rock glatt, der mit hellen Blumen gemustert war.

Ritas Hände waren schweißnass, als sie den Brief nahm, auf den sie so lange gewartet hatte und in dem alle ihre Hoffnungen und Träume lagen.

»Jetzt mach schon auf, mach schon auf!« Martin neigte dazu, alles zu wiederholen, wenn er aufgeregt war. »Nimmst du mich mit, wenn du in die Staaten fliegst? Dann bin ich der Erste bei uns in der Klasse, der schon mal geflogen ist! Dann müssen wir uns nicht mehr alle hinten in Papas Opel quetschen, wenn wir nach Spanien fahren, dann können wir fliegen! Du kriegst die Tickets doch günstiger?«

»Martin, nun beruhige dich mal.« Die Mutter strich dem aufgeregten Jungen über den Blondschopf. »Du siehst dich wohl schon im Flugzeug nach Afrika sitzen, was?« Sie sah ihn amüsiert an.

»Amerika, Afrika und Australien!«, rief Martin begeistert.

Auch ihr Vater wirkte aufgeregt, nicht ganz so wie sein jüngster Sohn, aber die Anspannung war ihm anzumerken. Unentwegt trommelte er mit seinen Fingern auf der Tischplatte. »Jetzt mach den Brief schon auf, Mädchen«, sagte er.

Rita setzte sich neben ihre Mutter und öffnete mit zittrigen Händen den weißen Umschlag, wobei sie sorgfältig darauf achtete, den Lufthansa-Kranich nicht zu zerstören. Sie hatte die theoretische CPL- und die praktische IFR-Prüfung mit Bestnoten bestanden. Über zweihundert Flugstunden hatte sie vorzuweisen, hatte verschiedene Maschinen geflogen und schließlich sogar die Linienfluglizenz erworben. Und das alles auf eigene Kosten, dank der großzügigen Unterstützung ihres Vaters. Bessere Voraussetzungen für die Bewerbung bei der Lufthansa konnte es nicht geben, sagte sie sich immer wieder, auch um sich selbst zu beruhigen.

Sie zog das Schreiben heraus und presste es gegen ihre Brust, vielleicht um den Moment der Vorfreude und Spannung noch weiter hinauszuzögern, vielleicht aber auch, weil sie sich einfach nicht traute, zu lesen, worauf sie so lange hingefiebert hatte. Sie atmete noch einmal tief durch und faltete das Schreiben dann auseinander.

»Lies es laut vor!«, rief Simone, die ihre Zeitschrift zur Seite legte und sich in den Schneidersitz setzte, wobei sie die Ellenbogen auf die Knie stützte und den Kopf mit den Händen festhielt, als könnte er herunterfallen. Sie trug ihr Haar seitlich gescheitelt. Es war etwas heller als Ritas rotblonder Schopf, aber genauso lang und ebenfalls mit einer Föhnwelle nach außen frisiert. Mechthild trug die Haare exakt genauso, nur waren sie etwas dunkler.

»Gut«, sagte Rita und lächelte ihre Schwester an. Dann atmete sie noch einmal tief durch und begann, laut vorzulesen. »Sehr geehrte Frau Maiburg, vielen Dank für Ihr Schreiben vom 2. Mai 1974 und Ihr Interesse an unserem Unternehmen. Da weibliche Flugzeugführerinnen in unserer Gesellschaft aus grundsätzlichen Erwägungen nicht zum Einsatz kommen, müssen wir Ihre Bewerbung leider ablehnen. Für Ihren weiteren Lebensweg …« Rita versagte die Stimme.

Tränen stiegen ihr in die Augen, und sie konnte die letzten Worte der floskelhaften Absage nicht mehr richtig erkennen.

Im Wohnzimmer herrschte Totenstille. Simone ließ fassungslos die Arme sinken, Mechthild schüttelte nur stumm den Kopf, als könne sie das alles nicht begreifen, die Mutter starrte ins Nichts, und der Vater war ganz blass geworden. Martin fand als Erster seine Stimme wieder. »Das können die doch nicht machen! Du bist doch die Beste für den Job!« Er eilte zu ihr und schlang die Arme um sie. »Das ist bestimmt ein Missverständnis. Nicht traurig sein, Ritalein, nicht traurig sein.«

Rita liefen die Tränen über das Gesicht. Sie konnte kein Wort sagen. Eine Absage. Sie hatten sie abgelehnt.

Nun legte auch die Mutter den Arm um sie, stumm drückte sie Rita an sich.

»Die lehnen dich ab, weil du eine Frau bist?« In Simones Stimme lag eine gehörige Portion Wut. »Einfach so, ohne Begründung, nur weil du kein Mann bist? Das kann doch nicht wahr sein!«

Simone sprang auf und warf mit einem lauten Knall das Fenster zu, während Rita sich langsam aus Martins Umarmung löste und versuchte, sich zu fassen.

Ihre Mutter nickte. »Du hast recht, Simone. Das kann wirklich nicht wahr sein.«

»Im Grundgesetz steht, dass alle Menschen gleich sind.« Die Stimme ihres Vaters bebte. »So eine Absage verstößt gegen das Grundgesetz!«

»Aber was soll man denn dagegen tun, Alois?« Die Mutter wirkte mitgenommen. »Man kann doch nichts tun.«

»Natürlich kann man was dagegen tun, Gertrud! Man muss sogar!« Der Vater schlug mit der ausgestreckten Hand wütend auf den Tisch. »So eine Ungerechtigkeit darfst du dir nicht gefallen lassen, Rita.«

Aber Rita wusste nicht, was sie denken, und schon gar nicht, was sie sagen sollte. Sie fühlte sich leer, ihr Magen hatte sich zusammengezogen, und sie hatte Probleme, ruhig zu atmen. Immer wieder ging ihr der eine Satz durch den Kopf: Da weibliche Flugzeugführerinnen nicht zum Einsatz kommen, müssen wir Ihre Bewerbung ablehnen. Ihr Traum zerbarst in tausend Stücke.

*

Frustriert schlug Katharina die Zeitung zu, nachdem sie den Wohnungsmarkt ausführlich studiert hatte.

»Nichts Passendes dabei. Wo ist eigentlich Ingrid?«

»Sie hat gestern Abend mit Addi gelernt«, meinte Elke vielsagend. »Was immer die auch unter lernen verstehen.« Sie lachte und bereitete weiter das Frühstück vor, das in erster Linie aus Graubrot und selbstgemachter Erdbeermarmelade bestand. Der Duft von frisch aufgebrühtem Kaffee erfüllte den Raum, und aus dem Radio ertönte eine fröhliche Stimme, die allen WDR2-Hörern erklärte, warum dieser Tag ein guter Tag werden würde. In erster Linie wegen des schönen Wetters, das erwartet wurde, wie Katharina mit einem Ohr hörte.

»Ich hatte jetzt zwölf Besichtigungstermine«, stöhnte sie. »Ich bin es so leid. Vielleicht hat mein Vater doch recht. Vielleicht ist das alles nichts für mich. Warum tue ich mir das eigentlich an?« Genervt nahm sie einen Schluck von ihrem Kaffee. »Vielleicht suche ich mir doch einfach einen Mann mit gutem Job und mache es mir gemütlich.«

»Na, du hast ja Vorstellungen!« Elke verdrehte die Augen. »Glaubst du wirklich, du kannst es dir als Hausfrau und Mutter gemütlich machen? Also, wenn ich an Erika denke, sieht das doch wohl deutlich anders aus.«

Seitdem Erika, eine Freundin aus Schulzeiten, geheiratet und drei Kinder bekommen hatte, war sie die angespannteste Person, die Katharina kannte. Sie kaufte jeden Tag frisch ein, um ihrer Familie pünktlich ein gutes Mittagessen aufzutischen, selbstverständlich mit Nachtisch, ihr Mann kam schließlich aus dem Büro zum Essen nach Hause. Das große Haus, in das sie gezogen waren, musste in Ordnung gehalten werden, vom Garten ganz zu schweigen. Eine Hilfe konnten sie sich noch nicht leisten, aber bei ihrem letzten Treffen mit Erika hatte Katharina den Eindruck, als wäre es das größte Glück der alten Freundin, wenn sie endlich eine Putzfrau einstellen könnte.

»War nicht ernst gemeint«, sagte Katharina. »Aber trotzdem

ist das alles frustrierend. Es sind einfach keine passenden Büroräume zu kriegen.«

»Ich hab vielleicht noch was für dich«, meinte Elke und trocknete sich die Hände ab. »Warte mal, ich hab mir die Adresse aufgeschrieben.« Sie suchte die Taschen ihres bodenlangen Rockes ab und zog schließlich einen Zettel hervor. »Hier. Das hing bei uns in der Klinik am Schwarzen Brett. Der sucht einen Nachmieter. Vielleicht ist das was für dich?«

Dankbar nahm Katharina den Zettel. »Das ist nett. Lieb, dass du an mich gedacht hast.«

»Ist doch logisch. Du bist doch mein großes Vorbild!«

»Ach komm, hör auf.«

»Nein, wirklich. Ich hab den Beruf gelernt, den meine Mutter für richtig für mich hielt. Krankenschwester, da lernst du doch einen Arzt kennen, da machst du bestimmt mal eine gute Partie, hat sie gesagt, nachdem mit Helmut damals Schluss war.«

Katharina grinste. »Und jetzt hast du einen Lehramtsstudenten an der Backe.«

»Den Kurt?« Elke lachte. »Nee, nee. Und trotzdem sieht es nicht so aus, als würde ich noch zur Chefarztgattin aufsteigen.« Dann wurde sie wieder ernst. »Du hast das gemacht, was du wolltest. Obwohl deine Eltern dagegen waren. Das finde ich wirklich toll, Katharina. Ehrlich. Du musst das durchziehen. Du darfst nicht aufgeben. Allein schon mir zuliebe nicht.«

Den ganzen Vormittag musste Katharina noch an die Worte ihrer Freundin denken. Es war ihr nie bewusst gewesen, dass diese einen Weg eingeschlagen hatte, den sie selbst eigentlich nicht wollte. Im Gegensatz zu ihr hatte Elke sich nicht gegen die Wünsche ihrer Eltern beziehungsweise ihrer Mutter durchsetzen können. Gejammert hatte sie trotzdem nicht, während Katharina es immer lautstark bedauert hatte, dass niemand in der Familie hinter ihrer Berufswahl stand.

Es klopfte, und Frau Kirsch brachte die nächste Mandantin in ihr Büro. Rita Maiburg sah noch jünger aus, als Katharina es aufgrund der ihr vorliegenden Notizen vermutet hätte, die Frau Kirsch nach einem ersten Telefonat erstellt hatte. Sie trug eine helle Schlaghose, die an Oberschenkeln und Hüfte sehr eng geschnitten war, dazu einen dünnen Rollkragenpullover in einer Senffarbe, der je nach Lichtverhältnissen etwas transparent war und das helle Top, das sie darunter trug, sichtbar werden ließ. Ihr Gesicht war mädchenhaft und wollte nicht so recht zu ihrem Auftreten passen, das sehr erwachsen und selbstbewusst wirkte.

Katharina wusste nicht viel über ihre neue Mandantin, die zwölf Jahre jünger war als sie selbst und wegen einer arbeitsrechtlichen Frage um den Termin gebeten hatte. Frau Kirsch wollte sie eigentlich an einen Kollegen verweisen, da Arbeitsrecht nicht zu Katharinas Spezialgebieten gehörte, aber Rita Maiburg hatte darauf bestanden, mit ihr zu sprechen.

Katharina bat sie, Platz zu nehmen. »Möchten Sie vielleicht etwas trinken? Kaffee, Mineralwasser, eine Sinalco oder eine Cola könnte ich Ihnen anbieten.«

»Nein, vielen Dank, ich brauche nichts. Wenn es Ihnen recht ist, würde ich lieber gleich zur Sache kommen.«

Katharina mochte es, wenn nicht lange um den heißen Brei geredet wurde. »Natürlich. Was kann ich für Sie tun, Frau Maiburg?«

Sie rechnete damit, dass die junge Frau vielleicht von ihrem Chef belästigt worden war und ihr daraufhin gekündigt wurde oder etwas ähnlich Sexistischem, das sie nur einer Anwältin und keinem männlichen Kollegen erzählen wollte.

Rita Maiburg sah Katharina mit festem Blick an und sagte dann mit kämpferischer Stimme: »Ich möchte die Lufthansa verklagen.«

Katharina brauchte einen Augenblick, um sich zu sammeln, so überrascht war sie von dem Anliegen der jungen Frau.

»Ich habe mich bei der Lufthansa für eine Stelle als Pilotin beworben«, fuhr sie selbstbewusst fort und schilderte ihr, welche Voraussetzungen sie dafür mitbrachte. »Ohne übertreiben zu wollen, aber können Sie sich eine bessere Kandidatin für so eine Stelle vorstellen? Normalerweise muss die Lufthansa ihre Piloten erst ausbilden, bevor sie sie einsetzen kann. Das wäre bei mir nicht nötig.«

Katharina kannte sich mit Fluggesellschaften nicht aus, aber grundsätzlich konnte jedes Unternehmen von Berufsanfängern, die bereits so viel Erfahrung mitbrachten, nur träumen.

»Ich nehme an, Sie haben eine Absage bekommen, sonst wären Sie wahrscheinlich nicht hier.«

In Rita Maiburgs Miene zeigte sich eine Mischung aus Enttäuschung und Wut. »Ja. Mit der Begründung, dass die Lufthansa grundsätzlich keine Frauen als Piloten einstellt.«

Sie reichte ihr das Schreiben, und Katharina überflog den kurzen Text. Es war eine Standardabsage, wie sie jeden Tag vermutlich zigtausendfach verschickt wurde – mit der Ausnahme, dass das Geschlecht der Bewerberin explizit als Ablehnungsgrund der Bewerbung angegeben wurde.

»Haben Sie daraufhin noch mal bei der Lufthansa nachgehakt?« Katharina legte das Schreiben zur Seite.

»Ja«, sagte Rita. »Nachdem ich ein paar Tage geheult habe, ist mein Kampfgeist erwacht. Aber ich bin nie weiter als bis zum Sekretariat durchgekommen. Sie stellen nun mal keine Frauen als Piloten ein. Punkt. Aber das will ich mir nicht gefallen lassen, das ist doch ungerecht! Warum soll eine Frau nicht Pilotin werden? Und die großen Passagiermaschinen fliegen?«

»Dafür gibt es keinen Grund.«

»Eben! Das ist diskriminierend!«

»Da haben Sie recht.« Katharina atmete tief durch. Die junge Frau erinnerte sie daran, wie sie selbst vor ein paar Jahren kämpfen musste. Als sie sich 1960 für das Studium der Rechtswissenschaften an der Kölner Universität einschrieb, war sie die einzige Frau in dem Jahrgang, jedenfalls wusste sie von keiner anderen und bekam auch nie eine andere zu sehen. Als sie den Hörsaal zum ersten Mal betrat, hatte sie das Gefühl, dass alle Augen auf sie gerichtet waren, dabei hatte sie schon versucht, so unauffällig wie nur möglich auszusehen, und extra das Kostüm in gedeckten Farben gewählt. Sie hatte bewusst auf eine toupierte Hochsteckfrisur verzichtet, wie sie damals Mode gewesen war, sondern die Haare nur zu einem schlichten Pferdeschwanz gebunden. Am liebsten wäre sie unsichtbar gewesen. Sie hatte sich einen Platz ganz am Rand gesucht und saß neben einem jungen Mann, der eindeutig in einer schlagenden Verbindung war und seinen Schmiss voller Stolz zur Schau trug. »Machen Sie Abschriften von der Vorlesung? Für die Studenten, die erkrankt sind?«, fragte er sie, und seine Freundlichkeit verschwand umgehend, als sie ihm erklärte, eine Kommilitonin und keine Schreibkraft zu sein.

Nach der Vorlesung, als sie ihre Sachen zusammenpackte, kam der Professor zu ihrem Platz. Ein weißhaariger, strenger Mann, der schon im Ersten Weltkrieg gedient hatte, wie er zu Beginn der Vorlesung betonte. Was er im Zweiten gemacht hatte, verschwieg er allerdings.

»Fräulein Berner, ich kann sicherlich nicht verhindern, dass Sie hier sind«, begann er das Gespräch. »Aber ich appelliere an Ihren gesunden Menschenverstand. Sie studieren ein paar Jahre, um sich dann als examinierte Mutter und Hausfrau um Ihre Kinder zu kümmern, während ein talentierter junger Mann auf seinen Studienplatz verzichten muss! Das kann ich nicht gutheißen, und ich

fordere Sie auf, Ihre Entscheidung noch einmal zu überdenken.«
Ohne auf eine Antwort zu warten, hatte er sich umgedreht und
war aus dem Saal marschiert.

Diese offene Ablehnung hatte sie tief verletzt, aber auch ihren
Kampfgeist geweckt. Sie hatte es ihrem Professor zeigen wollen,
hatte doppelt so viel gelernt wie ihre Kommilitonen und auch das
Gefühl gehabt, dass sie in den Prüfungen strenger bewertet wurde als manch anderer. Immerhin hatte sie es geschafft, auch wenn
es kein leichter Weg gewesen war und sie von der ach so tollen
Studentenzeit, von der immer alle schwärmten, mit Feten und
stundenlangen Klönabenden weit entfernt gewesen war. Im SDS,
dem Sozialistischen Deutschen Studentenbund, hatte sie zum
Glück einige Freunde gefunden. Unter den linken Anwälten war
die Ablehnung Frauen gegenüber deutlich geringer ausgeprägt
gewesen.

Und jetzt saß eine junge Frau in einem ähnlichen Alter vor ihr,
in dem sie damals war, entschlossen, für ihren Traum genauso hart
zu kämpfen, wie sie es getan hatte.

Katharina befürchtete allerdings, dass Rita Maiburgs Kampf
härter werden könnte als ihr eigener. Die Lufthansa zu verklagen, konnte man gelinde gesagt nicht als Kleinigkeit bezeichnen,
das konnte ein langer Prozess werden, der von der Öffentlichkeit
misstrauisch beäugt werden würde und dessen Ausgang völlig un-
gewiss war. Aber sollte sie der Frau deshalb sagen, dass sie ihren
Traumberuf lieber vergessen sollte, weil sie nun mal leider mit dem
falschen Geschlecht auf die Welt gekommen war? Schließlich
würde sich niemals etwas ändern, wenn alle einen harten Kampf
von vorneherein scheuen würden.

»Kann man bei so etwas Klage erheben?«, fragte Rita Maiburg.

»In unserem Land gilt: Wem Unrecht widerfährt oder wer einen Streitfall verbindlich klären möchte, kann Klage einreichen.

Dann entscheidet ein Richter«, antwortete Katharina. »Das Gericht ermittelt allerdings nicht selbst, sondern fällt sein Urteil allein auf Basis der Informationen, die Kläger und Beklagter einreichen.«

»Ich denke, ich habe starke Argumente.«

»Das denke ich auch. Sie dürfen aber nicht vergessen: Wer verliert, muss die Prozesskosten tragen.«

»Dessen bin ich mir bewusst. Werden Sie mich vertreten?« Rita Maiburg sah sie erwartungsvoll an.

Katharina überlegte einen Moment. »Ja. Ich werde Sie als Mandantin annehmen«, sagte sie dann. Sie spürte, dass es ihr ein persönliches Bedürfnis war, dieser jungen Frau zu ihrem Recht zu verhelfen. »Sie sollten sich allerdings darüber im Klaren sein, dass es ein harter Kampf werden dürfte.«

Rita Maiburg lächelte. »Man kann seine Hoffnungen begraben, *nachdem* man gekämpft hat. Aber doch nicht davor, liebe Frau Berner, oder?«

Katharina erwiderte ihr Lächeln. »Das sehe ich ganz genauso, Frau Maiburg.«

Ihre neue Mandantin stand auf und reichte ihr die Hand. »Ich soll Sie übrigens herzlich von Kurt grüßen.«

»Kurt …« Katharina dachte nach. Sie kannte eigentlich nur einen Kurt.

»Kurt Baumann. Er studiert mit einer alten Freundin von mir auf Lehramt und ist mit Ihrer Mitbewohnerin Ingrid befreundet. Kurt hat mir Sie wärmstens empfohlen. Er meinte, er kennt niemanden, der so viel Biss hat wie Sie.«

Über so ein Kompliment konnte sich Katharina weitaus mehr freuen als über jedes Lob, das sich auf ihr Äußeres bezog.

Sie nutzte die Mittagspause, um zu der Adresse zu fahren, die Elke ihr am Morgen gegeben hatte. In der Straßenbahn lauschte sie dem Gespräch zweier älterer Männer, die sich darüber unterhielten, was der Sieg bei der Fußballweltmeisterschaft für die Bundesrepublik bedeuten würde. Die beiden wirkten geradezu euphorisch, und Katharina fand es erstaunlich, welche Auswirkungen so ein Sportereignis haben konnte.

Sie stieg an der Haltestelle *Poststraße* aus. Die Gegend war nicht mit der Südstadt und ihren üppigen Wohnhäusern zu vergleichen. Rund um den Kleinen und Großen Griechenmarkt war über Jahrhunderte hinweg das Wohnviertel der einfachen und armen Bürger Kölns gewesen. Viele kleine Häuser waren auf engstem Raum in sehr schmalen Gassen errichtet worden, weshalb die Auswirkungen des Zweiten Weltkriegs hier besonders verheerend gewesen waren. Das Viertel war komplett zerstört worden, da die durch Brandbomben verursachten Feuer von einem Haus zum anderen überschlugen. Das einzige Wohngebäude in dem Viertel, das den Krieg ohne Zerstörung überstanden hatte, war die im 16. Jahrhundert erbaute ehemalige Hausbrauerei *Im Bachem* am östlichen Ende des Großen Griechenmarkts. Katharina blieb einen Moment vor dem alten Haus stehen und betrachtete dieses Überbleibsel aus einer anderen Zeit. Sie konnte sich kaum vorstellen, dass der Rest des Viertels einmal ähnlich ausgesehen hatte.

Schließlich bog sie in die Schlemmergasse und suchte nach dem Haus mit der Nummer 79. Ein völlig neu errichtetes Viertel hatte jede Menge Vorteile, dachte sie. Vor nicht mal zwanzig Jahren hatte man hier moderne Häuser mit kleinen Balkonen gebaut, und jede Wohnung war mit einem eigenen Badezimmer ausgestattet worden. Die Zeit der Etagenklos war damit vorbei gewesen. Die niedrigen Decken, die die Heizkosten gering hielten, machten die Wohnungen zusätzlich attraktiv.

Der Mann fiel ihr schon von weitem auf. Er war etwas älter als sie, sie schätzte ihn auf Ende dreißig. Er trug einen dunklen Anzug mit brauner Krawatte und war das, was ihre Mutter eine elegante Erscheinung nennen würde. Katharina war so damit beschäftigt, ihn von weitem zu mustern, dass ihr die dunkle Gestalt, die wenige Meter vor ihr auf dem Gehweg stand, zunächst gar nicht auffiel. Fast wäre sie in den Kerl hineingelaufen, der gerade eine Kiste zum Hauseingang schleppte.

»Pass gefälligst auf, Miststück«, zischte er, der Klang seiner Stimme ließ Katharina einen Schauer über den Rücken laufen.

»Entschuldigung, ich habe Sie nicht gesehen«, stotterte sie. »Kein Grund, mich gleich so …«

»Halts Maul«, schnitt er ihr das Wort ab, nun lauter.

»Also, das ist ja unerhört!«, regte sich Katharina auf, die versuchte, so selbstbewusst wie nur möglich zu wirken, obwohl der Kerl ihr Angst machte. »Was fällt Ihnen ein, so mit mir zu reden?«

»Wenn du dich nicht verpisst, fällt mir noch was ganz anderes ein …«, fauchte der Kerl.

Katharina wollte gerade etwas lautstark erwidern, als sie hinter sich Schritte hörte.

»Alles in Ordnung?«

Sie drehte sich um und sah in das besorgte Gesicht des anderen Mannes.

»Äh … Ja. Dieser …«

Sie drehte sich zu dem Hauseingang, aber der Kerl war verschwunden, und die Haustür fiel leise ins Schloss. Katharina atmete tief durch.

»Irgendein Spinner. Schon in Ordnung. Sind Sie Herr Langscheid?«

Er warf seine Zigarette auf den Boden und trat sie aus. Lächelnd reichte er ihr die Hand.

»Ja. Sie müssen Katharina Berner sein.«

Sein Händedruck war angenehm fest, und er hielt ihre Hand eine Spur länger, als es nötig gewesen wäre.

»Ganz genau. Und Sie sind der Mann, der es wagen will, einer Frau Kanzleiräume zu vermieten«, antwortete Katharina, die sich vorgenommen hatte, mit der Tür direkt ins Haus zu fallen. Warum sollte sie Zeit für eine Wohnungsbesichtigung verschwenden, wenn der Vermieter am Ende doch Vorbehalte ihr gegenüber hatte?

»Sehr gerne sogar«, antwortete Theo Langscheid zu ihrer Überraschung. Er fuhr sich mit einer Hand durch die braunen Haare, die er etwas länger trug, so wie es jetzt Mode war, mit zur Seite gestrichenem Pony und gepflegten Koteletten. »Falls Ihnen die Büroräume denn auch gefallen. Kommen Sie, gehen wir hinein.«

Sie gingen ein paar Schritte weiter bis zu dem Haus, vor dem Theo Langscheid eben noch gewartet hatte. Es hatte nicht den Charme des Altbaus in der Südstadt. Die Nähe zum Barbarossaplatz und Neumarkt war verkehrstechnisch aber attraktiv und das Haus in einem sehr guten Zustand.

Er führte sie durch das gepflegte Treppenhaus in den ersten Stock, in dem sich die kleine Zweizimmerwohnung befand, die gewerblich genutzt werden durfte. Die Decken waren erwartungsgemäß niedrig, und der Boden war mit einem schlichten Linoleum ausgelegt, das Katharina zwar nicht besser gefiel als Holzdielen, aber pflegeleichter war es allemal.

Die beiden Räume waren Durchgangszimmer und daher für ihre Zwecke geeignet. Im hinteren Teil konnte ihr Schreibtisch stehen, im vorderen möglicherweise eine Sekretärin sitzen, wenn sie sich die überhaupt würde leisten können. Das kleine, hellgrün gefliese Bad war tadellos, und eine Küchenzeile war ebenfalls inbegriffen.

»Fünfundfünfzig Quadratmeter für 280 Mark warm. Was meinen Sie?«

Obwohl das nicht gerade ein Schnäppchen war, musste Katharina nicht lange überlegen. »Ja. Ich würde die Wohnung gerne mieten.«

Erneut reichte Theo Langscheid ihr die Hand. »Perfekt. Ich freue mich, Frau Berner!«

»Ich mich auch.«

Sie versuchte, sich ihre Freude nicht anmerken zu lassen. Es hatte geklappt. Endlich. Am liebsten wäre sie laut jubelnd in die Luft gesprungen.

Theo Langscheid schien zu bemerken, wie erleichtert sie war. Er musterte sie lächelnd. »Das ist ein Grund zu feiern, oder?«

Sie erwiderte sein Lächeln. »Ja. Es war wirklich nicht einfach, die geeigneten Räume zu finden.«

»Kann ich mir vorstellen. Haben Sie Lust, noch eine Kleinigkeit essen zu gehen? Hier um die Ecke hat ein neues Restaurant aufgemacht. Die Besitzer kommen aus Italien. Dann könnten wir gleich auf den Mietvertrag anstoßen.«

»Eine schöne Idee, aber leider muss ich zurück in die Kanzlei.«

»Vielleicht ein anderes Mal?«

Katharina nickte. »Gern.« Ihre Blicke trafen sich, und für einen Moment fragte sie sich, ob hinter der Essenseinladung mehr stecken könnte als nur ein Anstoßen auf den Mietvertrag. Vielleicht, dachte sie und spürte ein Kribbeln im Bauch, das sie schon lange nicht mehr gefühlt hatte.

*

Rita saß mit Frank und Uta im überfüllten Biergarten. Das schöne Wetter hatte die Menschen in Strömen nach draußen getrieben, so als wollten sie die letzten warmen Tage des Jahres auf keinen Fall verpassen. Passend dazu trug Uta ein dünnes weißes Sommerkleid mit weiten Fledermausärmeln, ohne BH, womit sie vor allem Franks Blicke immer wieder auf sich zog. Sie sah umwerfend aus in dem Kleid. Rita mochte für sich selbst lieber Hosen und hatte eine ihrer selbst abgeschnittenen Hotpants an. Ihre bunt gemusterte Bluse hatte sie über dem Bauch zusammengeknotet. Auf dem klebrigen Tisch vor ihnen standen jede Menge Kölsch-Gläser, und obwohl es noch nicht besonders spät war, hatten sie alle schon einen sitzen.

»Ich kann euch nicht sagen, wie froh ich bin, diesen ersten Schritt getan zu haben«, sagte Rita, die ihren Freunden gerade ausführlich von dem Termin mit Katharina Berner berichtet hatte. »Die letzten Wochen hab ich mich so ohnmächtig gefühlt. Jetzt habe ich zum ersten Mal wieder den Eindruck, die Zügel in die Hand zu nehmen.«

»Das kann ich total gut verstehen.« Uta winkte den Kellner zu sich und bestellte noch eine Runde Kölsch für alle. »Ich bin ja eher in einer Branche mit vielen Frauen unterwegs, aber das ist bei dir ja ganz anders. Es wird Zeit, dass dieser Männerverein mal richtig aufgemischt wird.«

»Die Direktoren bei euch an den Schulen sind aber doch auch meistens Kerle«, mischte Frank sich ein.

»Noch«, meinte Uta. »Aber spätestens wenn ich so weit bin, wird sich das ändern.« Sie lachte.

»Ich kann übrigens deine Nippel sehen.« Frank grinste breit, und Uta gab ihm lachend eine leichte Ohrfeige.

»Ich deine auch!«, rief sie, woraufhin Frank gespielt entsetzt an seinem orangefarbenen T-Shirt hinunterblickte.

»Was? Wo?«, scherzte er.

»Wenn ihr das Nippel-Gate geklärt habt«, mischte Rita sich ein, »kannst du dann mal von deiner Reise erzählen? Wie war's?!«

Frank strahlte. »Bombastisch.«

»Geht's ein bisschen ausführlicher?«

Er trank noch einen Schluck von seinem Kölsch und sah die beiden erwartungsvoll an. »Wollt ihr die ausführliche Geschichte hören?«

»Alle Details«, antwortete Rita, und Uta nickte schmunzelnd.

»Gerne. Also vorweg: Afghanistan ist das beste Land der Welt. Ehrlich. Die Schnecken da unten sind heißer als alles, was hier rumläuft.«

Rita sah ihn erstaunt an. »Das kommt überraschend. Tragen die nicht alle so lange Gewänder?«

»Auf dem Land, klar, da sind die komplett verschleiert. Die älteren Frauen auch in den Städten. Aber wenn du dich in Kabul an der Uni umguckst … Eine schöner als die andere. Natürlich tragen die kurze Röcke, zwar grundsätzlich mit schwarzer Strumpfhose, aber immerhin. Manche verbergen ihre Haare unter einem Kopftuch, aber wirklich nicht alle …« Er blickte versonnen auf den Rhein. »Wunderschöne, pechschwarze Haare …«

»Hast du dich verknallt?«, fragte Uta.

»Nee, ach was. Ein bisschen muss man da schon aufpassen. Auch die Väter in Kabul finden es nicht so gut, wenn ihre Töchter mit den Urlaubern rummachen.«

»Erst recht nicht, wenn sie so sind wie du!« Rita lachte, und Frank knuffte ihr in die Seite.

»Nein, ehrlich, die sind total interessiert an Westleuten«, fuhr Frank fort. »Wenn kein einheimischer Mann in der Nähe ist, sind die Damen sehr aufgeschlossen …«

»Verstehe«, meinte Uta vieldeutig.

»Außerdem sind jede Menge Amerikaner da unten, mit denen kann man natürlich auch Spaß haben …«

Dann erzählte er von der langen Fahrt mit dem Bulli und wie sie sich doch ein Hotelzimmer genommen hatten, weil es so billig war und sie nicht mehr im Auto schlafen wollten. Der Preis für eine Übernachtung betrug zwischen zwanzig bis fünfzig Pfennig pro Person, dafür wohnten sie mit fünf oder sechs Personen in den Zimmern und schliefen auf einfachen Pritschen.

»Die Toiletten waren meistens draußen, teilweise gab es auch Duschen, aber das Wasser lief nicht immer«, erzählte Frank mit strahlenden Augen. »In den Aufenthaltsräumen lagen nur Teppiche, auf denen haben wir vor den Wasserpfeifen gehockt und Haschisch geraucht. Stundenlang.« Frank lachte und erzählte, dass das Haschisch dort unfassbar billig war und der schwarze Afghan die höchste Qualität besaß, die er je erlebt hatte. »Und das will bei mir schon was heißen! Jedenfalls saßen wir stundenlang mit den Amis zusammen vor diesen Pfeifen. Das war echt ein Spaß …«

»Und wie ist das Essen?«, wollte Uta wissen.

»Das normale afghanische Essen war nichts für mich, die ganzen Gewürze waren echt nicht mein Fall. Aber einige Restaurants haben sich auf den westlichen Geschmack eingestellt. Da kriegt man Nudeln, Spaghetti, Hühnchen, leckeren Obstsalat und vorzüglichen Kuchen.« Frank klopfte sich auf seinen Bauch. »Perfekt bei einem Fressflash. Und mehr als fünfzig Pfennig musste ich fast nie bezahlen.«

»Wow. Das heißt, ihr habt Zigtausende Kilometer mit dem alten Bulli zurückgelegt, um euch am Hindukusch bekifft vollzufressen?« Rita machte große Augen. »Das hättet ihr hier doch auch haben können. Habt ihr euch nichts angeschaut?«

Frank grinste. »Doch, klar, so 'n bisschen. Zu den Buddha-Statuen sind wir gefahren. Die waren schon sehr beeindruckend.«

»Hast du Fotos gemacht?«

»Ja, sind aber noch nicht fertig. Es war echt eine tofte Reise, das könnt ihr mir glauben. Und wisst ihr, was das Beste ist? Ich hab 'nen Dealer aufgetan, der sein Zeug direkt von da unten bekommt.«

Rita verdrehte die Augen. »Na, herzlichen Glückwunsch.«

»Echt? Kann ich das nächste Mal was mitbestellen?«, fragte Uta.

»Na klar.« Frank machte ein zufriedenes Gesicht. »Ab heute gibt es nie wieder Nachschubprobleme!«

Rita sah ihn skeptisch an. Sie hatte nichts gegen die Drogen, jeder musste schließlich selbst wissen, wo seine Grenzen liegen, und Ritas waren einfach anders gesteckt als die von Frank. Aber manchmal hatte sie das Gefühl, dass er außer einem ordentlichen Rausch nicht mehr viel auf die Reihe bekam.

»Wolltest du dir nicht nach Afghanistan einen Job suchen?«, fragte sie.

Frank tätschelte ihr liebevoll die Wange. »Rita macht sich Sorgen! Süß. Keine Bange, meine Kampfpilotin, bald ist Schluss. Ich hau mich noch bis zum Jahresende um, dann mache ich was anderes. Versprochen.« Er streckte ihr die Hand entgegen. »Wollen wir wetten, dass ich einen Job habe, bevor du den Prozess gegen die Lufthansa gewonnen hast?«

Rita hatte nicht das Gefühl, dass Frank das Steuer so leicht würde herumreißen können. Dennoch schlug sie ein.

»Die Wette gilt!«

＊

Am Abend zog sich Katharina in ihr Zimmer zurück, setzte sich an ihren Sekretär und erstellte eine Übersicht über ihre Finanzen. Sie tat das nicht zum ersten Mal, und bisher hatte es immer eine beruhigende Wirkung auf sie gehabt. Sie verdiente zweitausend-dreihundert Mark im Monat und damit gut tausend Mark mehr, als der Bundesbürger im Schnitt bekam. Sie gehörte also zu den Besserverdienenden, was es ihr ermöglichte, jeden Monat eine gewisse Summe zur Seite zu legen. Damit hatte sie sich in den letzten Jahren fast fünftausend Mark zusammengespart. Das war eine hübsche Stange Geld, allerdings kamen auch einige Investitionen auf sie zu. Sie brauchte Büromöbel, und wenn sie ehrlich war, wollte sie gern etwas Schickes haben. Die Kanzlei sollte schließlich nicht improvisiert aussehen, sie wollte einen professionellen Eindruck hinterlassen. Sie würde zwei Schreibtische mit dazugehörigen Bürostühlen kaufen müssen. Brauchte sie einen Matrizendrucker? Der wäre praktisch, gerade wenn bestimmte Schriftsätze vervielfältigt werden mussten. Natürlich konnte eine Sekretärin das auch machen, aber sie sah bei Frau Kirsch, wie sehr es den Arbeitsalltag vereinfachte, wenn sie die Druckvorlage in die Trommel spannte und diese so oft drehte, bis sie genügend Exemplare des Schriftstücks erstellt hatte. Nicht selten waren es über zwanzig. Müsste ihre Sekretärin die alle abtippen, wäre sie den halben Tag beschäftigt.

Katharina notierte einen Matrizendrucker auf ihrer Liste. Einen Taschenrechner wollte sie sich auch zulegen, inzwischen waren sie zum Glück nicht mehr so teuer wie noch vor zwei Jahren, als die ersten auf den Markt gekommen waren. Im WDR-Fernsehen gab es eine eigene Taschenrechnershow mit lauter Spielen rund um das neue Gerät. Ingrid war sogar davon überzeugt, dass irgendwann jeder Schüler so ein Ding besitzen würde.

Katharina überlegte weiter. Sie würde noch eine moderne Telefonanlage brauchen, außerdem einige kleinere Sachen wie Diktiergerät und Aktenordner, ein bisschen was fürs Auge wie Bilder und Teppich und Utensilien für Schreibtisch und Küche.

Das läpperte sich. Hinzu kam, dass Katharina ein gewisses Polster brauchte. Wenn es dauern sollte, bis die Kanzlei rentabel war, dann brauchte sie Reserven, mit denen sie die Kosten begleichen konnte. Abzüglich der Investitionen, die sie tätigen musste, der monatlichen Miete für die Kanzlei, des Gehalts für die Sekretärin und natürlich der Fixkosten, die ihre eigene Existenz ausmachten, würde sie mit den 5000 Mark nicht lange hinkommen.

Sie legte den Zettel zur Seite und seufzte. Geld macht nicht glücklich, hatte sie immer gedacht und war auch heute noch davon überzeugt. Aber es machte das Leben leichter, so viel stand fest. Sie war als Tochter eines erfolgreichen Unternehmers aufgewachsen und hatte sich nie Sorgen um ihre finanzielle Situation machen müssen. In die WG war sie nur wegen Elke gezogen und vielleicht auch, weil die meisten Wohnungen für eine alleinstehende Frau eh viel zu groß waren. Wohnraum für Einzelpersonen gab es kaum, dafür war der Bedarf einfach zu gering. Zum Einzug hatten die Eltern ihr die komplette Einrichtung für ihr Zimmer spendiert, dem größten in der Wohnung. Ihre Mutter hatte einen Paravent gekauft, schwarz mit roten Rosen bedruckt, mit dem sie das Bett vom Rest des Raumes abteilen konnte. Der kleine Sekretär stand in der Ecke, links daneben war Platz für zwei Sessel in dunklem Grün und einen passenden Couchtisch.

Ob sie ihre Eltern fragen sollte? Vielleicht würden sie sie beim Kauf der Büromöbel unterstützen. Doch sie verwarf den Gedanken sofort. Es war nun wirklich an der Zeit, auf eigenen Beinen zu stehen. Ihr Vater hatte zwar immer gesagt, dass er sie beim Kauf einer Immobilie unterstützen würde, sobald sie eine Familie gründete. Bei Hanna und Eva hatte er das auch getan, hatte ihnen die Hälfte zum Kaufpreis ihrer Häuser in Rodenkirchen und Dellbrück hinzugegeben. Erich hatte die Firma übertragen bekom-

90

men, hielt sein Erbe also schon in den Händen. Vielleicht würde ihr Vater ihr sogar etwas geben, wenn sie ihn fragen würde. Aber dafür war Katharina zu stolz. Außerdem wollte sie es gern alleine schaffen. Sie hatte sich gegen die Wünsche ihrer Eltern durchgesetzt und Jura studiert. Mit Mitte dreißig hatte sie Berufserfahrung in einer angesehenen Kanzlei vorzuweisen, da musste sie ihre Eltern wirklich nicht noch nach Geld fragen.

Am nächsten Tag kümmerte sich Katharina zunächst um den Fall von Rita Maiburg. Sie versuchte, so viele Informationen über die Lufthansa zu sammeln wie möglich, und telefonierte sich durch die verschiedenen Abteilungen. War es schon häufiger vorgekommen, dass die Fluggesellschaft Frauen abgelehnt hatte? Nicht nur bei der Besetzung einer Pilotenstelle? Und wenn das zutraf, was waren dann die Gründe dafür? Katharina kam nur langsam voran. Sie wurde von einem Vorzimmer ins nächste verbunden, ohne eine fundierte Auskunft zu erhalten.

Frau Kirsch klopfte an die Tür und kündigte ihren nächsten Termin an. Kurz darauf saß Hildegard Köhler wieder bei ihr im Büro. Ihre Mandantin war noch blasser und schmaler geworden als bei ihrer letzten Begegnung und wirkte insgesamt sehr mitgenommen.

»Wie geht es Ihnen, Frau Köhler?«, begann Katharina. Sie hatte den Fall in den letzten Tagen ausführlich geprüft und sich ein Bild über die finanzielle Situation der Frau gemacht.

»Nicht so gut.«

»Das tut mir leid … Ich habe mir die Unterlagen, die Sie mir geschickt haben, genau angeschaut. Konnten Sie sich in der Zwischenzeit Gedanken machen, wie wir Ihrem Mann die Nötigung nachweisen könnten?«

Hildegard Köhler seufzte. »Ich glaube nicht, dass das möglich ist. Ich habe nie sichtbare Verletzungen davongetragen und auch nie jemandem von den Übergriffen erzählt.«

»Das hatte ich befürchtet. Vielleicht gibt es etwas anderes, um ihm die Schuld am Scheitern der Ehe zuzuweisen? Hat er vielleicht eine Geliebte? Besucht er Freudenhäuser?«

Sie schüttelte den Kopf. »Nein. Ich habe ihm nachspioniert, seine Sachen durchgesehen, nichts. Kein Hinweis auf eine andere Frau, nichts, was auf einen Betrug oder Ähnliches deutet.«

»Trunk- oder Spielsucht?«

Wieder nur ein Kopfschütteln.

Katharina seufzte. »Also gut. Dann muss ich Ihnen jetzt Ihre Möglichkeiten erklären. Sie können sich natürlich scheiden lassen, das ist keine Frage. Aber wenn ihm keine Schuld nachzuweisen ist, müssen Sie die Schuld für das Scheitern der Ehe auf sich nehmen.«

»Hauptsache, ich bin ihn los.«

So einfach ist es leider nicht, dachte Katharina und haderte kurz mit sich selbst. Sie war davon überzeugt, dass Frau Köhler unbedingt von ihrem Mann geschieden werden sollte, nie wieder seinen Übergriffen ausgesetzt sein durfte, aber sie war verpflichtet, ihr zu erklären, was auf sie zukommen würde, und sie ahnte, wie ihre Mandantin darauf reagieren würde.

»Wenn Sie die Schuld am Scheitern der Ehe auf sich nehmen, hat das Konsequenzen für Sie«, begann Katharina.

»Und die wären?«

»Sie haben keinen Anspruch auf Unterhalt. Und auch das Sorgerecht für Ihre Kinder steht Ihnen dann nicht zu. Sie können versuchen, sich mit Ihrem Mann gütlich zu einigen, aber dass das klappt, kann ich Ihnen natürlich nicht versprechen. Wenn es ums Geld geht, gehen die meisten gütlichen Einigungen alles andere als gütlich aus.«

Hildegard Köhler wirkte erschüttert. »Er zwingt mich zum Geschlechtsverkehr. Und ich habe die Schuld am Scheitern der Ehe und verliere alles?«

Katharina sah sie mitfühlend an. »Leider ist die Gesetzeslage noch so, ja.«

»Das heißt, ich soll besser stumm liegen bleiben und es über mich ergehen lassen?«, fragte ihre Mandantin tonlos.

»Im Falle einer Scheidung könnte er Ihnen sogar das zum Vorwurf machen.«

»Wie bitte?«

Katharina spürte, wie die Wut über diese ungerechten Gesetze in ihr aufkam, und bemühte sich um eine nüchterne und sachliche Erläuterung. Sie wollte nicht, dass sich ihre Stimmung auf Frau Köhler übertrug, und setzte daher eine professionelle Miene auf, während sie in ihren Akten blätterte, bis sie die Stelle gefunden hatte.

»Vor acht Jahren hat der Bundesgerichtshof dazu Folgendes festgestellt. Ich lese Ihnen die Stelle vor, damit Sie wissen, wie die Rechtslage ist.« Katharina räusperte sich. »*Die Frau genügt ihren ehelichen Pflichten nicht schon damit, dass sie die Beiwohnung teilnahmslos geschehen lässt. Wenn es ihr infolge ihrer Veranlagung oder aus anderen Gründen versagt bleibt, im ehelichen Verkehr Befriedigung zu finden, so fordert die Ehe von ihr doch eine Gewährung in ehelicher Zuneigung und Opferbereitschaft und verbietet es, Gleichgültigkeit oder Widerwillen zur Schau zu tragen. Denn erfahrungsgemäß vermag sich der Partner, der im ehelichen Verkehr seine natürliche und legitime Befriedigung sucht, auf die Dauer kaum jemals mit der bloßen Triebstillung zu begnügen, ohne davon berührt zu werden, was der andere dabei empfindet. Deshalb muss der Partner, dem es nicht gelingt, Befriedigung im Verkehr zu finden, aber auch nicht, die Gewährung des Beischlafs als ein Opfer zu bejahen, das er*

93

den legitimen Wünschen des anderen um der Erhaltung der seelischen Gemeinschaft willen bringt, jedenfalls darauf verzichten, seine persönlichen Gefühle in verletzender Form auszusprechen.«

Für einen Moment dominierte Stille den Raum. Hildegard Köhler war anzusehen, dass sie etwas Zeit brauchte, um Katharinas Ausführungen zu begreifen.

»Das Gesetz verpflichtet mich, gute Miene zu machen? Mich weder zu wehren noch zu beschweren, sondern so zu tun, als würde es mir gefallen?« Sie konnte nicht fassen, was sie da hörte, und starrte Katharina mit weit aufgerissenen Augen an.

»So meint es der Bundesgerichtshof, ja«, antwortete sie. »Aber natürlich müsste Ihr Mann Ihnen das genauso nachweisen, wenn Sie dieser Verpflichtung nicht nachkommen, wie Sie ihm eine Nötigung. Und wie Sie sich vorstellen können, ist das nicht weniger schwer. Ich glaube also nicht, dass er Ihnen ablehnendes Verhalten beweisen können wird, aber …«

»Aber das alles würde ausführlich vor Gericht besprochen werden …«, vollendete Hildegard Köhler den Satz mit zittriger Stimme.

»Ja. Damit müssen Sie leider rechnen.«

Katharina wusste, wie es in den Gerichtssälen manchmal zuging. Während ihres Referendariats hatte sie einem Vergewaltigungsprozess beigesessen. Der Täter hatte der Frau so übel zugesetzt, dass sie fast gestorben wäre. Aber er war mit einer Bewährungsstrafe davongekommen, weil das Opfer einen dieser neuen Miniröcke getragen und sich in ihrer Todesangst nicht gewehrt hatte. Der Anwalt des Täters hatte die Frau nach Details gefragt, über die Katharina nur entsetzt den Kopf hatte schütteln können. Ob sie den kurzen Rock nicht genau aus dem Grund angezogen habe, um sich von einem Mann ansprechen zu lassen? Ob sie womöglich gewerblich unterwegs gewesen sei? Ob ihr die härtere Vorgehensweise nicht doch Spaß gemacht habe, da sie sich ja nicht zur Wehr gesetzt habe? Gestoppt hatte der Richter den Rechtsanwalt nicht.

»Vermutlich würde sowohl der Anwalt Ihres Mannes als auch der Richter wissen wollen, wie die Übergriffe genau abgelaufen sind, um einzuschätzen, ob es sich um eine Nötigung handelt oder ob er einfach seinen Bedürfnissen nachgegangen ist, zu deren Befriedigung Sie verpflichtet sind.«

Die Schamesröte stieg der blassen Frau ins Gesicht. »Das ist ja hochnotpeinlich. Ich rede nie über so etwas, nie. Noch nicht mal in Andeutungen. Sie sind der erste Mensch überhaupt, dem ich davon erzählt habe, und das auch nur, weil ich mich scheiden lassen will. Ich kann doch nicht vor wildfremden Männern in einem Gerichtssaal über so intime Dinge sprechen!«

Katharina hatte sich das schon gedacht. Beim Großteil der Bevölkerung ging es immer noch sehr verklemmt zu. Auch in Katharinas Familie war alles *untenrum* immer ein Tabu gewesen, früher genau wie heute. Sie erinnerte sich noch daran, als sie das erste Mal ihre Tage bekommen hatte. Keiner hatte ihr gesagt, dass so etwas irgendwann passieren würde, und sie war so in Panik geraten, als sie das Blut in ihrer Unterhose gesehen hatte, dass sie schreiend zu ihrer Mutter gerannt war in dem Bewusstsein, jetzt sterben zu müssen. Und anstatt sie zu trösten und ihr zu erklären, was da gerade passierte, hatte ihre Mutter sie nur streng nach oben geschickt und sie angewiesen, sich ordentlich zu säubern, und ihr dann eine Packung mit riesigen Damenbinden hingelegt. Das war Mitte der Fünfzigerjahre gewesen, und auch, wenn sich seitdem viel getan hatte, die Menschen weniger prüde und offener geworden waren, so war noch immer einiges wie früher.

Hildegard Köhler war auch in solchen Zeiten aufgewachsen. So etwas wie Aufklärung oder gar die *Bravo*, wie junge Leute sie heute hatten, gab es damals genauso wenig wie Gespräche unter

Eheleuten über ihre Bedürfnisse. Die Vorstellung, in einem Gerichtssaal vor Anwälten und Richtern, Beisitzern und Sekretärinnen zu erläutern, warum man nicht mehr mit seinem Mann schlafen wollte und warum man es nicht ertrug, dass er es trotzdem weiterhin tat, kam einer erneuten Vergewaltigung gleich.

»Sie können diesen Fragen entgehen, wenn Sie einfach einen anderen Grund angeben und die Schuld auf sich nehmen. Sie können sich scheiden lassen, das ist keine Frage. Die Frage ist nur, wie es dann in Sachen Unterhalt und Sorgerecht aussieht. Ich habe mir Ihre finanzielle Situation angesehen. Das Einfamilienhaus gehört Ihrem Mann, ebenso wie die Wertpapiere und Bundesschatzbriefe.«

»Um Geldangelegenheiten hat er sich immer gekümmert …«

»Das ist nicht ungewöhnlich. Und ich will damit auch nicht sagen, dass Sie nach einer Scheidung gar nichts davon bekommen würden. Aber Ihre Vermögensverhältnisse sind nicht so, dass Sie ohne Unterhalt problemlos zurechtkommen würden. Haben Sie einen Beruf gelernt?«

»Nein. Nach der mittleren Reife habe ich eine Hauswirtschaftsschule besucht und dann relativ schnell geheiratet …«

Katharina sah ihre Mandantin nachdenklich an. »Sie werden sich eine Arbeit suchen müssen.«

»Wie soll das mit drei Kindern gehen?«

»Wie gesagt, es ist fraglich, dass Sie das Sorgerecht für die Kinder überhaupt bekommen werden …«

Hildegard Köhler war geschockt. Sprachlos blickte sie für einen Moment ins Nichts. »Ich soll auf meine Kinder verzichten? Das kann ich nicht …«

»Vielleicht haben wir Glück und geraten an einen liberalen Richter, der nicht so streng nach Schuldprinzip urteilt …«

»Aber das können Sie mir nicht garantieren …«

Katharina atmete hörbar aus. »Nein. Das kann ich leider ganz und gar nicht. Aber die Bundesregierung arbeitet an neuen Gesetzen. Das Schuldprinzip soll über kurz oder lang abgeschafft werden. Das kann eine Sache von ein paar Monaten sein, was unwahrscheinlich ist, eher werden es vielleicht ein oder zwei Jahre, aber es wird mit Sicherheit abgeschafft.«

»Und dann?« In Hildegard Köhlers Stimme war jede Hoffnung gestorben.

»Dann sieht die Welt ganz anders aus. Es soll ein Zerrüttungsprinzip eingeführt werden. Das bedeutet, dass nicht mehr nur ein Ehepartner die Schuld übernehmen muss. Unterhalts- und Sorgerechtsfragen werden dann ganz anders behandelt. Natürlich würden Sie als Mutter das Sorgerecht für die Kinder bekommen. Und natürlich wäre Ihr Mann verpflichtet, für Sie und die Kinder Unterhalt zu zahlen.«

»Eine Scheidung wäre dann also viel einfacher?« Hildegard Köhlers Stimme schien nicht mehr ganz so belegt und zittrig zu sein.

»Ja«, bestätigte Katharina. »Viel einfacher und risikoloser, jedenfalls für die Ehefrauen. Die Ehemänner würden sicherlich verstärkt in die Unterhaltspflicht genommen werden. Trotzdem bin ich mir nicht sicher, ob ich Ihnen raten soll, auf diese Gesetzesänderung zu warten. Politik kann sich manchmal ganz schön hinziehen. Was, wenn es doch länger dauert?«

Hildegard Köhlers Gesichtsausdruck hatte sich verändert. Die Verzweiflung war einer gewissen Entschlossenheit gewichen. Sie presste die Lippen nicht mehr aufeinander, dass sie fast weiß wurden, hatte dafür aber eine tiefe Zornesfalte auf der Stirn.

»Ich will auf keinen Fall das Sorgerecht für meine Kinder verlieren. Dafür bin ich auch bereit, zweimal in der Woche die Zähne zusammenzubeißen.« Sie stand auf. »Ich werde das Leben in einem großen Haus mit meinen glücklichen Kindern und ohne finanzielle Sorgen doch nicht gegen eines tauschen, in dem ich mittellos und ohne das Liebste dastehe, das ich auf der Welt habe! Um mich dann ganz allein als Zugehfrau durchzuschlagen?«

Katharina sah sie mitfühlend, aber auch skeptisch an. »Ist der Preis, den Sie dafür zahlen müssen, nicht zu hoch?«

»Wie hoch ist denn der Preis, den ich für meine Freiheit zahlen müsste? Ist der nicht mindestens genauso hoch?«

Katharina konnte ihren Standpunkt verstehen. Bei vielen Frauen, bei ihren Schwestern und der Schwägerin, ja selbst bei Elke war das Leben von Anfang an darauf ausgerichtet worden, es als Ehefrau und Mutter zu führen. Eine Berufsausbildung, die ihnen Unabhängigkeit und damit Freiheit verschafft hätte, wurde bei den meisten nicht für notwendig gehalten. Diese Abhängigkeit ließ sie mehr ertragen, als jemand wie Katharina jemals bereit gewesen wäre auszuhalten.

Zum Glück sah es bei den Jüngeren heute anders aus. Jemand wie Ingrid hätte sich niemals in so eine Abhängigkeit begeben, auch eine Rita Maiburg nicht. Und ein junger Mann wie Kurt nahm wie selbstverständlich die Kinder zu sich, wenn seine Exfreundin arbeiten musste. Aber das war eine andere Generation, die Jungen lebten ein völlig anderes Leben als die Älteren. Es gab die Vorkriegs- und Kriegsgeneration, also alle, die heute zwischen Mitte dreißig und siebzig Jahre alt waren. Davon waren viele so konservativ wie Katharinas Familie oder wie eine Hildegard Köhler. Erst die nach '45 Geborenen, die in den Sechzigerjahren die jungen Wilden gewesen waren, die gegen den Schah auf die Straße gegangen waren und die Springer-Presse bekämpft hatten, erst die hatten mit aller Macht alles Konservative hinter sich gelassen. Aber das half ihrer Mandantin leider nicht weiter.

Katharina stand auf, ging um ihren Schreibtisch herum und blieb vor Hildegard Köhler stehen. Neben allen Verletzungen und Ängsten, die ihr Gesicht gezeichnet hatten, stand diese besondere Entschlossenheit nun im Vordergrund. Dieser Wille, noch eine Weile durchzuhalten, bis alles besser wurde. Sie reichte Hildegard Köhler die Hand.

»Ich weiß jetzt, dass ich das alles nicht mehr lange aushalten muss«, sagte ihre Mandantin. »Ein oder zwei Jahre vielleicht noch, das ist doch eine Aussicht, das schaffe ich.«

»Sind Sie sicher?«

»Ja. Wenn etwas absehbar ist, kann ich es besser aushalten. Aber ich komme wieder, das verspreche ich Ihnen.«

»Das würde mich freuen. Vielleicht nutzen Sie die Zeit, um Ihr neues Leben vorzubereiten.«

»Sie meinen, ich soll einen Beruf erlernen?«

»Das kann genauso wenig schaden wie ein Eintrag im Grundbuch, damit nicht nur ihr Mann der Eigentümer der Immobilie ist.«

»Das werde ich versuchen. Danke.«

Katharina begleitete sie zur Bürotür. Dort hielt sie die Frau noch mal am Arm fest.

»Frau Köhler, bitte versprechen Sie mir, dass Sie sofort zu mir kommen, falls es schlimmer werden sollte.«

Sie nickte. »Das mache ich. Versprochen.«

Katharina blickte der Frau noch so lange nach, bis sie im Treppenhaus verschwunden war. Mit gemischten Gefühlen setzte sie sich wieder an ihren Schreibtisch.

Hätte sie Hildegard Köhler nicht doch zu einer Scheidung drängen müssen? War es nicht unverantwortlich, dass sie nun bei ihrem übergriffigen Ehemann blieb? Es regte sie auf, dass es den Straftatbestand der Vergewaltigung in der Ehe nicht gab. Dann wäre es ein Leichtes gewesen, die Scheidung für Frau Köhler durchzusetzen, inklusive Sorgerecht und Unterhalt. Aber leider war der Gesetzgeber der Meinung, dass es niemanden etwas anging, was in deutschen Schlafzimmern passierte.

Dr. Hassel stand die Fassungslosigkeit ins Gesicht geschrieben, als sie in der nächsten großen Wochenbesprechung von Hildegard Köhler berichtete.

»Sie haben die Mandantin nach Hause geschickt?« Ihr Chef wirkte ernsthaft erbost. Sofort war Katharinas schlechtes Gewissen wieder da.

»Ich habe auch darüber nachgedacht, ob das richtig war«, entgegnete sie. »Ich habe große Sorge, dass die Frau den Übergriffen …«

»Hören Sie mir doch auf mit diesen Übergriffen!« Dr. Hassel wurde laut, was nur selten der Fall war. »Ob sich die Frau dem Beischlaf verweigert oder nicht, ist mir doch vollkommen egal! Entscheidend ist, dass sie in die Kanzlei gekommen ist, weil sie eine Scheidung wollte! Und nach gerade mal zwei Beratungsstunden und fünf Stunden Aktenprüfung schicken Sie die einfach wieder nach Hause! Sind Sie übergeschnappt?«

»Aber … Sie hätte einen langen Prozess vor sich gehabt, mit für sie negativem Ausgang!«

»Ah! Ein langer Prozess! Wie schrecklich!«, ätzte Dr. Hassel, und die Kollegen grinsten breit. »Anstatt sieben abzurechnende Stunden womöglich hundert! Du meine Güte!«

Er verdrehte genervt die Augen. Dann bemühte er sich sichtlich darum, die Fassung wiederzugewinnen. »Welchen Fall haben Sie noch akquiriert?«

Katharina brauchte einen Augenblick, um sich von dem Schreck zu erholen. Natürlich war ihr immer klar gewesen, dass die Kanzlei vor allen Dingen an ihrer eigenen Gewinnmaximierung interessiert war, dennoch erschreckte es sie, wie offen Dr. Hassel aussprach, worum es ihm bei einem Mandat ging.

»Ähm … die Mandantin Rita Maiburg«, fuhr Katharina fort und sammelte sich. In kurzen Stichworten erläuterte sie den Fall. Und erntete erneut bloßes Kopfschütteln.

»Dieses Mandat hätten Sie ohne Umstände sofort ablehnen sollen«, sagte er mit eisiger Stimme. »Nicht nur, weil Sie den Prozess sowieso verlieren werden, sondern vor allem, weil er den Ruf der Kanzlei schädigen wird.«

»Das sehe ich anders. Die Kanzlei setzt sich damit für die Rechte der Frauen …«

»Hören Sie mir mit diesem Emanzengelaber auf«, unterbrach Dr. Hassel sie scharf. »Die Lufthansa zu verklagen, weil so ein Gör gerne fliegen will. Das ist doch absurd. Würde sich hier irgendjemand in ein Flugzeug setzen, das von einer Frau gesteuert wird?«

»Auf keinen Fall.«

»Niemals!«

»Da kann ich mich ja gleich von der nächsten Brücke stürzen.« Die Männer im Raum waren sich offensichtlich einig.

»Eben«, fuhr Dr. Hassel fort. »Die Presse würde sich auf so einen Fall stürzen, würde ihn als weitere wahnwitzige Idee einer vermeintlichen Frauenbewegung abtun, und in jedem verdammten Artikel würde der Name meiner Kanzlei fallen! Das können Sie mal schön vergessen.«

Für einen Moment überlegte Katharina, ob sie einfach aufspringen und Dr. Hassel ins Gesicht schreien sollte, dass sie die Nase gestrichen voll hatte von dem Laden. Dass es sie ankotzte, dass der maximale Gewinn für die Kanzlei das Einzige war, was hier jemanden interessierte, und dass sie nicht Jura studiert hatte, um Geld zu zählen. Sie hatte ihren Beruf gewählt, weil sie sich für Gerechtigkeit einsetzen wollte, weil sie den Glauben an eine bessere Welt nicht verloren hatte und darum kämpfen wollte, dass Missstände nicht einfach hingenommen, sondern geändert wurden. Und jetzt saß sie in dieser angesehenen Kanzlei mit lauter karriereversessenen Rechtsanwälten, deren Erfolg ausschließlich daran gemessen wurde, wie viele Stunden sie in Rechnung stellen konnten. Noch nie hatte sie ihrem Berufsstand gegenüber so viel Abscheu empfunden. Sie spürte genau, dass der Zeitpunkt gekommen war, die Kanzlei zu verlassen. Sie konnte nicht länger warten.

Doch trotz all ihrer Wut wollte sie keine große Szene machen. Es war besser, leise zu gehen, besonders wenn sie Mandantinnen mitnehmen wollte; da war es wenig hilfreich, wenn sie einen Abgang wie eine Furie hinlegte. Sie musste an Willy Brandt denken und den Stil und die Fassung, die er bei seinem Rücktritt gezeigt hatte. So trat man ab, nicht schreiend und zeternd.

Also setzte sie sich wieder und brachte die restliche Sitzung mit unbewegter Miene hinter sich, ohne auf die Bemerkungen und Blicke ihrer Kollegen einzugehen.

Als sie wieder in ihrem Büro war, diktierte sie ihre Kündigung in das kleine Aufnahmegerät. Sie ließ sich von Frau Kirsch die Akten von vier Mandantinnen bringen, bei denen sie in den nächsten sechs Monaten mit Folgeaufträgen rechnete, und notierte sich die wichtigsten Kontaktdaten. Schließlich packte sie einige persönliche Gegenstände in ihre Tasche, blieb noch kurz in ihrem Büro stehen und horchte in sich hinein. Es war richtig. Und es war gut. Auch wenn sie ein Kopfmensch war, hörte sie jetzt auf ihr Gefühl. Und das sagte ihr ganz klar, dass sie die richtige Entscheidung getroffen hatte und der richtige Zeitpunkt gekommen war.

Bevor sie unter dem Vorwand das Büro verließ, noch zu einem

Mandantengespräch zu müssen, reichte sie Frau Kirsch das Diktiergerät. »Geben Sie das Schriftstück danach bitte sofort zu Dr. Hassel.«

»Das mach ich, Frau Berner. Kommen Sie heute noch mal rein?«

»Nein.«

»In Ordnung. Dann bis morgen.«

Zuerst wollte sie Frau Kirsch sagen, dass sie nicht mehr wiederkommen würde. Aber dann würde ihr Abgang alles andere als leise werden. Frau Kirsch würde den Schrecken über ihre Kündigung niemals für sich behalten können, dafür war sie eine viel zu emotionale Frau. Trotzdem tat es ihr leid, sich nicht richtig von ihr verabschieden zu können. Sie reichte ihr die Hand, die Frau Kirsch erstaunt ergriff. Normalerweise verabschiedeten sie sich nie per Handschlag in den Feierabend.

»Ohne Sie wäre ich hier untergegangen.«

»Äh … kein Problem, Frau Berner, aber so schlimm war der Tag doch heute gar nicht. Oder ist irgendwas?«

»Nein, nein, schon gut. Ich wollte Ihnen nur meine Wertschätzung entgegenbringen.«

»Danke. Das ist nett.«

»Machen Sie es gut.«

»Äh … ja. Dann bis morgen, Frau Berner.«

Katharina nickte nur und drückte ein letztes Mal die Hand ihrer irritierten Sekretärin.

*

Rita brachte die Cessna auf die richtige Flughöhe, um den Landeanflug auf den Flughafen Köln/Bonn einzuleiten. Sie musste regelmäßig fliegen, um ihre Lizenz nicht zu verlieren. Manchmal gestaltete es sich schwierig, eine Maschine zu finden, die sie »ausführen« durfte. Aber heute hatte sie Glück gehabt und einen reichen Geschäftsmann nach Frankfurt und wieder zurück geflogen. Natürlich bekam sie für diese Taxidienste keinen Pfennig, aber wenigstens durfte sie die Cessna des Mannes umsonst fliegen und konnte so ihr Flugstundenkonto wieder etwas auffrischen. Und die Freude, in der Luft zu sein, war sowieso unbezahlbar.

Der außergewöhnlich korpulente Mann war früher selbst geflogen, wie er ihr erzählt hatte. Aber sein Unternehmen ließ ihm keine Zeit mehr für sein Hobby, wobei Rita sich fragte, ob nicht vielmehr sein dicker Bauch Schuld an seiner Flugunfähigkeit trug. Wie sollte er eine Maschine lenken? Der Mann war nur mit viel Mühe ins Flugzeug geklettert und saß jetzt eingequetscht und fast bewegungsunfähig neben ihr.

»Sie sind gut geflogen«, meinte er anerkennend. »Es hat keinmal geruckelt oder gewackelt.«

»Danke. Die Verhältnisse sind ja auch hervorragend.«

»Sie meinen, weil ich neben Ihnen sitze?« Er grinste breit.

Rita lachte kurz auf. »Nein. Weil es windstill und wolkenlos ist. Wären wir unterwegs auf ein Gewitter gestoßen, hätte die Sache anders ausgesehen.«

»Das hätten Sie bestimmt auch hingekriegt.«

»Vermutlich schon.«

Demonstrativ blickte sie auf die Geräte vor ihr, um ihm zu signalisieren, dass die Unterhaltung beendet war. Sie musste sich auf den anstehenden Landeanflug konzentrieren, da konnte sie keine Plauderei gebrauchen.

»Sie sind eine tolle Frau …« Irgendetwas in der Stimme des Mannes hatte sich verändert. Im Augenwinkel sah sie, dass er sie von der Seite musterte, und sie überkam ein ungutes Gefühl.

»Danke«, sagte sie in einem abweisenden Tonfall.

»Wissen Sie, ich bin viel unterwegs«, fuhr der Dicke fort, der offensichtlich keine Antennen für leise Zwischentöne hatte. »Ich könnte mir gut vorstellen, dass Sie mich häufiger fliegen.«

»Klar, wenn ich Zeit habe …«, antwortete Rita. Ihr missfiel die Art, wie der Mann mit ihr sprach. Sie hatte etwas Anzügliches. Oder bildete sie sich das nur ein? Er war bestimmt dreißig Jahre älter als sie. So ein Kerl machte doch ein junges Mädchen wie sie nicht an, oder?

»Es sind allerdings auch häufig Termine, bei denen ich über Nacht bleiben muss …«

»Aha.« Sie sah die Lichter der Landebahn vor sich und spürte die Anspannung, die sie beim Landeanflug immer überkam. Jetzt war ihre volle Konzentration gefragt.

»Natürlich müssten Sie dann auch über Nacht bleiben …«

Er macht dich an!, ging es ihr kurz durch den Kopf. Aber ihr blieb nichts anderes übrig, als den schmierigen Kerl auszublenden, da im selben Moment eine Anweisung vom Tower durch ihren Kopfhörer kam. Sie antwortete dem Lotsen und begann mit dem Sinkflug.

Plötzlich spürte sie seine feuchte Hand auf ihrem Knie und zuckte unwillkürlich zusammen. Reflexhaft schlug Rita die Hand weg, verriss dabei das Steuer, und das Flugzeug geriet in Schieflage.

»Finger weg!«, brüllte sie. »Wollen Sie einen Crash provozieren?!«

Dem Mann entfuhr ein panischer Schrei. Er presste sich die Hand vor den Mund und blickte ängstlich aus dem Fenster. »Sie kriegen das doch hin, oder?«

Rita antwortete nicht. Nur für einen winzigen Augenblick hatte sie die Kontrolle über die Maschine verloren, kein Problem für eine erfahrene Pilotin wie sie. Trotzdem brodelte es in ihr.

Die Cessna flog schnell wieder auf Spur, und Rita drückte das

Steuer nach unten. Kurze Zeit später setzte die Maschine auf, holperte ein paar Mal, aber dann war sie sicher gelandet. Rita gab dem Lotsen per Funk Bescheid und lenkte das Flugzeug in die richtige Parkposition. Sie stoppte und nahm erleichtert die Kopfhörer herunter. Wütend drehte sie sich zu dem Mann, der sich mit einem Taschentuch den Schweiß von der Stirn wischte.

»Haben Sie noch alle Tassen im Schrank? Start und Landung sind die einzigen kritischen Momente bei einem Flug, das sollten Sie doch wissen! Was denken Sie sich eigentlich, mir in so einer Situation ans Bein zu fassen?« Sie konnte es immer noch nicht glauben.

Aber anstatt sich zu entschuldigen, setzte der Dicke wieder sein anzügliches Lächeln auf und griff ihr erneut ans Knie. »Wäre es in dieser Situation vielleicht passender?«, fragte er.

Rita verzog keine Miene. »Sie sind widerlich.« Energisch befreite sie sich aus seinem Griff, öffnete die Cockpittür und sprang aus der Maschine. Wütend begann sie, die Cessna zu sichern.

Es dauerte eine Weile, bis der Dicke das Flugzeug ebenfalls verlassen und wieder Boden unter den Füßen hatte. »An Ihrer Stelle würde ich mir mal überlegen, mit wem Sie es hier zu tun haben«, rief der Mann, der es offenbar nicht gewohnt war, von jemandem so behandelt zu werden. »Ich habe ein Flugzeug, ich habe Geld, und ich brauche ab und zu einen Piloten! Können Sie es sich erlauben, es sich mit einem wie mir zu verscherzen?«

Rita atmete tief durch. Sie musste sich zusammenreißen, sonst hätte sie dem Typen womöglich mit voller Wucht in die Weichteile getreten, so eine Wut hatte sie im Bauch. Wie in Zeitlupe drehte sie sich zu ihm um und ging ein paar Schritte auf ihn zu. Jetzt stand sie so dicht vor ihm, dass sie seinen Cognac-Atem riechen konnte.

»Einer wie Sie«, sagte Rita mit eisiger Stimme, »ekelt mich einfach nur an. Und ob ich einen wie Sie noch einmal fliegen möchte, wage ich mal sehr stark zu bezweifeln. Denn beim nächsten Mal müsste ich vermutlich kotzen.«

Der Dicke schnappte nach Luft. Rita drehte sich auf dem Absatz um und ging mit durchgedrücktem Rücken Richtung Terminal.

Was für ein Widerling, ging es ihr durch den Kopf. Sie war froh, dem Kerl die Meinung gesagt zu haben. Als sie den Terminal betrat und die zahlreichen Geschäftsmänner sah, die in Schlips und Anzug auf den nächsten Flug warteten, hoffte sie trotzdem, dass das kein Fehler gewesen war. Der Mann war in der Tat sehr reich und kannte viele Leute, denen es genauso gut ging und die vielleicht auch ein Flugzeug besaßen. Leute, die potenzielle Kunden waren, sei es nun, damit sie ihr Flugstundensoll erreichte oder um etwas Geld mit der Fliegerei zu verdienen. Wenn es sich in diesen Kreisen herumsprechen sollte, wie sie mit dem Mann umgegangen war, dürfte das eher schlecht als gut für sie sein.

Egal, dachte sie. Sie würde einen Prozess gegen die Lufthansa führen, und wenn sie den gewinnen sollte, dann war sie auf solche aufgeblasenen Fettsäcke nicht mehr angewiesen.

*

»Bist du wahnsinnig geworden?« Ihr Vater ließ die Kuchengabel sinken und starrte sie an. »Warum erfahren wir erst jetzt davon?«

Über eine Woche lag ihre Kündigung bei Hassel und Partner nun zurück. Natürlich hätte sie ihre Eltern anrufen und ihnen von ihrer Entscheidung erzählen können, aber meistens waren sie telefonisch sowieso nicht besonders gut zu erreichen, Karl war immer noch viel geschäftlich unterwegs, und Traute ging nur selten selbst an den Apparat. In der Regel übernahm Martha das, und sie hatte keine Lust gehabt, der Haushälterin auszurichten, dass sie um einen Rückruf der Eltern bat. Als ihre Mutter sie aber nun zu Kaffee und Kuchen eingeladen hatte, konnte sie das Thema nicht länger umschiffen.

Katharina stocherte in ihrem Stück Schwarzwälder Kirschtorte herum, das auf dem geblümten Teller aus Rosenthal-Porzellan lag, mit dem Martha sonntags immer den Tisch deckte.

»Ich … wollte euch nicht damit belasten …«

»Warum zur Hölle hast du bloß gekündigt? Und wieso hast du das nicht mit mir besprochen?«

Karl wischte sich mit der Serviette über den Mund und feuerte sie auf die Reste des Kuchenstücks, die noch auf seinem Teller lagen. Allein das zeigte, wie aufgebracht er war. Wer zwei Weltkriege erlebt hatte, der ließ kein halbes Tortenstück übrig. Dann musste ihm der Appetit schon gründlich vergangen sein.

Manchmal überraschte es Katharina immer noch, wie viel Anteil ihr Vater an ihrem Leben nahm. Sie war kein Backfisch mehr, mit Anfang dreißig mehr als erwachsen, und dennoch wollte er in alle Entscheidungen, die sie betrafen, mit einbezogen werden. »So lange kein anderer Mann auf dich achtet, muss ich es wohl tun«, pflegte er immer zu sagen, und so sehr Katharina auch versuchte, ihm diese altertümliche Ansicht auszutreiben, so sehr rührte es sie insgeheim, dass er sich immer noch so um sie sorgte.

Aber sie ahnte, was passieren würde, wenn sie ihrem Vater den Grund für ihre Kündigung nannte. »Ich möchte mich selbstständig machen.«

Erwartungsgemäß fiel ihm die Kinnlade herunter, während ihre Mutter ein besorgtes »Kind, Kind …« murmelte.

Ihr Vater wurde deutlicher. »Du bist ja wirklich übergeschnappt! Es war schon eine Schnapsidee, überhaupt Jura zu studieren, aber jetzt willst du auch noch eine eigene Kanzlei gründen?«

Er hob seine Kaffeetasse hoch, und Traute griff automatisch nach der Cognacflasche, die am anderen Ende des Tisches stand, und goss ihm ein.

»Ja. Genau das möchte ich. Ich will endlich mein eigener Chef sein.«

»Na, das wird ja immer besser!« Karl nahm einen großen Schluck aus seiner Tasse. »Wie soll das bitte funktionieren?« Er stieß einen wohligen Laut aus, so wie er es immer tat, wenn der Cognac in seinem Hals brannte.

»Ich habe sogar schon Mandanten.« So ganz stimmte das jedoch nicht, bisher war es nur eine einzige Mandantin.

»So? Und wen bitte?«

»Unter anderem eine junge Frau, die Pilotin werden möchte und eine Klage gegen die Lufthansa anstrebt.« Ihr Vater schwieg, und sie erläuterte ihm in knappen Worten den Sachverhalt. »Das ist doch nicht richtig, dass sie nur aufgrund ihres Geschlechts keine Chance bekommt.«

Karl schaute kopfschüttelnd aus dem Fenster. »Was ist das für ein Emanzengeschwafel?«, regte er sich auf. »Natürlich ist das richtig, dass die Lufthansa sie keine Maschinen fliegen lässt! Ich würde mich jedenfalls nicht in ein Flugzeug setzen, das von so einem Fräulein gesteuert wird. Nachher hat sie Liebeskummer, heult rum und reißt alle in den Abgrund!« Mit einem Zug trank er die Kaffeetasse aus.

Katharina zählte in ihrem Kopf stumm bis zehn, um nicht laut zu werden. »Du bist eine andere Generation, Papa«, sagte sie dann und schenkte sich selbst etwas von dem Cognac in ihren Kaffee.

»Na und? Nur weil ich noch dem Kaiser zugewinkt habe, muss meine Tochter doch nicht zur Emanze werden. Du hast auch Verantwortung, Mädchen!« Er fuhr sich mit der Hand über den Kopf. »Wenn die Öffentlichkeit davon Wind bekommt, dass ausgerechnet die Tochter des Semil-Gründers einen auf Feministin macht, dann ist das schlecht fürs Geschäft. Das traditionelle Familienbild ist fest mit unserem Unternehmen und den Produkten verbunden. Soll ich vielleicht einen Werbefilm drehen, in dem eine Pilotin die weiße Wäsche im Flugzeug lobt?«

Traute musste lachen.

»Das ist nicht lustig«, fuhr er sie an, warf ihr für seinen aufgebrachten Tonfall aber sogleich einen entschuldigenden Blick zu.

»Ich möchte einfach, dass die Frau dasselbe Recht bekommt wie ihre männlichen Kollegen«, sagte Katharina. »Ich finde nicht, dass es einen Grund gibt, warum eine Frau nicht Pilotin werden sollte. Liebeskummer können Männer schließlich auch haben«, setzte sie in süffisantem Ton hinzu, nahm einen Schluck von dem Kaffee-Cognac-Gemisch und verzog das Gesicht.

Ihr Vater seufzte theatralisch. »Kind, es ist wirklich lobenswert, dass du dich für Gerechtigkeit einsetzen möchtest. Aber lass dir eines gesagt sein: Frauen werden niemals dieselben Berufe ausüben können wie Männer. In einigen Bereichen schon, da gebe ich dir recht, aber vieles geht nun mal nicht. Frauen denken anders als Männer, das hat die Natur so vorgesehen, und deshalb ist es auch ihre Aufgabe, für den Nachwuchs zu sorgen.«

»Das könnten die Männer auch, wenn sie es wollten«, sagte Traute leise und nahm sich noch ein Stück Kuchen. Die Schokoladenstreusel, die dabei auf die weiße Tischdecke fielen, pickte sie mit den Fingerspitzen einzeln wieder auf. Missbilligend betrachtete sie die dunklen Flecken, die sie trotzdem auf dem Tischtuch hinterlassen hatten.

»Allerdings! Du hast wirklich antiquierte Vorstellungen, Papa!« Es barg immer das Risiko eines großen Streits in sich, wenn man Karl so vehement widersprach. Aber Katharina konnte nicht anders. »Das musst du doch auch selbst sehen! Wer hat denn dieses

Land nach dem Krieg wieder aufgebaut? Die Männer waren in Gefangenschaft oder tot, aufgebaut haben es die Frauen!«

Er lächelte sie fast mitleidig an. »Ohne die Leistung der Trümmerfrauen herabwürdigen zu wollen«, sagte er, »aber sie haben das Land auf*geräumt*, Liebes, nicht auf*gebaut*. Das haben Unternehmer wie ich gemacht. Wir haben für das Wirtschaftswunder gesorgt, nicht die Trümmerfrauen.«

In Katharina kochte es. Am liebsten hätte sie ihrem Vater entgegengebrüllt, wie falsch er mit seiner Einschätzung lag. Aber sie wusste auch, wie sinnlos das war.

»Mit drei Töchtern muss es doch in deinem Interesse sein, dass die Gleichberechtigung weiter Form annimmt«, versuchte sie stattdessen, an seine Vernunft zu appellieren. Was sie fast genauso wütend machte wie die Starrsinnigkeit des Vaters war die Gleichgültigkeit ihrer Mutter, die bei der ganzen Diskussion nur stumm danebensaß und nichts sagte.

»Aber was hat sie denn bisher gebracht?« Karls Stimme wurde wieder lauter. »Jetzt haben sie über den Paragraph 218 entschieden, und von den Emanzen wird das als großer Schritt in Richtung Gleichberechtigung gefeiert. Aber ich frage dich, Katharina, was hat es mit Gleichberechtigung zu tun, wenn zigtausend Kinder ermordet werden?«

»Ich sage ja nicht, dass es gut ist, wenn viel abgetrieben wird«, bemühte Katharina sich, das Gespräch wieder auf eine sachliche Ebene zu bringen. »Aber es ist doch gut, wenn eine Frau diese Entscheidung selbst treffen kann.«

»Ist es eben nicht! Das ist ja genau der Punkt! Als Frau kannst du so eine Entscheidung gar nicht fällen, weil du den Kopf dafür nicht frei hast!«

Ihr Vater hatte sich in Rage geredet, und Katharina wusste, dass diese Unterhaltung nun nicht mehr zu retten war. Wenn der gläubige Katholik auf das Thema Abtreibung zu sprechen kam, wurde die Diskussion immer hochemotional.

»Ich wollte ja auch gar nicht den Paragraphen 218 mit dir diskutieren, Papa«, sagte Katharina. »Ich wollte euch ja nur von meiner Selbstständigkeit berichten.«

»Hast du denn schon Büroräume gefunden?«, meldete sich ihre Mutter endlich zu Wort.

»Ja. Eine Wohnung, die gewerblich genutzt werden darf. Sie ist sehr hübsch, und die Aufteilung eignet sich perfekt für eine Kanzlei.«

»Brauchst du Geld?«, fragte ihre Mutter sofort.

Aber bevor Katharina antworten konnte, ging ihr Vater dazwischen.

»Ich unterstütze das mit keinem Pfennig. Nein, Katharina, tut mir leid, aber wenn du meinst, dich als Frauenrechtlerin etablieren zu müssen, dann bist du auf dich alleine gestellt.«

Mit diesen Worten verließ ihr Vater die Kaffeetafel und rauschte aus dem Raum.

»Ich will dein Geld überhaupt nicht!«, rief sie ihm aufgebracht hinterher, aber da hatte er die Tür schon hinter sich zugeworfen.

Katharina sah ihm nach. Dass ihr Vater konservativ war, wusste sie von Kindesbeinen an, und sie hatte ihr Leben lang mit ihm diskutiert und gekämpft. Aber dass er sie jetzt so abkanzelte und sich gegen sie stellte, machte sie sprachlos.

»Trag es ihm nicht nach«, sagte ihre Mutter mit sanfter Stimme. »Er meint es nicht so.«

»Doch, ich glaube, er meint es ganz genau so«, entgegnete Katharina.

»Brauchst du denn Geld, mein Kind? Dann könnte ich noch mal mit deinem Vater reden.«

»Nein, Mama. Ich komme allein zurecht.«

Die Mutter sah sie zufrieden an. »Das ist schön, Katharina. Das ist wirklich schön.«

Die Art, wie Traute die Worte aussprach, berührte Katharina, ohne dass sie wusste, warum.

»Ich bin sehr stolz auf dich«, sagte ihre Mutter dann. »Wusstest du, dass es immer mein Traum war, Ärztin zu werden?« Sie seufzte.

Das überraschte Katharina. Davon hörte sie zum ersten Mal. Ihr Leben lang hatte sie ihre Mutter immer als angepasste Gattin erlebt, die in ihrer Rolle voll und ganz aufzugehen schien, die sich um die Familie und um gesellschaftliche Verpflichtungen kümmerte und ansonsten ihrem Mann den Rücken freihielt.

»Nein, das wusste ich nicht. Warum hast du es nicht getan?«

Traute Berner lächelte mild. »Das war alles nicht so einfach. 1921 hatte ich mich schon an der Universität eingeschrieben und erste Vorlesungen besucht. Damals gab es eine ähnliche Bewegung wie heute. Die Frauen kämpften für ihre Rechte.«

»Das war mir gar nicht so bewusst …«

»Aber es war so. Während des Ersten Weltkrieges wurden Millionen von Frauen berufstätig, um die Männer zu ersetzen, die an einer der Fronten kämpften. Und nach 1918 waren unendlich viele Männer kriegsinvalide und konnten kein Geld mehr verdienen. Die Frauen haben damals ihre Familien ernährt, und natürlich wollten sie damit auch mehr Rechte haben.«

Ein Strahlen zeigte sich im Gesicht ihrer Mutter, so als würde sie an schöne Zeiten zurückdenken.

»Hast du damals auch für das Frauenwahlrecht gekämpft?« Katharina konnte sich das kaum vorstellen. Ihre Mutter auf Straßendemos?

»1919, ja. Für uns junge Frauen waren das Zeiten des Aufbruchs. Raus aus dem Korsett, rein in kürzere Kleider. Und damals gab es auch die ersten Ärztinnen, und immer mehr Studentinnen tauchten auf. Wir haben innerhalb weniger Jahre ganz schön viel erreicht, auch wenn das den Männern natürlich nicht passte.«

Katharina musterte ihre Mutter und versuchte sich die junge Frau vorzustellen, die sie einmal gewesen war. Wo war die freiheitsliebende und emanzipierte Traute geblieben? Wann war aus ihr die Frau geworden, die noch nicht mal über eigenes Haushaltsgeld verfügte und ihr Leben wie selbstverständlich dem ihres Mannes unterordnete?

»Was ist aus deinem Studium geworden?«

Traute blickte auf das gerahmte Hochzeitsfoto, das auf der Kommode stand. »Ich habe deinen Vater kennengelernt und bin dann schnell mit Eva schwanger geworden. Zwar hatte ich mir immer vorgenommen, das Studium eines Tages zu Ende zu bringen, aber dann änderten sich die Zeiten. Ich wurde mit Erich und dann mit Hanna schwanger. Und dann kamen die Nazis, und die Frauenrechtsbewegung wurde auf null zurückgedreht. Eine junge Mutter, die Medizin studieren wollte – daran war in den Dreißigerjahren nicht zu denken.«

»Und nach dem Krieg wurde es auch erst mal nicht besser …«

Traute lachte. »Da war ich doch eh schon zu alt! Aber du hast recht, in den Fünfzigern wurde es beim besten Willen nicht besser. Im Gegenteil.«

Katharina nickte. Ihre Kindheit und Jugend war wahrlich nicht die Zeit gewesen, in der sich Frauen ihre Freiheiten erkämpfen konnten. Damals war die Gesellschaft mit anderen Dingen beschäftigt gewesen.

»Vielleicht war es auch besser so«, sagte ihre Mutter betont munter. »Karl hat schon früh das Unternehmen aufgebaut … wie hätte ich da als Ärztin arbeiten sollen. Das wäre ja Quatsch gewesen.«

Sie sah ihrer Mutter an, dass sie es ganz und gar nicht als Quatsch empfunden hätte.

»Und wenn du jetzt zurückblickst?«, fragte Katharina nach.

»Du meinst, ob ich Groll empfinde, weil ich meinen Traum nicht verwirklichen konnte?« Sie schüttelte den Kopf. »Nein. Das war nun mal die Zeit. Mein Platz war bei eurem Vater und euch Kindern. Aber heute ist das anders. Ihr jungen Frauen habt heute ganz andere Möglichkeiten, und ihr müsst sie nutzen. Sonst ändert sich doch nie was. Dass du unabhängig und selbstständig bist, ist so eine große Errungenschaft – du bist dir dessen wahrscheinlich gar nicht bewusst.«

Katharinas Blick fiel auf ein Foto, das auf der Kommode stand und auf dem die junge Traute Berner zu sehen war. Sie hatte sich bei Karl untergehakt und strahlte in die Kamera. Eine selbstbewusste junge Frau, die für ihre Rechte auf die Straße gegangen war, dachte Katharina. Sie war stolz auf ihre Mutter. Ja, Traute hatte recht. Es war wirklich an der Zeit, dass der Kampf, den sie in den Zwanzigerjahren begonnen hatte und zwangsläufig wieder aufgeben musste, endlich zu Ende gebracht wurde. Katharina wollte sich jedenfalls nie wieder von einem Mann vorschreiben lassen, was sie tun oder lassen sollte.

Die Worte ihrer Mutter hallten in ihr nach. Obwohl Traute ein Leben im Luxus führte, hatte sie nie eigenes Geld besessen. Martha bekam von Karl Berner jeden Monat das Haushaltsgeld auf den Tisch gelegt, mit dem sie für das leibliche Wohl der Familie sorgen musste. Wahrscheinlich war die Haushälterin damit finanziell unabhängiger gewesen als ihre Mutter. Auch wenn Karl alles andere als geizig war, so musste seine Frau ihn doch immer um Geld bitten, wenn sie sich etwas zum Anziehen kaufen wollte oder es aus anderen Gründen brauchte. Sie bekam es dann immer und auch gern etwas mehr, Karl war durchaus großzügig. Aber

Katharina hatte es als Jugendliche als demütigend empfunden, dass ihre Mutter immer fragen musste. Sie erinnerte sich daran, wie Traute einmal zweihundert Mark für einen neuen Wintermantel bekam; das war so viel, wie andere in einem Monat verdienten. Sie kaufte sich das edle Kleidungsstück dann aber doch nicht und gab Karl gegenüber ein anderes aus ihrem Schrank als neue Errungenschaft aus, was ihr Mann erwartungsgemäß nicht merkte. So hatte sie Bargeld zur Verfügung gehabt, um mit Freundinnen ins Café Reichard am Dom zu gehen und über die Hohe Straße zu flanieren, ohne ihrem Mann darüber Rechenschaft ablegen zu müssen. Jahre später hatte sie Katharina diese Geschichte erzählt, als sei es eine lustige Anekdote.

Katharina war davon überzeugt, dass ihre Eltern eine harmonische Ehe führten und immer geführt hatten. Sicherlich war ihr Vater ein Patriarch, aber ein Tyrann war er nicht, und sein Umgang mit Geld erschien beiden normal. Ihre Mutter wäre nie auf die Idee gekommen, ein eigenes Konto zu führen, das Frauen sowieso erst seit 1962 eigenständig eröffnen durften. Vorher hatten sie die Einwilligung des Ehemannes gebraucht. Auch wenn sie sich ihre kleinen Freiheiten erschleichen musste, war sie doch nie unzufrieden mit ihrem Leben gewesen, glaubte Katharina.

»Überleg mal«, meinte Elke, der sie am Abend von der Unterhaltung mit der Mutter erzählte, als sie bei einem Glas Wein in der Küche saßen. Elke schnitt dabei ein Stück Gouda in Würfel und piekte Zahnstocher in die Käsehäppchen. »Als sie jung war, waren die wilden Zwanziger. Vielleicht war es in Köln nicht ganz so wild wie in Berlin, aber so lahm wie in der Eifel war es bestimmt nicht. Und das alles nach der strengen Kaiserzeit und dem Ersten Weltkrieg. Aber dann war es mit allen Freiheiten wieder vorbei, und mit Mitte dreißig hat sie vermutlich das Mutterkreuz verliehen bekommen, und alle waren der Meinung, dass es für eine

Frau nichts Besseres gibt. Seitdem hat sich die Welt doch ganz schön verändert.«

»Stimmt.« Katharina steckte sich ein Stück Käse in den Mund. »Die Welt heute hat mit der, in der meine Mutter groß geworden ist, nichts mehr zu tun.«

»Wie das wohl sein wird, wenn wir mal so alt sind …«

»Das wäre ja schon im nächsten Jahrtausend.«

»Wahrscheinlich hat es bis dahin längst einen Atomkrieg gegeben, der uns allen das Licht ausschaltet.«

Katharina nahm einen großen Schluck von ihrem Wein. »Hoffentlich nicht.«

3

14. JANUAR 1975

Das Jahr war für Katharina arbeitsreich gestartet. Eine Strafrechts-
reform trat in Kraft, mit der die Resozialisierung das Schuld-Süh-
ne-Prinzip ablöste. Das war ein völlig neuer Ansatz, der die
Wiedereingliederung der Verurteilten in die Gesellschaft in den
Vordergrund stellte, was nicht unumstritten war, gerade wenn es
um Gewaltverbrecher ging. Die Meinung, ein Mörder solle doch
im Knast verrotten und es sei eine Verschwendung von Steuer-
geldern, ihn zu resozialisieren, war allgegenwärtig. Als Rechtsanwältin musste sie diese Reform vollständig verinnerlichen, da sie
von jetzt an Plädoyers im strafrechtlichen Bereich möglicherweise
anders angehen musste. Außerdem war die Volljährigkeit zu Jah-
resbeginn von 21 auf 18 Jahre herabgesenkt worden, was in erster
Linie auf Bestreben der Banken hin passiert war, die sich für dieses Gesetz engagiert hatten, um an der Kauffreudigkeit der jungen
Leute durch Kreditvergaben profitieren zu können. Auch diese
Änderung betraf sie als Anwältin, da es bei achtzehnjährigen Straf-
tätern eine kniffelige Frage war, ob sie nach Jugend- oder Erwach-
senenstrafrecht verurteilt werden sollten.

Und dann war da noch die Mandantenakquise, die sie als selbstständige Rechtsanwältin betreiben musste. Außerdem durfte sie
ihre aktuellen Fälle nicht vernachlässigen. Besonders die Vorberei-

tung der Klage von Rita Maiburg gegen die Lufthansa nahm hierbei viel Raum ein. Ihre Recherchen erwiesen sich als mühsam, und sie hatte feststellen müssen, dass die meisten Fluggesellschaften nicht besonders auskunftsfreudig waren. Schließlich hatte Katharina herausgefunden, dass es tatsächlich keine einzige Frau auf der Welt gab, die als Linienflugkapitänin arbeitete. Ein Argument, das für die Gegenseite von Bedeutung sein konnte.

Die Eröffnung ihrer Kanzlei war durch die viele Arbeit etwas in den Hintergrund gerückt, und obwohl sie schon vor einigen Wochen die Büroräume bezogen hatte, hatte sie es erst jetzt geschafft, zu einem Empfang einzuladen.

Katharina war aufgeregt. Sie stellte das Tablett mit den Sektschalen auf den Schreibtisch, der eigentlich für ihre Sekretärin gedacht war. Aber noch hatte sie keine finden können, jedenfalls keine, die ihren Anforderungen entsprach und die sie bezahlen konnte. Zum Glück hatte sich Ingrid bereit erklärt, die Arbeiten so lange zu übernehmen, bis sie eine passende Kraft gefunden hatte. Natürlich wollte sie ihrer Mitbewohnerin dafür etwas zahlen, auch wenn diese das kategorisch ablehnte.

»Ist doch wohl klar, dass ich dir helfe«, sagte Ingrid, jetzt allerdings auf die Häppchen bezogen, die sie für die Eröffnung der Kanzlei gezaubert hatte. Auf dem einen Tablett hatte sie Weintrauben mit Zahnstochern auf kleine Käsewürfel gepiekt und feinsäuberlich nebeneinandergereiht, auf dem anderen befanden sich hart gekochte Eierhälften mit jeweils einem Klecks ihrer berühmten Senfsoße und einem Petersilienzweig.

»Hoffentlich kommt überhaupt jemand …« Nervös strich Katharina ihren neuen hellblauen Hosenanzug glatt. Der kurze Blazer war schmal auf Taille geschnitten und brachte so die weite Schlaghose noch besser zur Geltung.

Natürlich hatte sie ihre ganze Familie eingeladen, außerdem

Rita Maiburg und die anderen Mandantinnen und Mandanten, deren Adressen sie von Hassel und Partner mitgenommen hatte. Von ihrer alten Kanzlei hatte sie nur Frau Kirsch eingeladen, von den anderen wäre sowieso keiner gekommen, und sie hätte sie auch nicht dahaben wollen. Ihre Kündigung war wohl mit viel Spott aufgenommen worden, wie Frau Kirsch ihr in einem Telefonat wenige Tage danach mitgeteilt hatte.

»Es hat noch nie jemand hier gekündigt«, hatte ihre frühere Sekretärin ins Telefon geflüstert, und Katharina hatte sofort das dumpfe Gefühl verspürt, einen Fehler gemacht zu haben.

»Natürlich kommt jemand!«, rief Elke aus der Küche. »Die rennen dir gleich die Bude ein, warte mal ab.«

In dem Moment klingelte es.

»Siehste!«

Katharina atmete erleichtert auf, drückte auf den Öffner und stand mit erwartungsvoller Miene in der Tür.

»Katharina Berner?« Ein Telegrammbote.

»Ja?«

»Ich habe ein Telegramm für Sie. Bitte hier unterschreiben.«

Es war von Erich und Barbara. »Mein Bruder und seine Frau können nicht kommen«, murmelte sie, nachdem sie das Glückwunschtelegramm mit den besten Wünschen zur Eröffnung und der knappen Absage gelesen hatte. »Meine Schwägerin fühlt sich nicht gut.«

Elke kam aus der Küche und warf ihr einen aufmunternden Blick zu.

»Zwei Absagen, na und? Jetzt mach dir nicht so viele Sorgen.«

Es klingelte erneut. Nervös öffnete sie die Tür und blickte auf einen großen Blumenstrauß, hinter dem schließlich ein gut gelaunter Theo Langscheid zum Vorschein kam.

»Alles Gute zur Eröffnung, Frau Rechtsanwältin!«

Erfreut schüttelte sie ihrem Vermieter die Hand. »Danke! Und wie schön, dass Sie da sind! Kommen Sie herein.«

Sie stellte ihm Ingrid und Elke vor, reichte ihm eine Schale Sekt und führte ihn durch die Räume der Kanzlei.

»Sehr hübsch«, meinte Theo Langscheid, als sie vor ihrem Schreibtisch angelangt waren, sah sie dabei direkt an und verschwendete keinen Blick auf die Einrichtung. Katharina spürte, wie ihr die Röte in die Wangen stieg.

»Danke. Es war nicht einfach, die passenden Sachen zu finden. Ich musste die Kosten etwas im Zaum halten«, sagte sie ehrlich und hoffte, dass er ihre Verlegenheit nicht bemerkte. Sie versuchte, sie einfach wegzureden. »Wenn Sie anfangen, von einem Matrizendrucker bis hin zum Schreibtisch alles gebraucht zu kaufen, dann dauert das schon ganz schön lange. Es gibt ja leider keinen Gebrauchthandel für Bürobedarf, bei dem man alles an einem Fleck findet. Ich musste die ganze Umgebung abfahren, bis ich die besten Sachen zum besten Preis gefunden hatte.«

Theo Langscheid nickte. »Finde ich toll, dass Sie auf die Kosten achten. Die meisten verschulden sich ja erst mal, bevor sie überhaupt eine Mark verdienen.«

Katharina unterdrückte ein Seufzen. Auch sie hätte sich liebend gerne verschuldet, um sich eine hochwertige Büroeinrichtung leisten zu können, aber sie hatte keine Bank gefunden, die ihr einen Kredit gegeben hätte. Man hatte sie angeschaut, als wäre ihre Idee vollkommen aberwitzig, und alle hatten ihr Anliegen mit dem Argument abgelehnt, dass das Risiko viel zu groß sei. Keiner konnte sich vorstellen, dass sie als Einzelkämpferin Erfolg haben würde, zumal die meisten ohnehin davon ausgingen, dass sie bald heiraten und schwanger werden würde und den Kredit dann sowieso nicht würde zurückzahlen können. Aber das wollte sie Theo Langscheid nicht auf die Nase binden.

»Man sieht es den Möbeln nicht an, dass sie aus zweiter Hand sind«, meinte er und strich über den Schreibtisch, wobei seine Hand wie zufällig ihre berührte.

»Ich habe sie aufarbeiten lassen«, sagte Katharina, was auch nicht ganz stimmte. Sie selbst hatte den Schreibtisch im Hinterhof ihrer Wohnung mit Schmirgelpapier mühevoll abgeschliffen und neu gestrichen. Mit dem Ergebnis war sie aber zufrieden.

Ingrid kam herein und räumte ein paar benutzte Teller vom Schreibtisch weg, während Elke im Hintergrund mit einer Sektflasche in der Hand den anderen Gästen nachschenkte.

Katharina wich einen Schritt zurück. Nicht weil ihr die Nähe von Theo Langscheid unangenehm war, im Gegenteil, sie empfand sie mehr als angenehm. Aber sie wollte nicht, dass er ihre Nervosität bemerkte. Sie kam sich vor wie damals beim Abschlussball, so aufgeregt war sie, und das war nun wirklich nicht das angemessene Verhalten für eine Rechtsanwältin, die gerade ihre eigene Kanzlei eröffnete.

»Trinken wir auf Ihren Erfolg«, sagte Theo Langscheid und hielt ihr lächelnd seine Sektschale hin. Die Gläser klirrten, und sie nahmen beide einen Schluck, wobei er sie nicht aus den Augen zu lassen schien.

»Eventuell hätte ich einen Mandanten für Sie – oder nehmen Sie keine mehr an?« Er lächelte spitzbübisch, und Katharina musste lachen.

»Natürlich nehme ich noch Mandanten an.« Sie war dankbar, wieder über berufliche Themen reden zu können, da fühlte sie sich sicherer. »Um was geht's denn?«

»Um mich.« Er zwinkerte ihr zu.

Meinte er das jetzt ernst oder wollte er sie veräppeln? Oder flirtete er immer noch? Sie hasste es, so verunsichert zu sein. Fragend sah sie ihn an.

»Ich hatte Ihnen doch erzählt, dass ich mehrere Wohnungen hier im Viertel vermiete«, begann Theo Langscheid. »Und jetzt muss ich einen Mieter loswerden, was aber leider nicht ganz einfach ist.«

»Warum wollen Sie ihm kündigen?«

»Die Situation ist wirklich nicht mehr tragbar. Die anderen Mieter im Haus beschweren sich regelmäßig über den Lärm und den Dreck, den er hinterlässt«, erklärte Theo Langscheid. »Außerdem steht er mit der Miete zwei Monate im Rückstand. Dank diesem neuen Kündigungsschutz kann ich ihn nicht einfach vor die Tür setzen.«

»Das war früher leichter.«

»Ja. Ich verstehe ja, dass Mieter auch Schutz brauchen. Früher sind die ja von einem Tag auf den anderen obdachlos geworden«, sagte er. »Das ist natürlich auch kein Zustand. Aber dass ich jetzt so einen Krawallmacher nicht loswerden kann, ist doch irgendwie nicht in Ordnung. Ich habe immer wieder das Gespräch mit ihm gesucht, ihm Angebote und Zugeständnisse gemacht, aber er reagiert auf nichts. Und die Beschwerden der anderen Hausbewohner werden immer massiver. Könnten Sie sich darum kümmern? Ich habe dafür weder die Nerven noch die Zeit.«

Sie versuchte sich auf das zu konzentrieren, was er sagte, aber die Art, wie er sie anschaute, löste bei Katharina ein Gefühl aus, das sie schon lange nicht mehr gespürt hatte. Es war nicht nur die Aufregung, die sie eben noch empfunden hatte. Es war mehr.

»Ich kümmere mich gerne darum«, sagte sie und erwiderte seinen intensiven Blick lächelnd.

Im Abstand von einigen Minuten klingelte es nun immer wieder, und die Kanzlei füllte sich mit Gästen. Eva und Hanna waren mit ihren Familien gekommen, Rita Maiburg hatte ebenfalls ihre Eltern mitgebracht, und zwei ehemalige Kommilitonen, die sie vom SDS kannte, waren auch da. Die beiden hatten mit den Anwälten aus ihrer alten Kanzlei nichts gemein. Sie trugen zwar auch Anzüge, arbeiteten aber ausschließlich mit linksliberalen Mandanten zusammen, und der eine deutete sogar an, einen RAF-Sympathisanten zu vertreten. Sie musste darauf achten, dass er sich später nicht mit ihrem Vater unterhielt, dachte Katharina, die die Diskussionen förmlich schon hörte.

Plötzlich stand Frau Kirsch vor ihr, einen großen Kaktus in der Hand. »Den müssen Sie wenigstens nicht so oft gießen. Wenn Sie mal richtig im Stress sind, haben Sie dafür doch gar keine Zeit, Frau Berner!«, sagte sie lachend und drückte ihr die stachelige Pflanze in den Arm.

Katharina fiel in ihr Lachen ein. »Ich werde Sie wirklich vermissen, Frau Kirsch.«

»Vielleicht heuere ich noch bei Ihnen an«, antwortete sie. »Ich finde es wirklich toll, dass Sie diesen Schritt gewagt haben.«

»Danke. Ich bin froh, dass ich aus dieser Männerwirtschaft raus bin.«

»Das kann ich gut verstehen.«

Frau Kirsch nahm sich eine Serviette und legte zwei hart gekochte Eierhälften darauf, bevor sie sich unter die Gäste mischte. Katharina schaute ihr nach und überlegte kurz, ob sie der Frau ein Angebot machen sollte. Sie war eine ausgesprochen kompetente Sekretärin, daran gab es keinen Zweifel, und eine gute Rechtsanwaltsgehilfin war Gold wert. Aber würde sie sich eine so erfahrene Kraft auch leisten können?

»Mama und Papa schaffen es leider nicht«, riss Eva sie aus ihren Gedanken, und Katharina glaubte, im Gesicht ihrer Schwester echtes Bedauern erkennen zu können. »Papa muss irgendwelche Umweltauflagen mit Erich besprechen.«

»Barbara und Mama hätten aber doch kommen können.«

»Allein? Das würden die doch nie machen«, antwortete Eva, deren Stimme nicht so spitz klang wie sonst. Manchmal kam es Katharina so vor, als wäre ihre Schwester weniger hart und ablehnend ihr gegenüber, wenn ihre Eltern nicht dabei waren. »Barbara geht es außerdem nicht so gut.«

»Was ist eigentlich mit ihr? Weißt du, was sie hat?«

Ihre Schwester zuckte mit den Achseln, schien aber doch mehr zu wissen. »Erich meinte, sie ist depressiv. Ehrlich gesagt war er ganz schön genervt.«

Dass etwas mit der früher so lustigen und humorvollen Barbara nicht stimmte, war Katharina schon lange bewusst. Dass sie aber unter einer richtigen Depression leiden sollte, erschreckte sie trotzdem.

»Meinst du, das stimmt?«, fragte sie besorgt.

»Ich weiß es nicht. Aber wenn man in die Wechseljahre kommt, ist das manchmal so – was ich Erich natürlich nicht gesagt habe.«

»Warum nicht?«

Eva sah sie ungläubig an. »Ich spreche mit meinem Bruder doch nicht über die Wechseljahre seiner Frau! Himmel! Das geht mich doch gar nichts an!«

»Aber vielleicht weiß Erich gar nicht, dass es so etwas gibt, vielleicht hätte er viel mehr Verständnis für Barbara, wenn er wüsste, dass es das ist, was ihr zu schaffen macht?«

Eva schüttelte den Kopf. »Konrad ist Arzt und weiß natürlich, dass es so etwas wie die Wechseljahre gibt. Glaubst du, deshalb hätte er mehr Verständnis für meine Hitzewallungen? Wenn ich mal Migräne habe, denkt er, ich will meine Ruhe vor ihm. Der nimmt diese Beschwerden überhaupt nicht ernst. Das wird bei Erich doch nicht besser sein.«

Katharina hielt ihren Schwager Dr. Konrad Kruse beim besten Willen nicht für einen emphatischen Arzt. Im Gegenteil. Er hatte etwas Grobschlächtiges an sich, was vielleicht auch damit zu tun hatte, dass er als Orthopäde dauernd so viele Patienten einrenken musste. Jemand wie er musste zupacken können und durfte nicht zimperlich sein, sonst sprang ein Schultergelenk nicht zurück in die Pfanne. Für die leisen Zwischentöne seiner Patienten hatte er nicht viel übrig, und es wunderte sie nicht, dass das bei seiner Familie genauso war.

»Bist du auch manchmal depressiv?«, fragte sie ihre Schwester sanft und sah ihr die Verlegenheit an. Eva wich ihrem Blick aus und sah aus dem Fenster.

»Ach Gott, das darf man doch nicht überbewerten.« Sie trank ihren letzten Schluck Sekt. »Ich komme mit Mamas Frauengold ganz gut zurecht.« Sie grinste schief.

Katharina lachte und sagte dann im gekünstelten Ton der Werbefilme: »Frauengold schafft Wohlbehagen, wohlgemerkt – an *allen* Tagen!«

Eva lachte nun auch, und für einen Moment hatte Katharina das Gefühl, ihrer Schwester näherzukommen.

»An manchen Tagen hilft mir das Zeug aber wirklich«, sagte Eva dann.

»Klar. Ist ja auch kein Wunder. Dann kannst du den Tag auch mit einem Sektchen starten.«

»Da würde Konrad aber komisch gucken.«

Wieder mussten sie beide lachen, und trotzdem lag eine Traurigkeit in den Augen ihrer Schwester, die Katharina heute stärker auffiel als sonst. Normalerweise vermischte sich dieser traurige Blick mit ihrer Zickigkeit, weshalb Katharina meist keine große Lust hatte, sich damit auseinanderzusetzen. Aber fiel diese Überspanntheit einmal weg, dann wirkte Eva nur noch traurig.

»Ich drücke dir wirklich die Daumen, dass du mit deiner Kanzlei Erfolg hast«, sagte Eva und klang dabei aufrichtig und ehrlich.

»Danke. Ich weiß das zu schätzen.«

Eva senkte den Blick, als wäre ihr die ungewohnte Nähe unangenehm, und drehte ihr leeres Glas in den Händen.

»Gibt es noch was Prickelndes?«, fragte sie dann, und Katharina nahm ihr das Glas ab.

»Mit Sicherheit. Ich schau mal, ob wir auch noch ein paar Käsewürfel haben.« Auf dem Weg zur Küche fiel ihr Blick auf Theo Langscheid, der am Fenster lehnte und rauchte. Auch er sah sie an, und sie mussten beide lächeln, als ihre Blicke sich trafen.

Im Flur stand Rita Maiburg mit ihren Eltern und nippte an einem Orangensaft. Alois Maiburg strahlte, als er Katharina die Hand drückte.

»Ich wollte mich noch mal bedanken, Frau Berner, dass Sie unsere Tochter bei dieser Sache vertreten«, sagte er herzlich.

»Ich hoffe, ich kann ihr helfen«, antwortete Katharina.

»Meine Eltern sind eine große Stütze.« Rita Maiburg legte den Arm um ihre Mutter und drückte sie kurz. »Ohne sie hätte ich längst aufgegeben. Aber sie haben mich von Anfang an darin bestärkt, für meinen Traum zu kämpfen.«

»Das ist toll«, sagte Katharina und meinte es auch so.

»Wir sind unheimlich stolz auf dich, Rita«, sagte ihr Vater.

»Ist das Ihr Mann?«, fragte Gertrud Maiburg und wies auf Theo Langscheid, der sie immer noch beobachtete.

Katharina blickte zu ihm. »Nein«, sagte sie etwas verlegen. »Das ist mein Vermieter.«

»Oh, Entschuldigung. Manchmal sollte ich besser meine Klappe halten. Aber irgendwie wirkten Sie so vertraut und …«

Ihr Mann unterbrach sie lachend. »Du machst es nur noch schlimmer, Gertrud!«

Rita und ihre Mutter stimmten in das Lachen mit ein, und auch Katharina musste schmunzeln. Sie betrachtete die drei. Es war schön, dass es auch Familien gab, in denen sich alle gegenseitig unterstützten. Ritas Eltern hatten immer versucht, ihrer Tochter den Traum vom Fliegen zu ermöglichen, hatten ihr die Ausbildung in der Segelflugschule und die Privatpilotenlizenz finanziert. Sie standen hinter ihr. Es musste ein tolles Gefühl sein, so viel Rückhalt zu haben.

»Meine Mutter war schon immer so«, sagte Rita und wischte sich eine Träne aus dem Augenwinkel. »Auf der Segelflugschule war ich das einzige Mädchen. Sie können sich vorstellen, was ich mir da anhören musste. Aber sobald meine Mutter davon Wind bekam, konnten sich die Herren warm anziehen. Sie hat nie ein Blatt vor den Mund genommen!«

»Rita war dort immer ein bisschen eine Außenseiterin«, erklärte ihre Mutter. »Sie war noch so jung, da musste ich ihr doch zur Seite stehen.«

Katharina versuchte, die aufkommende Traurigkeit hinunterzuschlucken, und verabschiedete sich in die Küche, um weitere Häppchen zu holen. *Ritas Eltern sind viel jünger als meine,* sagte sie sich, *eine andere Generation, die ihren Kindern viel mehr Freiheiten zubilligt.* Vielleicht war es ja auch gut, wenn man sich alles selbst erkämpfen musste. Ihr Vater hatte sein Unternehmen selbst aufgebaut und zu ungeahnter Größe gebracht, während Erich das florierende Werk einfach nur weiterführen musste. Er war viel weniger vom Ehrgeiz getrieben als sein Vater und deshalb auch sicher nicht der bessere Unternehmer. Aus einem einsamen Kampf konnte Großes erwachsen, das hatte sie bei ihrem Vater gesehen.

Aber würde ihr das auch gelingen?

Warum eigentlich nicht?

Elke hatte recht gehabt, als sie sagte, ihre Eltern kämen aus einer anderen Zeit. Die Frauen in der Familie Berner waren allesamt

Hausfrauen gewesen, sie war die erste, die einen richtigen Beruf erlernt hatte. Dass sie damit bei ihren alten Eltern auf viel Skepsis stoßen würde, hätte ihr eigentlich klar sein müssen. Und trotzdem war ihre Mutter still und leise stolz auf sie. Das war eine schöne Überraschung gewesen, von der Katharina immer noch zehrte.

Wichtig war doch nur, dass sie an sich selbst glaubte. Und in diesem Augenblick, in dem sie zwischen ihren Gästen in der Kanzlei stand, glaubte sie ganz fest daran, dass sie sich als selbstständige Rechtsanwältin durchsetzen würde.

Eine Welle der Euphorie stieg in ihr auf und verdrängte die Traurigkeit. Ihre Eltern waren heute nicht hier, das war schade, aber es gab Schlimmeres. Außerdem waren genug Menschen da, die sie unterstützten und sich mit ihr über ihren Neustart freuten.

Theo Langscheid war der letzte Gast, alle anderen waren bereits gegangen, und Ingrid und Elke spülten in der Küche die Gläser. Katharina musste an Gertrud Maiburgs Worte denken. Vertraut hatten sie beide auf die Frau gewirkt, obwohl sie sich doch erst ein paar Mal getroffen hatten, und das auch nie in privater Atmosphäre, sondern immer nur, um die Anmietung der Wohnung zu regeln. Trotzdem kam es Katharina so vor, als würde sie Theo Langscheid schon ewig kennen. Und sie hatte das Gefühl, dass es ihm auch so ging.

»Hätten Sie Lust, das Essen beim Italiener heute Abend nachzuholen?«, fragte er, nachdem sie zu ihm ans Fenster getreten war.

Katharina zögerte. Eigentlich wollte sie Ingrid und Elke nicht mit den Aufräumarbeiten allein lassen, das fand sie mies, nachdem die beiden ihr den ganzen Tag geholfen hatten. Wenn sie ihm allerdings schon wieder absagte, würde er sie bestimmt nicht noch einmal fragen.

Sie schlug ihm vor, sich in zwei Stunden im Früh am Dom zu treffen. Bis dahin würden sie die Kanzlei aufgeräumt haben, und ein kühles Kölsch wäre dann genau das Richtige. Die ungezwungene Atmosphäre in einem Brauhaus erschien ihr außerdem angenehmer.

Zu ihrer Überraschung lehnte Theo Langscheid ihren Vorschlag ab. »Tut mir leid, aber das wird mir dann etwas zu spät. Ich muss morgen früh raus.«

»Schade …«, sagte sie leise enttäuscht. »Wollen wir es dann auf morgen Abend verschieben?«

»Gerne. Darf ich Sie hier abholen? Vielleicht um sieben?«

Katharina nickte und bemerkte erst da die grinsenden Gesichter ihrer Freundinnen in der Tür.

Zum Abschied gab Theo Langscheid ihr einen leichten Kuss auf die Wange. »Ich freue mich auf morgen Abend«, sagte er leise.

»Ich mich auch«, erwiderte Katharina und schloss die Tür hinter ihm.

»Wieso bist du denn nicht heute mit ihm gegangen?«, fragte Ingrid, als Theo Langscheid weg war. »Wir hätten das hier doch gut alleine machen können. So viel ist es nun auch nicht.«

»Ich finde, sie hat das genau richtig gemacht«, meinte Elke. »Willst du gelten, mach dich selten. An dem Spruch ist viel Wahres dran.«

»Du lebst so hinterm Mond!« Ingrid verdrehte die Augen. »Ich an deiner Stelle hätte es mir heute Abend schön in seinem Bett gemütlich gemacht«, wandte sie sich an Katharina.

»Äh … es ging um einen Restaurantbesuch?«

»Ja, ja, das sagen sie immer. Er ist wirklich süß.« Grinsend stellte Ingrid die Gläser in den Schrank. »Für meinen Geschmack ein bisschen zu alt, aber süß.«

»Katzen sind süß«, sagte Katharina. »Und Hundebabys.«

»Und manche Männer.« Elke knuffte ihr in die Seite. »Jetzt sag schon, gefällt er dir?«

Katharina verzog gleichgültig ihren Mund und versuchte, sich möglichst desinteressiert zu geben. »Er ist nett.«

»Nett? Was soll das denn heißen?«, rief Ingrid. »Nett ist der Verkäufer bei uns am Kiosk. Das ist doch keine Kategorie, mit der man einen Mann beurteilt.«

»Ich hab ihn ein paar Mal gesehen«, sagte Katharina. »Ich kann ihn doch noch gar nicht richtig einschätzen.«

»Wenn ich jemanden ein paar Mal treffe, kann ich jeden Zentimeter seines nackten Körpers einschätzen!« Ingrid lachte.

»Du bist da anders als ich«, sagte Katharina. »Für dich sind Männer und Sex wie Sport. Wenn man Lust drauf hat, macht man es halt.«

»Eine gesunde Einstellung«, meinte Ingrid, und die anderen mussten lachen.

»Sport hin oder her. Wenn der Blitz eingeschlagen hat, hat er eingeschlagen«, mischte Elke sich ein. »Dafür brauchst du jemanden nicht erst richtig einzuschätzen.«

»Du immer mit deiner Liebe auf den ersten Blick.« Katharina verdrehte die Augen. »War das bei Addi und Kurt etwa so? Hat da gleich der Blitz bei euch eingeschlagen?«

Elke wirkte entgeistert. »Also bei mir ganz bestimmt nicht. Aber mit denen gehe ich auch nicht zum Italiener.«

»Addi ist was zum Spaß haben«, sagte Ingrid fröhlich. »Und Kurt auch. Die kannst du doch gar nicht mit so einem gestandenen Mann wie Theo Langscheid vergleichen!«

»Schläfst du mit beiden?«, fragte Elke und wirkte etwas entsetzt.

Ingrid lachte. »Meine Güte, du tust ja gerade so, als wäre das ein Kapitalverbrechen! Ja, natürlich schlafe ich mit beiden!«

»Gleichzeitig?!«

»Du klingst wie meine Mutter.« Ingrid lachte erneut auf. »Im Gegensatz zu dir vertrage ich die Pille nun mal. Ich kann schlafen, mit wem ich will und wann ich will.«

Elke schien sichtbar besorgt. »Bei mir auf der Station sind immer wieder Patienten, die 'nen Schanker haben. Dagegen hilft die Pille nicht.«

»Und wenn ich aus dem Haus gehe, kann mir ein Ziegelstein auf den Kopf fallen. Das Leben birgt nun mal das ein oder andere Risiko.«

Katharina hörte ihren Freundinnen nicht mehr zu. In Gedanken war sie bei Theo Langscheid, und sie überlegte, ob ihre Mitbewohnerinnen vielleicht recht hatten. Auch wenn sie das Wort *süß* nicht mit ihm in Zusammenhang bringen würde, musste sie sich eingestehen, dass er ihr gefiel. Sehr sogar.

War sie vom Blitz getroffen worden, wie Elke es formulierte hatte? Sie wusste es nicht. Was sie aber wusste, war, dass sie seit langer Zeit mal wieder einen Mann kennengelernt hatte, mit dem sie sich mehr vorstellen konnte.

*

Auf dem Weg von der Kanzlei zum Wagen hatte Rita Frank getroffen und sich von ihm überreden lassen, noch ein bisschen durch Köln zu bummeln. Ihre Eltern waren ohne sie zurück nach Wesseling gefahren, und Frank hatte ihnen versprochen, Rita später zu Hause abzusetzen.

Jetzt schlenderten sie über die Hohe Straße, auf der es trotz der frostigen Temperaturen voll war. Offenbar wollten die Leute selbst noch Mitte Januar ihre Weihnachtsgeschenke umtauschen. Rita war gerne in Köln und mochte die schicke Einkaufsstraße, auch wenn sie sich kaum etwas aus den teuren Auslagen leisten konnte. Die Hohe Straße war die Flaniermeile der Reichen und Wohlsituierten, und Rita konnte manchmal nur staunen, wenn sie die Preisschilder in den Schaufenstern sah.

»Wusstest du, dass das hier eine der ersten autofreien Straßen in ganz Deutschland war?«, meinte Frank.

»Nein. Willst du dir denn hier was kaufen?« Ihr Blick blieb auf einem Ledermantel hängen, der fast fünfhundert Mark kosten sollte. »Der würde dir prima stehen!«

Frank lachte. »Ich weiß nicht. Komm, wir gehen zum Dom.«

»Was wollen wir denn da?« Frank konnte sie nicht mehr in vielen Dingen überraschen, aber in einigen dann doch. »Beten? Die Krippe anschauen?«

Seine Miene wirkte verschwörerisch. »In die Krypta gehen.«

Rita fragte sich ernsthaft, ob er high war. Religion hatte in Franks Leben noch nie eine Rolle gespielt, im Gegenteil. In der Schule hatte er früher das Unmögliche geschafft und immer eine Vier in dem Fach kassiert, womit er auf weiter Flur der Einzige war. Selbst Dreien waren eine Seltenheit gewesen.

»Du hast mich gefragt, ob ich noch ein bisschen mit dir durch Köln bummle, um mich dann in den Leichenkeller des Doms zu schleppen? Irgendwas ist hier doch faul.«

Frank hakte sich bei ihr unter. »Da hast du recht, liebe Rita. Aber ein bisschen Abenteuer ist doch auch mal ganz schön, oder?«

Nachdenklich ließ sie sich von ihm ein paar Meter weiterziehen, wobei sie immer wieder gegen eine der bepelzten Damen stieß, von denen heute besonders viele über die Hohe Straße drängelten. Rote Füchse schienen in dieser Saison am häufigsten ihr Leben gelassen zu haben, dachte sie.

»Was mache ich hier …«, murmelte sie und blieb abrupt stehen. »Was hast du vor, Frank?«

Er legte den Arm um sie und setzte einen treuen Hundeblick auf. »Ach, Rita. Jeder Mensch, der nach Köln kommt, besucht den Dom. Das ist nun mal so. Steht das nicht sogar im Grundgesetz?«

»Nein.«

»Aber es stimmt!«

Rita verdrehte die Augen. »Hör auf, mich für dumm zu verkaufen. Was willst du in der Krypta?«

Frank zog sie ein paar Schritte weiter in eine Ecke, in der nicht so viele Leute standen und die Luft ausnahmsweise nicht nach 4711 duftete. Mit gedämpfter Stimme sprach er weiter.

»Nichts Schlimmes, Rita. Ich treffe da jemanden, und dann gehen wir wieder.«

Rita ahnte nichts Gutes, Frank würde sich schließlich nicht mit Kardinal Höffner treffen. »Wen willst du denn da treffen? Den Heiland persönlich? Und warum soll ich mitkommen?«

Frank wich ihrem Blick aus. »Ich dachte, dann kannst du dich ein wenig umschauen …«

»Verscheißern kann ich mich alleine! Jetzt sag schon!« Rita wurde langsam wütend. Auf keinen Fall wollte sie in irgendetwas hineingezogen werden und womöglich Probleme bekommen.

»Na ja … Dieser Jemand wird eventuell von der Polizei beobachtet. Und was gibt es Unauffälligeres als ein junges Touristenpaar, das sich den weihnachtlich geschmückten Dom anschaut?« In seinen Augen lag etwas Flehendes.

Rita hatte so etwas befürchtet. Genervt löste sie sich aus seinem Griff. »Frank! Ich strebe einen nicht unwichtigen Prozess an. Und du weißt ganz genau, dass ich mir jetzt keine Scherereien mit der Polizei erlauben kann!«

»Wirst du nicht haben, versprochen.«

»Woher willst du das wissen? Wenn du deinen Dealer treffen willst, kannst du das doch auch ohne mich machen.«

»Es dauert keine fünf Minuten. Bitte, Rita! Kein Bulle der Welt stellt sich in die Krypta vom Kölner Dom …«

Aber Rita schüttelte den Kopf. »Nein. Ich warte vor der Krippe auf dich. In die Krypta musst du schon allein. Ich will keinen Dealer treffen, nicht im Dom und auch nicht sonst wo auf der Welt.«

Frank seufzte, hakte sich dann aber wieder bei ihr ein. »Du bist ein richtiger Sturkopf.«

»Ich weiß. Und du bist bescheuert.«

»Mag sein. Aber ich bin dein ältester Freund. Und die sind meistens ein bisschen bescheuert.« Er lachte, und auch Rita musste grinsen. Frank war einfach unverbesserlich. Und es stimmte. Er war ihr ältester Freund. Sie hatte ihm schon unzählige Male aus der Patsche geholfen. Von Rita hatte er früher immer die Hausaufgaben abgeschrieben, während der Klassenarbeiten hatte sie ihm die Lösungen zugeschoben. Als er seinen Antrag auf Ausmusterung gestellt hatte, war sie es gewesen, die ihm durch die unzähligen Formulare half, und selbst bei der mündlichen Führerscheinprüfung hatte sie ihm die entscheidenden Tipps gegeben, als ihr Fahrlehrer für einen Moment abgelenkt war. Es war für Rita selbstverständlich, sich um ihn zu kümmern, als älteste Schwester war sie es von klein auf gewohnt, sich um andere zu sorgen, und ihre Freunde ließ sie niemals im Stich. Frank konnte sich immer auf sie verlassen, und allein schon deshalb wollte sie ihn jetzt nicht hängen lassen. Vielleicht musste sie ihm ja wieder aus der Patsche helfen.

Wenige Minuten später betraten sie den Dom, und obwohl Rita schon häufig hier gewesen war, beeindruckten sie die Ausmaße der riesigen Kathedrale immer wieder. Vor der Krippe, die aus beinahe lebensgroßen Figuren bestand, herrschte dichtes Gedränge. Für die Kölner, aber auch für zahllose Touristen war sie der Anziehungspunkt in der noch weihnachtlich geschmückten Kirche.

Frank gab ihr demonstrativ einen Kuss auf die Wange und schlenderte dann weiter durch das Innenschiff, während sie vor der Krippe stehen blieb.

Er würde doch nicht so offensichtlich ein Paar spielen wollen, wenn er sicher wäre, nicht beobachtet zu werden, dachte sie und spürte, wie eine gewisse Nervosität in ihr aufstieg. Wenn sie ehrlich war, war sie nicht nur aus alter Verbundenheit hier, ein gewisses Maß an Neugier trieb sie sicherlich auch an. Denn natürlich fand sie Franks Machenschaften trotz allem irgendwie aufregend, auch wenn sie selbst nichts damit zu tun haben wollte.

Rita ließ ihren Blick über die Menschen schweifen, die neben ihr standen. Keiner von denen sah aus wie ein Ermittler, vermutlich hatte Frank recht, und der Dom eignete sich hervorragend, um illegale Geschäfte abzuwickeln.

Es dauerte keine zehn Minuten und Frank stand wieder grinsend vor ihr.

»Gehen wir, Schatz?«, sagte er laut und hakte sich bei ihr unter.

Während sie die Kirche durch das Hauptportal verließen, sprach sie nur mit gedämpfter Stimme mit ihm.

»Dafür kommst du in die Hölle.«

»Nicht auszuschließen.«

»Was hast du jetzt geholt?«

Frank klopfte sich grinsend auf die Tasche seines Parkas. »Keine Sorge, nur ein bisschen schwarzer Afghan. Die härteren Sachen hat er in seiner Wohnung, die wollte er nicht mitbringen. Aber ich hab jetzt seine Adresse.«

Rita sah ihn skeptisch an. »Dann seid ihr jetzt also dicke Freunde.«

Frank lachte. »Nein. Du und ich, wir sind dicke Freunde. Obwohl es eigentlich eine Schande ist, dass wir zwei noch nicht in der Kiste waren.«

Rita verdrehte die Augen. »Oh ja, Riesenschande. Aber ich befürchte, dabei wird es bleiben.«

»Wir könnten es uns aber auch mit dem schwarzen Afghan gemütlich machen und …«

»Frank!«

»Was denn?! Hasch und Sex passen hervorragend zusammen. Ich wollte es nur mal erwähnen.«

Rita lachte. Kurz überlegte sie, ihn daran zu erinnern, dass er eigentlich nur bis zum Ende des letzten Jahres herumhängen und nicht arbeiten wollte. Er hatte große Pläne für 1975 gehabt, wollte eine Ausbildung oder ein Studium beginnen und richtig durchstarten. Und jetzt hatte er sich schon wieder einen vermutlich üppigen Drogenvorrat zugelegt und war auch noch drauf und dran, härteres Zeug zu besorgen. Vielleicht sollte sie mal Tacheles mit ihm reden?

Aber dann entschied sie sich dagegen. Frank war gerade dreiundzwanzig geworden, war es da so schlimm, ein bisschen zu kiffen und seine Freiheit zu genießen? Es sah nicht so aus, als würde er einer von den Hippies werden, die freiwillig auf der Straße lebten und vierundzwanzig Stunden am Tag bekifft waren. Er wirkte zwar auf den ersten Blick so, aber Rita kannte ihren alten Freund. Im Gegensatz zu Utas Eltern waren Franks einfache Malocher, die in Wesseling in der Industrie schufteten. Seitdem sie mit Frank befreundet war, also seit mindestens zehn Jahren, wollte er aus diesem einfachen Leben ausbrechen. Die Drogen waren Ausdruck dieses Wunsches, aber Rita war davon überzeugt, dass ihm das irgendwann nicht mehr reichen würde. Frank wollte Geld verdienen, um ein besseres Leben führen zu können als seine Eltern. Sie glaubte ganz fest daran, dass ihm das eines Tages auch gelingen würde.

*

Als Katharina am nächsten Tag allein in ihrem Büro saß, war jegliche Euphorie, die sie am Vortag noch gespürt hatte, verflogen. So ganz leer wirkten die Räume fast zu groß, und in der Stille merkte sie erst, wie angenehm die Geräusche von Schreibmaschinen und klingelnden Telefonen wie bei ihrem alten Arbeitgeber waren. Jedenfalls angenehmer als die Stille, die sie hier umgab.

Seufzend versuchte sie, sich auf die Arbeit zu konzentrieren, und ging die Post durch. Im Fall Rita Maiburg hatte sie die Lufthansa angeschrieben, um ein letztes Mal zu versuchen, die Forderung ihrer Mandantin außergerichtlich durchzusetzen. Jetzt hielt sie das Antwortschreiben mit dem Kranich auf dem Umschlag in den Händen, das sich wie eine Kopie der Absage an die junge Frau las. Sie griff zum Telefonhörer und wählte die Nummer der Familie Maiburg. Kurz darauf hatte sie ihre Mandantin am Apparat.

»Im Prinzip gibt es keine Reaktion auf unsere Klagedrohung«, erklärte sie ihr. »Die Lufthansa weist einfach nur lapidar darauf hin, dass sie Frauen grundsätzlich nicht als Piloten einstellt.«

»Damit hatte ich gerechnet.«

»Ja, es kommt nicht überraschend. Bleibt es dabei, dass ich die weiteren Schritte jetzt einleiten soll?«

»Unbedingt. Reichen Sie Klage ein.«

Auch wenn Rita Maiburgs Entschlossenheit sie nicht mehr überraschte, so beeindruckte sie sie aber immer noch. Katharina dachte nach. Sie musste sich eine gute Strategie überlegen. Es war nicht unwahrscheinlich, dass die Klage abgelehnt werden würde. Im Prinzip sah sie nur eine Chance, damit durchzukommen: Die Bundesrepublik Deutschland war die Hauptanteilseignerin der Lufthansa. Laut Grundgesetz Artikel 3 waren Männer und Frauen gleichberechtigt. Aber in diesem Fall schloss die BRD Frauen offensiv von einem Berufszweig aus. Das verstieß gegen das

Grundgesetz. Und genau hier musste sie ansetzen. Außerdem wollte sie sich noch um die Buchhaltung kümmern und die anderen Mandanten anschreiben, die sie von ihrem alten Arbeitgeber mitgenommen hatte. Sie hatte noch viel zu tun.

Pünktlich um 19 Uhr holte Theo Langscheid sie in der Kanzlei ab. Zu Fuß legten sie die kurze Strecke zum Restaurant zurück, das sich in einer Nebenstraße vom Neumarkt befand. Wenn man die Türschwelle überschritten hatte, glaubte man sich fast in Italien. Der Raum war mit römisch anmutenden Säulen ausgestattet worden, und auf den viereckigen Holztischen lagen rotweiß karierte Decken. In der Mitte stand eine bauchige Weinflasche, die mit Bast umwickelt war und in der eine tropfende Kerze steckte.

Mit rollendem R wurden sie als Signora und Signore Langscheid begrüßt, was Katharina ein wenig in Verlegenheit brachte.

Sie fragte sich, ob es in Italien in einem Restaurant tatsächlich genauso aussah wie hier oder ob die Gastwirte nicht viel mehr die deutsche Vorstellung von Italien bedienten. Im Hintergrund sang Caterina Valente »Komm ein bisschen mit nach Italien«, und sie war sich sicher, dass das in Italien bestimmt nicht lief.

Der Kellner nahm ihr den Mantel ab, und Theo schob ihr den Stuhl zurecht, bevor er sich ebenfalls an den Tisch setzte. Wie zufällig berührte er dabei ihre Schulter.

»Ich freue mich, dass es heute geklappt hat«, sagte er. Sie mochte sein Lächeln. Es lag nicht nur auf seinen Lippen, sondern er lächelte auch mit den Augen, und das gefiel ihr.

»Ich mich auch. Und ich habe einen Bärenhunger«, antwortete Katharina. Sie musste daran denken, wie ihre Mutter früher gesagt hatte, dass eine Dame bei einer Einladung zum Abendessen immer nur wie ein Spatz essen solle. Alles andere sei für Männer

abschreckend. Sie hatte dies schon immer als altmodisch empfunden, außerdem hatte sie den ganzen Tag noch nichts gegessen.
»Vielleicht nehme ich eine Pizza.«

»Die soll hier sehr gut sein. Direkt aus dem Steinofen.«

Der Kellner kam und fragte, ob sie einen Martini auf Eis vorweg wollten, und empfahl ihnen einen schönen Chianti zum Essen. Zu beidem sagten sie nicht nein. Katharina bestellte sich eine
Pizza Margherita und Theo eine mit Thunfisch.

»Der Mieter, um den es geht, wohnt übrigens direkt bei Ihrer
Kanzlei um die Ecke«, sagte Theo und nannte ihr die Adresse.

Katharina hatte eine Ahnung, um wen es sich handeln könnte.
»In dem Haus mit dem gelben Anstrich?« Theo nickte. »Ich glaube, dann habe ich ihn schon mal gesehen. Ich bin neulich versehentlich fast in jemanden reingelaufen, als er etwas über den Bürgersteig schleppte. Ein komischer Kauz. Er macht wirklich keinen
sympathischen Eindruck.«

»Sympathie wäre mir ja noch egal, wenn er sich benehmen und
seine Miete zahlen würde.«

»Ich werde ein Kündigungsschreiben aufsetzen und es ihm in
den Briefkasten werfen, dann kann er nicht behaupten, er hätte
nichts bekommen, und das Schreiben wäre womöglich auf der
Post verloren gegangen. Oder ich übergebe es ihm direkt persönlich, das ist vielleicht am sichersten«, sagte Katharina.

»Ich vertraue Ihnen da voll und ganz«, entgegnete Theo Langscheid. Seine Stimme klang plötzlich ganz weich. Der Kellner
brachte den Martini, und sie stießen an.

Theo Langscheid nahm seine Zigaretten aus der Innentasche
seines Jacketts, bot ihr eine an und steckte sich dann selbst eine
in den Mund.

»Es stört Sie doch nicht?«, fragte er, nachdem sie die Zigarette
abgelehnt hatte.

Katharina schüttelte mit dem Kopf. »Ich rauche selbst manchmal.«

»Es ist gut, wenn Sie es nur gelegentlich machen. Besonders gesund ist es ja wahrscheinlich doch nicht.« Er nahm einen tiefen Zug. »Wollen wir uns nicht duzen?«

»Sehr gern. Ich bin Katharina«, sagte sie und hielt ihm ihr Glas entgegen.

»Ich weiß. Ich bin Theo.«

»Ich weiß.«

Lächelnd stießen sie erneut an.

»Was machen Sie, Entschuldigung, was machst du eigentlich beruflich?«, fragte Katharina und wunderte sich, dass sie das noch nicht wusste.

»Ich bin Ingenieur bei Ford«, antwortete Theo. »Im Prinzip sitze ich den ganzen Tag am Schreibtisch und überlege mir, wie ein schönes Auto aussehen könnte.« Er grinste. »Nein, das stimmt natürlich nicht. Im Moment haben wir alle Hände voll zu tun. Ich sag nur: Gurte!« Er verdrehte die Augen.

»Anschnallgurte?«, fragte Katharina, die selbst nicht Auto fuhr. Weder im Wagen ihres Vaters noch in dem ihres Bruders oder ihrer Schwäger hatte sie jemals einen Gurt gesehen. »Also, ich weiß natürlich, dass man sich in manchen Autos anschnallen kann, aber das ist doch nicht die Norm.«

»Nein, ist es auch nicht. Aber seit einer Weile müssen alle Neuwagen Anschnallgurte eingebaut haben«, erklärte Theo. »Das ist gar nicht so einfach zu konzipieren. Ich sage dir, eines Tages wird die Gurtpflicht kommen.«

»Ist das nicht total unangenehm? Wenn man so einen Gurt um den Oberkörper hat?«

»Viele klagen darüber, dass sie dadurch ein Engegefühl verspüren, manche haben sogar Probleme beim Atmen.«

»Bringen die Dinger denn wirklich was?«

»Ja, schon. Bei einem Unfall sind die nicht schlecht. Fliegen die Leute nicht mehr durch die Windschutzscheibe. Allerdings meinte meine Mutter neulich, dass so ein Anschnallgurt ihre Bluse verknittert und sie ihn deshalb nicht anlegt. Ich könnte mir vorstellen, dass viele so denken.«

»Kein Wunder. Mir kommt das auch wie ein Eingriff in die persönliche Freiheit vor.«

»Da spricht die Juristin aus dir!«, meinte er lachend. Dann wurde er wieder ernst. »Ich glaube aber, manchmal braucht es diese Eingriffe. Überleg mal, als vor zwei Jahren die 0,8-Promille-Grenze eingeführt wurde. Das war schon ein wichtiger Schritt, vorher sind die Leute doch sternhagelvoll Auto gefahren. Ich möchte nicht wissen, wie viele Unfälle von Besoffenen verursacht wurden.«

»Da hast du allerdings recht.« Vor der Einführung der Promillegrenze hatte es jedes Jahr fast 20 000 Verkehrstote in der BRD gegeben.

»So viel weniger sind es jetzt allerdings auch nicht«, meinte Theo, nachdem sie darauf hingewiesen hatte. »Jetzt liegen wir, glaube ich, bei fünfzehn-, sechzehntausend. Aber immerhin.«

»Dass so viele totgefahren werden, scheint die Leute nicht sonderlich zu interessieren«, sagte Katharina. »Schon erstaunlich.«

Der Kellner brachte die Pizza, die so groß war, dass sie über den Tellerrand hinausragte.

»Tja, der Deutsche und sein Auto«, sagte Theo. »Bei dem Thema lässt er sich nicht gern reinreden. Aber nun genug von meiner Arbeit. Erzähl mal von dir! Warum hast du dich ausgerechnet für Jura entschieden?«

»Wieso ausgerechnet?«, fragte Katharina und nahm einen Schluck von ihrem Chianti.

»Ich stelle mir das ziemlich trocken vor. Muss man da nicht dauernd in irgendwelchen Akten wühlen?«

Sie lachte. »Na ja, schon, aber hinter den Akten stehen ja Menschen und ihre Schicksale. Das kann ganz schön spannend sein.«

»Warum bist du nicht Strafverteidigerin geworden? Das stelle ich mir richtig spannend vor.«

Katharina schmunzelte. Die meisten Nichtjuristen glaubten, dass Strafverteidiger den ganzen Tag mit aufregenden Kriminalfällen zu tun hatten. Das war ein ähnlicher Irrglaube wie der, dass Kommissare und Polizisten ein Leben führten wie Erik Ode in *Der Kommissar.* Natürlich gab es auch im richtigen Leben den spannenden Mordfall in Millionärskreisen, aber wesentlich häufiger war doch die Körperverletzung, die ein Lude dem anderen zugefügt hatte, oder der profane Raubüberfall, der nicht besonders clever inszeniert war. Die Täter stammten meist aus einem schmuddeligen Milieu, das ihr Unbehagen bereitete. Sie musste sich eingestehen, dass sie als Tochter aus gutem Hause sehr behütet aufgewachsen war und nie viel Kontakt zu anderen sozialen Schichten gehabt hatte, und für einen Moment fragte sie sich, ob sie vielleicht dünkelhaft war. Ganz ausschließen konnte sie das nicht. In den Räumen einer Kanzlei und vor Gericht fühlte sie sich wohl, aber der Gedanke, am nächsten Tag an der Wohnungstür von Theos schwierigem Mieter klingeln zu müssen, erfüllte sie nicht mit Begeisterung, auch wenn sie das selbst vorgeschlagen hatte. Dabei empfand sie Dünkel als ausgesprochen widerliche Charaktereigenschaft und war davon überzeugt, dass die Mauern zwischen den sozialen Schichten in der BRD mindestens genauso hoch waren wie die zur Ostzone. In ihrem Studium hatten sich jedenfalls nur Söhne aus wohlhabenden Familien wiedergefunden; ihr war niemand bekannt, dessen Vater einfacher Malocher war oder dessen Mutter gar arbeiten musste. Die einzige Möglichkeit, die eigene soziale Klasse zu verlassen und in eine höhere aufzusteigen, schien immer noch die zu sein, die auch Elkes Mutter für ihre Tochter vorgesehen hatte. Die Krankenschwester heiratete den Chefarzt und die Sekretärin den Unternehmer. Für Frauen konnte das funktionieren, für Männer nicht. Ihnen blieb nur die Möglichkeit, sich selbst hochzuarbeiten.

»Jetzt reden wir die ganze Zeit nur über unsere Arbeit«, sagte Theo und griff unwillkürlich nach ihrer Hand. »Und ich weiß noch gar nichts Persönliches von dir …«

»Mein Beruf ist doch etwas Persönliches«, sagte Katharina. »Was willst du noch wissen?«

Er zog ihre Hand zu sich und hielt sie ganz fest. »Ich nehme an, zu Hause warten nicht Mann und fünf Kinder auf dich?«

Sie verdrehte die Augen. »Fünf! Himmel, nein! Drei reichen mir!«

Theo blickte erschrocken auf, woraufhin Katharina laut schallend lachte. »Das war ein Witz!«

Sichtlich erleichtert stimmte Theo in ihr Lachen ein.

Zum Nachtisch bestellten sie sich noch ein Tiramisu, das köstlich war, und Katharina war rundum satt und zufrieden, als sie das Restaurant verließen. *So viel zu Mamas Tipp, wie ein Spatz zu essen,* dachte sie.

Theo brachte sie in seinem Ford Taunus noch bis nach Sülz, wo Katharinas WG war. Mit laufendem Motor hielt er vor dem Haus in der Hermeskeiler Straße. Die ganze Fahrt über hatte sie überlegt, ihn zu fragen, ob er noch auf einen Kaffee mit nach oben kommen wolle. Aber jetzt erschien ihr der laufende Motor wie ein Zeichen, dass er sie wirklich nur hier absetzen wollte.

»Musst du morgen früh raus?«, fragte sie.

Er nickte. »Um sechs Uhr klingelt der Wecker.«

»Hast du es weit bis nach Niehl?« Die Ford-Werke im Kölner

Norden zu erreichen, konnte je nach Wohnort eine Herausforderung im Berufsverkehr darstellen.

»Ich wohne in der Nähe der Flora«, sagte Theo, »insofern geht's.« Für einen Augenblick sah er sie schweigend an. »Das war ein sehr schöner Abend.«

»Das fand ich auch.«

»Ich würde ihn gerne wiederholen.«

»Das würde mich freuen. Hast du am Wochenende schon was vor?« An einem Samstagabend hätten sie mehr Zeit, dachte Katharina, und müssten den Abend nicht so früh beenden.

»Das schaffe ich leider nicht. Wie wäre es am Montag? Selbe Uhrzeit?«

Katharina stimmte zu, obwohl sie es eigentlich nicht mochte, montagabends auszugehen. Gewöhnlich war sie dann besonders müde.

Theo beugte sich zu ihr und küsste sie sanft. »Bis Montag«, sagte er leise.

Ingrid und Elke saßen noch in der Küche und rauchten. Die Neugierde stand ihnen förmlich ins Gesicht geschrieben, als Katharina hereinkam.

»Ich dachte, du bleibst über Nacht weg«, meinte Ingrid fröhlich.

»Doch nicht beim ersten Treffen!« Elke gab sich gespielt entrüstet. »Wie war's? Erzähl!«

»Es gibt nicht viel zu erzählen«, sagte Katharina und öffnete den Kühlschrank. Sie warf einen Blick in die einzelnen Fächer, als wäre sie auf der Suche nach etwas Essbarem. »Ist ja schon wieder fast alles weg.«

»Lenk nicht ab. Habt ihr geknutscht?«, fragte Ingrid.

»Wir haben uns sehr nett unterhalten.«

»Worüber? Wie ihr euch eure Zukunft vorstellt?«, fragte Elke augenzwinkernd.

»Über die Gurtpflicht, meine Arbeit als Rechtsanwältin … so was halt.«

Die beiden seufzten und guckten einigermaßen bestürzt.

»Wie romantisch ist das denn?«, konstatierte Ingrid.

»Es war wirklich interessant!«

»Kann schon sein. Wenn ich mit dem Pfarrer aus unserem Eifeldorf spreche, ist das auch interessant.« Elke drückte die Zigarette im übervollen Aschenbecher aus.

»Vielleicht will er nichts von dir?«, fragte Ingrid besorgt.

»Wir haben uns für nächsten Montag verabredet«, entgegnete Katharina genervt.

»Ein Date an einem Montagabend.« Elke stöhnte. »Das wird ja immer besser.«

»Ihr seid wirklich alberne Hühner.« Katharina gähnte. »Ich gehe jetzt ins Bett.«

»Und zwar alleine …«

Katharina verdrehte die Augen, während die anderen beiden lachten.

Als sie im Schlafzimmer vor ihrem Kleiderschrank stand und ein frisches Nachthemd heraussuchte, dachte sie nach. Ja, sie hatten sich interessant unterhalten, das stand außer Frage. Und geflirtet hatten sie auch, aber das musste sie ihren Freundinnen ja nicht sofort auf die Nase binden. Gut, am Wochenende, wenn sie länger ausgehen und vielleicht auch irgendwo tanzen könnten, hatte er keine Zeit. Na und? Sie spürte genau, dass da mehr zwischen ihnen war, die anderen konnten noch so viel reden.

Ihr Blick fiel auf das alte Abschlussballkleid, das im Schrank hing und in dem sie zum ersten Mal einen Jungen geküsst hatte. Sie war so schön gewesen, diese laue Sommernacht, in der sie mit

Lothar den Ball verlassen hatte und Richtung Rhein gelaufen war. Dort hatten sie auf einem Stein gesessen und sich geschworen, für immer und ewig zusammenzubleiben, während sie sich zwischendurch immer wieder leidenschaftlich geküsst hatten.

Was wohl aus Lothar geworden war? Sie wusste es nicht, und es tat ihr leid, dass sie keinen Kontakt mehr zu ihm hatte.

Unter dem Kleid stand die alte Fotokiste, die sie vor ein paar Monaten aus ihrem Elternhaus mitgenommen und inzwischen längst wieder vergessen hatte. Katharina kniete sich auf den Boden und wühlte in den alten Fotos in der Hoffnung, dort ein Bild von ihrem Ballpartner zu finden. Kurz darauf hielt sie tatsächlich das alte Foto von ihrem Abschlussball in der Hand. Sie hatte sich bei einem jungen Mann mit schwarz glänzender Tolle untergehakt, der sie verliebt von der Seite anschaute. Sie erinnerte sich noch genau an den Kuss und wie sie danach noch die ganze Nacht mit Lothar getanzt hatte. Wie unbeschwert sie damals doch gewesen war.

Sie nahm ein weiteres Foto aus der Kiste, das Elke mit ihrem Tanzpartner zeigte. Katharina konnte sich beim besten Willen nicht an seinen Namen erinnern und nahm sich vor, Elke bei nächster Gelegenheit das Bild zu zeigen und sie nach dem Mann zu fragen.

Dann packte sie die Kiste wieder zurück in den Schrank und ging zu Bett.

Als sie das Licht ausschaltete, spürte Katharina, wie Unsicherheit in ihr aufstieg. Damals beim Abschlussball hatte sie sich nicht vorstellen können, jemals einen anderen Mann zu küssen als diesen. Und heute? Sie hatte sich sehr lange von Männern ferngehalten. Warum eigentlich? Nur weil Thomas ihr damals an der Uni das Herz gebrochen hatte? Neben ihr hatte er noch eine andere Freundin gehabt, und beide Frauen hatten nicht geahnt, dass er zweigleisig fuhr. Aber das lag nun auch schon Jahre zurück, und sie hatte schon lange keinen Gedanken mehr daran verschwendet. Damals ging es eben manchmal hoch her, und Treue war etwas, das man dem verspießten Bürgertum überlassen wollte. Und obwohl das nie ihre Meinung gewesen war und sie durch Thomas' Doppelleben zutiefst verletzt wurde, hatte sie eigentlich gedacht, mit dieser Geschichte längst ihren Frieden geschlossen zu haben. Aber danach hatte sie sich nie wieder richtig verliebt, bei jedem Mann hatte sie etwas gefunden, das ihr missfiel und das ihr einen Grund gab, sich nicht weiter auf ihn einzulassen. Ob sich das jetzt mit Theo ändern würde?

Vielleicht, dachte Katharina und zog sich die dicke Daunendecke hoch bis zum Hals, als wäre sie ein Schutzschild.

*

Rita zog ihren Frottee-Schlafanzug an, den sie schon seit Jahren besaß und immer noch urgemütlich fand. Es war spät geworden, später, als sie es eigentlich vorgehabt hatte.

Frank hatte ihr den Wagen seines Vaters überlassen. Der brauchte ihn am nächsten Tag, und da Frank unbedingt noch bei seinem Dealer vorbeigehen wollte und nicht glaubte, danach noch fahren zu können, hatte Rita den Wagen zu seinen Eltern gebracht.

Es war ein bescheidenes Reihenhäuschen, das schon lange ein neues Dach gebrauchen konnte, und auch die Fassade war nicht mehr in allerbester Verfassung. Der graue Putz bröckelte an einigen Stellen ab, an anderen war grünlicher Moosbewuchs zu sehen. Franks Mutter hatte ihr in einer Kittelschürze die Tür geöffnet. Ihr fülliger Körper passte nur noch knapp in den engen Kittel, der vorn an der Knopfleiste gefährlich spannte. Um ihren Kopf hatte sie ein Tuch gewickelt, damit ihr die grauen Haare nicht ins Gesicht fielen. Trotz der späten Stunde war sie noch mit der Hausarbeit beschäftigt. Müde legte sie ihren Putzlappen zur Seite.

Rita kannte Frau Barlage schon seit Jahren. Sie mochte die Frau, die von der harten Arbeit gezeichnet war und die ihr früher jeden Morgen ein Stück Apfel in die Hand gedrückt hatte, wenn sie Frank zur Schule abholte. »Der Junge lässt alles Gesunde links liegen. Iss du es wenigstens, Rita. Ist gut für dich«, hatte sie immer gesagt und ihr dabei über den Kopf gestrichen.

Seine Vorliebe für ungesunde Dinge hatte Frank bis heute nicht abgelegt, und es wunderte Rita nicht, dass seine Eltern Angst um ihn hatten.

»Ach Kind. Wir machen uns Sorgen um unseren Frank. Was soll nur aus ihm werden?«, sagte Frau Barlage, nachdem Rita ihr den Autoschlüssel gegeben hatte.

»Er will nur bei einem Freund in Köln übernachten«, log Rita und hoffte, Franks Mutter dadurch etwas beruhigen zu können. Aber Frau Barlages Miene zeigte deutlich, dass ihr das nicht gelang.

»Das alleine ist es doch nicht, das weißt du«, sagte sie mit zittriger Stimme. »Seit bald zwei Jahren macht der Junge nichts Vernünftiges mehr. Er hängt nur noch rum und trifft sich mit irgendwelchen seltsamen Freunden, die wir nicht kennen.«

»Ich treffe ihn auch manchmal«, sagte Rita lächelnd, doch auch das konnte Frau Barlage nicht aufheitern.

»Ich weiß, aber du machst wenigstens etwas Vernünftiges«, entgegnete sie. »Frank tut ja den lieben langen Tag absolut nichts. Und seit dieser Reise nach Afghanistan letztes Jahr ist es noch schlimmer geworden.«

»Jeder braucht ein bisschen Zeit, um zu überlegen, was er in seinem Leben machen will.«

»Und wenn er das nie herausfindet?« Frau Barlages Stimme wurde lauter. »Wenn er einer von diesen Gammlern wird?«

Rita fand den Ausdruck merkwürdig, obwohl er häufig in der Presse zu lesen war. Ihr kam es so vor, als wollte man den deutschen Hippies damit einen eigenen Namen zuschreiben, der sie automatisch herabwürdigte.

»So einer ist er doch nicht, ganz bestimmt nicht, Frau Barlage. Dafür ist Frank viel zu schlau und auch zu ehrgeizig.«

Franks Mutter sah sie ungläubig an. »Ehrgeizig? Unser Frank? Wenn er zu Hause ist, liegt er auf seinem Bett und raucht. Und Zigaretten sind das nicht, das weiß ich wohl.«

»Ich bin mir sicher, dass das nur eine Phase ist«, hatte Rita versucht, sie weiter zu beruhigen, und ihr erzählt, dass sie Frank ins Gewissen geredet und er ihr versprochen habe, sich bald um einen Ausbildungsplatz zu kümmern. Im Prinzip war das nicht gelogen, auch wenn das Gespräch nun schon einige Monate zurücklag.

»Was soll ich nur machen, Rita?«, hatte Frau Barlage zum Abschied verzweifelt gesagt und sich dann selbst die Antwort gegeben. »Ich kann nichts machen.«

Die Worte von Franks Mutter waren ihr nicht aus dem Kopf gegangen, als sie die wenigen Meter zu ihrem Elternhaus zurückgelaufen war. Frau Barlage hatte ihr leidgetan.

Rita legte sich ins Bett und griff nach dem Krimi, der auf ihrem Nachttisch lag. *Die Antwort kennt nur der Wind* von Johannes Mario Simmel. Obwohl sie das Buch eigentlich sehr spannend fand, konnte sie sich auf die Geschichte nicht konzentrieren.

Frank ging ihr nicht aus dem Kopf. Sie konnte verstehen, dass seine Eltern sich Sorgen machten. Aber ein obdachloser Gammler würde er nie werden. Abgesehen davon, dass sie ihn dazu für viel zu klug hielt, würden seine Eltern immer ein Bett für ihren einzigen Sohn haben, davon war sie überzeugt. Rita trieb etwas ganz anderes um.

»Der kriegt den Stoff aus Afghanistan für ein paar Mark und verkauft das hier für ein Vielfaches!«, hatte ihr Frank begeistert erzählt, als sie sich ins Auto setzte, um mit dem Wagen von Köln aus zurückzufahren. »Unser Bulli ist an keiner Grenze kontrolliert worden. Wir hätten das Zeug kiloweise ins Land bringen können, ohne dass es jemand bemerkt hätte!«

»Ja und?«, hatte Rita gesagt und dabei möglichst gleichgültig getan. Auf keinen Fall hatte sie seine Euphorie unterstützen wollen.

»Damit kann man richtig viel Geld machen, Rita. Aber so richtig!«

»Du weißt schon, dass das verboten ist, ja? Dafür geht man in den Knast, Frank, ist dir das klar?«

»Dazu müssen sie einen erst mal erwischen«, hatte er gesagt und ihr gut gelaunt einen Kuss auf die Wange gedrückt. Dann war er um die nächste Straßenecke verschwunden, und Rita hatte seufzend den Wagen gestartet.

Sie legte ihr Buch zur Seite und starrte an die Decke. Er würde doch hoffentlich der Versuchung widerstehen können, eine Karriere als Drogendealer einzuschlagen. Wenn er erst mal in die kriminelle Szene abrutschte und sich an das Geld gewöhnte, würde es noch schwieriger werden, ihn von einem bürgerlichen Leben zu überzeugen.

Rita machte das Licht aus und versuchte sich einzureden, dass das vermutlich sowieso nicht so einfach war, wie Frank sich das vorstellte. Als Drogendealer konnte man schlecht sein eigener bester Kunde sein. Sie konnte sich jedenfalls nicht vorstellen, dass Franks Dealer den ganzen Tag bekifft durch die Gegend lief. So einer blieb nüchtern, um einen klaren Kopf zu behalten und nicht erwischt zu werden. Wahrscheinlich würde Frank es gar nicht hinkriegen, ein Drogengeschäft abzuwickeln, redete Rita sich ein.

Sie kuschelte sich in ihre frisch bezogene Daunendecke, die

nach Semil roch, womit ihre Mutter die Wäsche seit ihrer Kindheit wusch. Der Duft bedeutete Vertrautheit und Geborgenheit, und sie spürte, wie sie langsam müde wurde und ihre Gedanken nicht mehr permanent um Frank kreisten.

Doch obwohl sie bald in den Schlaf fiel, blieb doch ein ungutes Gefühl zurück.

*

Nachdem Katharina den ganzen Vormittag mit der Vorbereitung von Rita Maiburgs Klage beschäftigt gewesen war, hatte sie ein unangenehmes Telefonat mit einem Herrn aus der Rechtsabteilung der Lufthansa geführt. Sie hatte ihm erklärt, dass sie im Namen ihrer Mandantin nun Klage einreichen würde, woraufhin der Mann in schallendes Gelächter ausgebrochen war und betont hatte, wie lächerlich ihr Anliegen doch sei. Aber so ein Verhalten konnte Katharina nicht einschüchtern. Im Gegenteil. Es war eher ein Ansporn, noch intensiver weiterzuarbeiten.

Jetzt machte sie sich auf den Weg zu der Adresse von Sven Renner, Theos problematischem Mieter. Sie schlüpfte durch die Tür des Mehrfamilienhauses, als ein anderer Bewohner das Haus verließ, und konnte so direkt an seiner Etagentür klingeln. Ihr war ein bisschen mulmig zumute, das erste Aufeinandertreffen mit dem Mann hatte sie nicht vergessen. Es dauerte einen Moment, bis sich die Tür öffnete und ein ungewaschener und verschlafener Kerl vor ihr stand.

»Sven Renner?«, fragte Katharina.

»Wer will das wissen?« Das Misstrauen stand ihm auf der Stirn geschrieben. Er gähnte.

»Mein Name ist Katharina Berner, ich bin Rechtsanwältin und arbeite im Auftrag Ihres Vermieters Theo Langscheid.« Sie reichte ihm das Schreiben. »Das ist Ihre Wohnungskündigung. Sie liegen mit zwei Monatsmieten im Rückstand. Außerdem gibt es zahlreiche Beschwerden über Sie.«

Der Mann kratzte sich am Kopf und betrachtete desinteressiert den Umschlag.

»Ich kann Ihnen das Geld sofort in bar geben.«

Ein strenger Geruch ging von ihm aus, sodass Katharina unwillkürlich einen Schritt zurückwich.

»Dafür ist es zu spät. Herr Langscheid möchte das Mietverhältnis beenden. In meiner Funktion als Rechtsanwältin vertrete ich seine Interessen in dieser Sache.«

Renner griff in die Jackentasche und holte ein Bündel Markscheine hervor. »Hier, das müsste reichen.«

Katharina machte keine Anstalten, das Geld anzunehmen.

»Wie gesagt, dafür ist es jetzt zu spät. In dem Schreiben finden Sie alles zur Kündigungsfrist und den dazugehörigen Modalitäten. Bei der Schlüsselübergabe möchte ich eine Wohnungsbegehung machen, um eventuelle Mängel festhalten zu können«, sagte Katharina und warf einen Blick durch die offene Tür in die Wohnung. Alles, was sie sah, wirkte düster. Kein Wunder, die Rollläden waren heruntergezogen, obwohl es noch Nachmittag war. In der Wohnung schien in erster Linie Chaos zu herrschen. Zahlreiche Taschen lagen im Flur, so als wollte er verreisen. Die Luft, die ihr entgegenschlug, roch muffig und nach Müll.

»Fünfhundert Mark? Reicht das etwa nicht?«, fragte er und wedelte mit den Geldscheinen vor ihrem Gesicht.

»Es geht nicht nur um die Miete«, entgegnete Katharina. »Es liegen zahlreiche Beschwerden über Sie vor. Außerdem möchte Herr Langscheid eine totale Verwohnung der Räume vermeiden.«

Spöttisch lachte der Mann auf. »Was für ein Blödsinn. Meine

Wohnung ist nicht mehr verwohnt als die von anderen Leuten. Und die Beschwerden sind doch nichts als dummes Gerede.«

Sie zog skeptisch eine Augenbraue hoch, woraufhin der Mann die Tür so weit zuzog, dass sie kaum noch in die Wohnung blicken konnte.

»Wie auch immer. Jedenfalls ist Ihnen hiermit ordnungsgemäß und fristgerecht gekündigt worden«, sagte Katharina. »Lesen Sie sich das Schreiben in Ruhe durch. Unten finden Sie die Nummer der Kanzlei. Rufen Sie mich an, damit wir einen Termin für die Wohnungsübergabe ausmachen können.«

»Ich geben Ihnen fünfhundert für die Wohnung und hundert extra für Sie, damit Sie bei Langscheid ein gutes Wort für mich einlegen. Abgemacht?« Er hielt ihr seine Hand hin, und ihr Blick fiel auf die vom Nikotin gelb verfärbten Finger.

»Ich lasse mich nicht bestechen«, entgegnete Katharina, wünschte dem Mann noch einen guten Tag und verließ das Haus.

An der frischen Luft musste sie erst mal tief durchatmen. Sie war froh, dass sie die Sache hinter sich gebracht hatte und alles einigermaßen gelaufen war. Jetzt musste sie sich beeilen. Theo wollte gleich vorbeikommen, und sie war sich nicht sicher, ob sie mit ihm ausgehen oder in der WG bleiben sollte. Auf jeden Fall wollte sie vorher noch duschen.

Als sie sich gerade im Bad abtrocknete, hörte sie Theos Stimme aus der Küche. Katharina merkte, wie sie hektisch wurde. So hatte sie ihm eigentlich nicht unter die Augen treten wollen. Ob sie es bis in ihr Zimmer schaffen würde, ohne dass er sie bemerkte?

»Katharina?«, hörte sie Ingrid rufen, als sie vorsichtig die knarrenden Dielen im Flur betrat. »Du hast Besuch!«

»Einen Moment bitte!«, rief Katharina und eilte in ihr Zimmer, während Ingrid weiter munter auf Theo einredete.

So schnell hatte Katharina sich noch nie angezogen und geschminkt, keine zehn Minuten später stand sie in der Küche. Auf dem Tisch standen Wein und Essiggurken, und Ingrid war gerade dabei, die Gläser wieder aufzufüllen.

»Da bist du ja!«, sagte ihre Freundin fröhlich und stand auf. »Ich muss los, Kinder. Addi und Kurt warten auf mich. Elke hat Spätschicht, sie ist vor Mitternacht nicht wieder da. Ihr habt also sturmfreie Bude«, fügte sie mit einem Augenzwinkern hinzu und verabschiedete sich.

Katharina nahm sich ein Glas und schenkte sich etwas von dem Rotwein ein.

»Tut mir leid, wenn ich dich aus der Dusche gejagt habe«, meinte Theo.

»Kein Problem. Nach dem langen Tag wollte ich mich gern frisch machen.« Dann erzählte sie ihm von ihrer Begegnung mit Sven Renner.

»Danke, dass du das für mich gemacht hast«, sagte Theo und griff nach ihrer Hand. »Ich habe dir noch gar nicht richtig Hallo gesagt«, fügte er hinzu und zog sie zu sich. Zärtlich küsste er sie auf den Mund, und Katharina spürte, wie sie wieder von diesem Kribbeln erfasst wurde.

»Hallo«, sagte sie leise und erwiderte seinen Kuss.

»Deine Mitbewohnerin meinte, du hättest das größte Zimmer?«, fragte er leise und hörte nicht auf, sie zu küssen.

Sie sah ihn an und nickte. »Komm …«

Katharina zog ihn vom Küchenstuhl hoch und ließ ihn nicht mehr los, bis sie in ihrem Zimmer waren.

4

2. MÄRZ 1975

Eine ganze Weile schon war sie nicht mehr zum sonntäglichen Familienmittagessen nach Hause gefahren. Es wurde höchste Zeit, dass sie sich mal wieder bei ihren Eltern blicken ließ. Seit gut drei Monaten hatte sie nun ihre eigene Kanzlei und seitdem nur wenig mit ihnen gesprochen. Katharina musste zugeben, dass das eine mit dem anderen in Zusammenhang stand, denn sie wusste, dass ihr Vater sie sofort fragen würde, wie die Geschäfte liefen. Und wenn sie ehrlich war, liefen sie mittelmäßig. In erster Linie war sie mit dem Fall Rita Maiburg beschäftigt, was aber nicht bedeutete, dass sie nicht noch weitere Kapazitäten freigehabt hätte. Die Lufthansa hatte derart langsam auf all ihre Schreiben reagiert, dass sie eine ausgemachte Verzögerungstaktik dahinter vermutete. Seitdem sie die Klage beim Verwaltungsgericht in Köln eingereicht hatte, lief die Sache allerdings auch nicht schneller. Die Mühlen der Gerichte mahlten mindestens genauso langsam wie die der Lufthansa.

Jetzt fuhr sie mit dem Fahrrad nach Marienburg. Die Arbeit der letzten Wochen ging ihr durch den Kopf, und sie überlegte, wie viel sie ihren Eltern davon erzählen sollte. Die Kündigung von Sven Renners Wohnung war kein Mandat, das sie ihrem Vater gegenüber erwähnen wollte. Karl Berner würde sich nur darüber lustig machen. *Probleme mit solchen Hallodris hat man früher auf ganz andere Art geregelt,* würde er vermutlich sagen.

Renner hatte nicht auf das Schreiben reagiert und zum vorgeschlagenen Termin für die Wohnungsübergabe nicht die Tür geöffnet. Theo wollte in den nächsten Tagen nun selbst zu ihm gehen und hatte Katharina gebeten mitzukommen, damit er eine vertrauenswürdige Zeugin an der Seite hatte, falls Renner ihm dumm kommen sollte. Der Termin lag ihr etwas im Magen, sie mochte den Mann nicht, und die Aussicht, sich schon bald wieder mit ihm auseinanderzusetzen, missfiel ihr.

Katharina atmete tief durch und versuchte, auf andere Gedanken zu kommen. Im Grüngürtel war schon einiges los, die Menschen genossen das schöne Frühlingswetter, gingen spazieren oder ließen sich mit Decken auf den Wiesen nieder. Katharina musste nicht nur einmal einem Passanten ausweichen. *Ein paar Radwege mehr würden Köln gut stehen,* dachte sie. Die Zeiten, in denen die Fahrradwege nur deshalb gebaut wurden, um den Autos eine reibungslose Fahrt zu ermöglichen, waren definitiv vorbei. Der Verkehr auf der Militärringstraße, die parallel zum Grüngürtel verlief, hatte sich im Laufe der letzten Jahre so verstärkt, dass Radfahren mehr oder weniger lebensgefährlich geworden war. Dauernd passierten Unfälle. Katharina musste schmunzeln bei dem Gedanken, dass ausgerechnet die Kölner Verkehrssituation eins der ersten Gesprächsthemen war, die sie mit Theo diskutiert hatte.

Noch oft musste sie an den ersten Abend denken, an dem er sie zu Hause besucht hatte. Sie hatten es sich in ihrem Zimmer gemütlich gemacht, sich endlos lange geküsst, geredet und viel gelacht. Und natürlich hatten sie auch irgendwann miteinander geschlafen. In Elkes Augen zu früh.

»Nur weil heute niemand mehr als Jungfrau heiratet, heißt das noch lange nicht, dass es nicht etwas sehr Besonderes bleibt«, hatte sie am nächsten Morgen beim Frühstück zu ihr gesagt.

»Ich finde, damit mystifizierst du Sex nur«, hatte Ingrid entgegnet. »Zwei Menschen haben Spaß zusammen, das ist alles. Ob das immer etwas Besonderes sein muss, sei dahingestellt. Manchmal ist es das eben nicht.«

Aber für Katharina war es einfach der richtige Moment gewesen, und seitdem schlief sie regelmäßig mit Theo. Eine feste Beziehung führten sie irgendwie trotzdem nicht. Sie trafen sich immer nur zu zweit, meistens in der Kanzlei oder in ihrer WG, die Familie des anderen hatte noch keiner kennengelernt. Vielleicht war sie da auch zu spießig, aber Katharina hätte sich gefreut, Theos Eltern einmal zu treffen. Bisher hatte sich keine Gelegenheit ergeben, aber sie hatte den Eindruck, dass er so ein Treffen auch nicht unbedingt anstrebte.

Als sie die elterliche Villa in Marienburg endlich erreicht hatte, war sie ganz schön verschwitzt. Verärgert betrachtete sie die Schweißflecken auf ihrer Kleidung. Diese neuen Materialien, die man nicht mehr bügeln musste, verströmten auch viel schneller einen unangenehmen Geruch als Baumwollkleidung. Sie stellte ihr Fahrrad ab und zupfte ein wenig an ihrer orangefarbenen Bluse herum, um sie etwas durchzulüften, strich ihre Haare glatt und ging die Stufen zu ihrem Elternhaus hinauf.

Von Martha erfuhr sie, dass die Eltern noch nicht aus der Kirche zurückgekommen waren, aber jeden Moment erwartet wurden. Außer Erich hatte sich niemand von ihren Geschwistern eingefunden. Schon lange kam nicht mehr die gesamte Familie Berner am Sonntag zusammen, dafür waren ihre Schwestern zu sehr in die Aktivitäten ihrer eigenen Familien eingebunden. Am häufigsten war es noch Erich, der zum Mittagessen kam, meistens gab es mit Karl Berner etwas Berufliches zu besprechen.

Katharina begrüßte ihren Bruder und sah sich suchend um. »Bist du allein da?«

»Ja. Die Kinder sind in der Nachbarschaft eingeladen, und Barbara geht es nicht so gut.«

Katharina atmete tief durch. Es ging ihr auf die Nerven, wie bei Barbaras Gesundheitszustand um den heißen Brei herumgeredet wurde.

»Entschuldige bitte, wenn ich so direkt bin, aber dieses ewige Gerede, dass es ihr nicht so gut geht … Kann nicht einer mal klipp und klar sagen, was sie hat?«

»Wenn es so einfach wäre, Kati«, erwiderte ihr Bruder und wirkte dabei durchaus betroffen. »Gestern hat sie den ganzen Tag im abgedunkelten Zimmer gesessen und gehäkelt. Ohne ein Wort zu sagen. Und heute wollte sie im Bett bleiben, weil sie eine bleierne Müdigkeit verspüren würde. Ich habe keine Ahnung, was mit ihr los ist.«

Das wollte so gar nicht zu der Barbara passen, die Katharina kannte, die früher immer aktiv und zupackend gewesen war. Allein die Tatsache, dass sie einer so eintönigen Beschäftigung wie dem Häkeln nachging, sorgte bei ihr für Unverständnis. Katharina konnte sich kaum etwas Monotoneres vorstellen.

»Habt ihr mal mit einem Arzt darüber gesprochen?«

»Sie hat ja keine Schmerzen«, sagte Erich. »Was soll sie da bei einem Arzt? Ich habe es Konrad erzählt …«

»Konrad ist Orthopäde.«

»Ich weiß. Er meinte, dass Frauen in dem Alter manchmal etwas erschöpft sind. Vielleicht liegt es daran. Wobei ich wirklich nicht weiß, warum Barbara erschöpft sein sollte. Wir haben so viele Hilfen im Haus, im Prinzip muss sie nichts machen.«

»Vielleicht ist es gerade das«, überlegte Katharina laut. »Vielleicht braucht sie eine Herausforderung.«

Erich sah sie an, als würde sie in einer fremden Sprache mit ihm reden. Martha kam herein, ein silbernes Tablett in der Hand, auf dem zwei Gläser Sherry standen. Katharina und Erich nahmen sich jeweils eins und bedankten sich bei der Haushälterin.

»Ich denke, es ist herausfordernd genug, an meiner Seite das Unternehmen zu repräsentieren«, sagte Erich und nahm einen Schluck aus seinem Glas. »Wir haben zahlreiche Einladungen, Kati. Sie könnte jeden Samstagabend auf einer anderen Veranstaltung sein. Sie müsste nicht in ihrem Zimmer sitzen und häkeln.«

Katharina drehte das Glas in ihren Händen. »Vielleicht braucht sie etwas Sinnstiftendes?«

Wieder dieser erstaunte Blick, der nun auch leicht verärgert wirkte. »Sie ist Mutter von zwei Kindern …«, setzte ihr Bruder an.

»Die fast aus dem Haus sind!«

»… und sie ist meine Frau. Was gibt es Sinnstiftenderes als eine Familie?«

»Das wird deine Schwester nie verstehen!« Die polternde Stimme ihres Vaters unterbrach die Unterhaltung. Erschrocken drehte Katharina sich um. Sie hatte nicht gehört, wie ihre Eltern ins Haus gekommen waren, er im dunklen Anzug, sie in einem blauen Kleid, hochgeschlossen und die Knie bedeckend. *Kirchenfein,* ging es Katharina durch den Kopf, als sie ihre Mutter auf die Wange küsste und danach den Vater begrüßte.

»Wir haben dich ja ewig nicht mehr gesehen«, sagte er, und trotz seiner strengen Miene schien er sich zu freuen, dass sie da war.

»Es tut mir leid«, sagte Katharina. »Ich wollte euch schon längst besuchen. Aber ich hatte einfach zu viel zu tun.«

»Das freut mich natürlich, mein Kind. Arbeitest du immer noch an diesem Emanzenprozess?«

Katharina bemühte sich um einen neutralen Gesichtsausdruck. »Es ist noch kein Prozess, Papa. Ich habe gerade Klage eingereicht.«

Ihr Vater nickte nur, und die Mutter versuchte schnell, das Thema zu beenden, indem sie alle ins Esszimmer bat, in dem Martha schon die Suppe servierte. Auch Traute erkundigte sich nach Barbara. Im Gegensatz zu Katharina schien sie sich mit Erichs Antwort allerdings zufriedenzugeben.

»Der lange Winter schlägt vielen aufs Gemüt«, meinte sie.

Katharina blickte erstaunt auf. »Wir haben März, Mama. Und eindeutig Frühling.« Dann wandte sie sich wieder an ihren Bruder. »Kann es vielleicht sein, dass Barbara irgendetwas von früher belastet?«

»Wir haben alle unser Päckchen zu tragen«, warf Karl ein.

»Ja, ich weiß. Aber Barbara war bei Kriegsende siebzehn …«

»Was willst du damit sagen?« Ihr Bruder klang fast empört.

»Ich will damit gar nichts sagen. Ich meine ja nur, sie war kein kleines Kind mehr. Vielleicht hat sie ganz andere Dinge erlebt.«

Am Tisch herrschte Schweigen. Niemand schien bereit zu sein, Katharinas These weiterzuverfolgen.

»Sie ist mit ihrer Mutter aus dem zerstörten Dresden bis nach Köln geflüchtet. Zu Fuß. Jetzt mal ehrlich, es ist doch möglich, dass sie da Dinge erlebt hat, die sie jetzt …«

»Lass gut sein, Kind«, unterbrach die Mutter sie, die dankbar zu Martha blickte, als diese mit einer Karaffe Wasser hereinkam. Sie füllte die Gläser auf und schenkte jedem auch noch etwas Wein nach.

Katharina spürte, wie die Wut in ihr hochkochte. Wieder einmal wollte ihre Familie lieber schweigen.

»Aber Mama! Vielleicht würde es ihr guttun, wenn sie mal darüber sprechen könnte!«

Ihre Mutter sah sie tadelnd an, während der Vater und Erich nur auf ihre Teller starrten. »Was soll gut daran sein, über Dinge zu sprechen, die man einfach nur vergessen möchte? Bestimmt

hat Barbara schlimme Sachen gesehen, jeder, der Dresden überlebt hat, hat das. Aber ist es nicht eine Gnade, vergessen zu können?
Warum sollte es einem helfen, sich das Grauen wieder vor Augen
zu führen? Und jetzt lass gut sein. Dieses Thema verdirbt mir noch
die Sonntagslaune«, sagte sie.

Katharina wollte etwas erwidern, doch ihr Vater und Erich über-
nahmen einfach das Gespräch.

»Dieses Schreiben habe ich gestern bekommen«, sagte Erich
und reichte seinem Vater einen weißen Briefbogen.

»Was ist das?«

»Darin werden die Anrainer über die Güteklasse ihres Ab-
schnitts aufgeklärt.«

Karl setzte seine Brille auf und ließ den Blick über das Schreiben wandern.

»Güteklasse vier«, las er erstaunt vor, »sehr stark verschmutzte
Gewässerabschnitte mit weitgehend eingeschränkten Lebensbe-
dingungen durch sehr starke Verschmutzung mit organischen sau-
erstoffzehrenden Stoffen, oft durch toxische Einflüsse verstärkt.
Zeitweilig totaler Sauerstoffschwund und Trübung durch Abwas-
serschwebstoffe. Ausgedehnte Faulschlammablagerungen, Abwas-
serpilz kann den Gewässergrund völlig bedecken.« Kopfschüttelnd ließ er den Brief sinken und sah Erich ratlos an. »Ja und?
Die haben Probleme.«

»Eigentlich hätte es doch besser werden müssen, seitdem die
Abwässer der Großwäscherei nicht mehr in den Rhein geleitet
werden«, sagte Katharina. »Aber offenbar kommt immer noch genug Dreck hinein.«

Fische gab es in dem Fluss schon lange nicht mehr, und die
meisten hatten ihn als lebendes Gewässer längst abgeschrieben.

»Der Rhein wird von fast allen Industriebetrieben genutzt«,
sagte Karl. »Der Schaum auf dem Wasser kommt nicht nur von

Semil. Was glaubst du, was ein paar hundert Kilometer vorher in Ludwigshafen in den Fluss geleitet wird? Das nimmt doch sowieso jedem Fisch die Luft zum Atmen.«

»Die BASF hat jetzt die größte Kläranlage der Welt in Betrieb genommen«, warf Erich ein. »Wenn die ihre Abwässer nicht mehr in den Rhein leiten, werden wir Kleinen uns auch was überlegen müssen.«

Karl wischte sich den Mund mit der weißen Stoffserviette ab, auf die sein Monogramm gestickt war. »Jahrelang haben die den Rhein zum Schäumen gebracht, und jetzt stellen sie sich als die Saubermänner der Nation hin.« Er klingelte nach Martha, die kurz darauf hereinkam und die Teller abtrug.

»Aber es ist doch gut, dass sie ihre ganzen Chemikalien nicht mehr in den Fluss leiten!«, meinte Katharina, die die Starrköpfigkeit ihres Vaters zur Weißglut brachte. »Du hast doch selbst gesagt, dass ihr früher im Rhein baden konntet …«

»Das war immer schon gefährlich.«

»Ja, wegen der Strömung. Aber nicht, weil das Wasser so dreckig war!« Katharina schüttelte empört den Kopf. »Ihr als Anrainer seid genauso zum Gewässerschutz verpflichtet wie die BASF.«

Der Vater warf der Mutter einen Blick zu. »Da ist ja mal wieder jemand ganz schön auf Krawall gebürstet.«

Sie hasste es, wenn man über sie sprach, als wäre sie nicht im Raum. Ihre Mutter nickte nur und wandte sich dann mit freundlicher Miene an Katharina.

»Erzähl doch mal von deinen anderen Mandanten. Du hast doch noch andere außer dieser Pilotin?«

Katharina seufzte. Schon wieder wurde sie bei einer Diskussion ausgebremst, weil sie als Gesprächspartner nicht ernst genommen wurde. »Ja. Aber das würde euch nur langweilen. Außerdem würde ich gern noch was zum Gewässerschutz …«

»Erinnerst du dich noch an die blonde Semil-Schönheit, mit der wir letztes Jahr den Werbefilm gedreht haben?«, unterbrach Erich sie.

»Natürlich. Was ist mit ihr?«

»Sie ist von einem Hund gebissen worden. Der verdammte Köter hat ihr das halbe Bein zerfetzt. So was ist für ein Fotomodell natürlich eine mittlere Katastrophe.«

»Will sie auf Schadensersatz klagen?«

»Ganz genau. Vielleicht rufst du sie mal an?«

»Ja, das mach ich«, antwortete Katharina. Das waren genau die Fälle, die sie neben der Klage von Rita Maiburg brauchte.

Martha brachte den Braten und schnitt ihn am Tisch an. Bevor sie jedem von ihnen ein Stück auf den Teller legen konnte, signalisierte Karl ihr, dass sie das auch allein könnten und Martha doch lieber in Ruhe den Nachtisch vorbereiten solle.

»Es wäre vielleicht eh gut, wenn du dich mehr auf solche Fälle konzentrierst«, sagte er dann zu Katharina. »So etwas wie die Sache mit der Pilotin ist nicht gut für unsere Familie.«

»Ich weiß nicht, was du meinst.«

Karl Berner räusperte sich. »Du weißt, dass wir einen guten Kontakt zur *Quick* haben.«

Das war ihr bekannt. In der großen Illustrierten wurden nicht nur regelmäßig Werbeanzeigen geschaltet, sondern es gab auch eine Kooperation, bei der sich Privates und Geschäftliches manchmal vermischte. Als Karl und Traute Goldene Hochzeit gefeiert hatten, hatte die *Quick* einen Artikel über die Feierlichkeiten in der Villa gebracht und dabei in jedem zweiten Satz erwähnt, wie strahlend weiß die mit Semil gewaschenen Leinentücher auf den festlichen Tafeln waren. Ihr Vater hatte extra einige prominente Werbeträger zur Feier eingeladen, damit die *Quick* auch die passenden Fotos bekam. Spätestens seitdem gab es immer wieder kleinere, aber auch größere Artikel, in denen Karl Berner den befreundeten *Quick*-Reporter mit Geschichten aus der Welt der Reichen versorgte, während der im Gegenzug den Namen Semil unterbrachte, wo es nur ging.

»Fritz Koch, der Reporter von der *Quick*, der die meisten Sachen über uns gemacht hat … nun ja«, ihr Vater zögerte und warf seiner Frau einen Blick zu, »er hat mich angerufen.«

»Ach ja?«, fragte Katharina, die nicht verstand, worauf ihr Vater hinauswollte.

»Die wissen von dem Prozess«, erklärte nun Traute.

»Aber woher denn? Wir haben doch gerade erst Klage eingereicht.«

»Ich weiß. Aber die Lufthansa muss das ein paar Journalisten gesteckt haben.«

»Aha.« Katharina überlegte einen Moment, ob das ein Problem für sie darstellte. »Na und?«

Ihre Eltern seufzten fast zeitgleich, als könnten sie nicht glauben, dass ihre Tochter die Problematik nicht erkannte.

»Sie werden darüber berichten.«

»Im Moment gibt es noch nicht viel, worüber sie schreiben können. Ich sehe da keine Schwierigkeiten.« Im Gegenteil, dachte Katharina. Wenn eine breitere Öffentlichkeit von dieser Ungerechtigkeit erfuhr, konnte das eigentlich nur gut für sie und Rita sein. Es müsste doch einen Aufschrei der Empörung geben, wenn bekannt wurde, dass die BRD gegen das Grundgesetz verstieß.

Ihre Mutter zog skeptisch eine Augenbraue hoch. »Aber sie werden doch nicht positiv darüber berichten, Kind.«

In Trautes Stimme lagen so viel Ernsthaftigkeit und Sorge, dass es Katharina überraschte. Was sollte eine Zeitschrift wie die *Quick* schon über einen Prozess schreiben, der noch nicht einmal angelaufen war?

»Bestenfalls machen sie sich darüber lustig!«, polterte ihr Vater. »Ich will mir das gar nicht ausmalen. Die Tochter von Semil-Gründer Karl Berner wird in einer der größten Zeitschriften des Landes durch den Kakao gezogen.«

In diesem Moment fiel es Katharina wie Schuppen von den Augen. Natürlich war Rita Maiburgs Klage für die *Quick* ein gefundenes Fressen. Nicht wegen der Ungerechtigkeit, gegen die sie sich auflehnte, sondern wegen der Geschichten im Hintergrund. Man würde sie als Feministin darstellen, als Emanze beschimpfen und sich darüber lustig machen, dass sich ausgerechnet die Tochter des Semil-Gründers für mehr Frauenrechte einsetzte. Man würde nicht nur versuchen, sie als Person zu diskreditieren, sondern sich im selben Atemzug auch über das Unternehmen ihres Vaters lustig machen. Katharina bekam ein mulmiges Gefühl, als ihr klar wurde, was da auf sie zurollen könnte.

»Unser Unternehmen verkörpert traditionelle Werte«, mischte Erich sich ein. »Wir stehen für ein konservatives Familienbild.«

»Männer könnten auch Wäsche waschen …«, warf sie ein. Wie oft hatte sie diese Diskussion schon geführt? Sie war es so leid.

»Tun sie aber nicht«, fuhr Erich fort. »Wir sprechen die Hausfrau an, die sich um ihre Familie sorgt und sich um den Haushalt kümmert. Das ist das Frauenbild, das wir als Firma vertreten. Und es ist nun mal auch das, das in unserem Land zu vermutlich neunzig Prozent vorherrscht. Natürlich gibt es Frauen, die arbeiten müssen …«

»Oder wollen?!« Katharina zeigte auf sich.

»Vielleicht auch. Wobei du nicht vergessen darfst, dass du alleinstehend bist. Alleinstehende Frauen mussten immer arbeiten«, fuhr ihr Bruder fort. »Aber auch die müssen Wäsche waschen. Was ich damit sagen will: Es gibt Bereiche im Leben, die den Frauen vorbehalten sind, die wir Männer nicht beherrschen und in denen wir nichts verloren haben. Und umgekehrt ist es eben genauso.«

Katharina musste einen Moment durchatmen. »Du meinst, Frauen waschen Wäsche, und Männer fliegen Flugzeuge?« Sie konnte kaum glauben, was sie da hörte.

»So ungefähr, ja«, sagte Erich. »Fritz Koch hat angedeutet, dass es eine schöne Reportage abgäbe, wenn er prominente Männer fragen würde, ob sie nicht die Wäsche übernehmen wollten, jetzt wo sich die Semil-Tochter darum kümmert, dass Frauen Passagiermaschinen fliegen können.«

»Was für ein beschissener Vergleich«, entfuhr es Katharina.

»Kind! Bitte!«, rief ihre Mutter. »Bei Tisch bitte nicht solche Wörter!«

»Aber es stimmt doch! Das eine hat doch nichts mit dem anderen zu tun!«

»Du weißt selbst, dass das Einverdienermodell in der Ehe bei uns gesetzlich geregelt ist«, meinte Erich.

»Erstens soll es geändert werden, und zweitens weiß ich nicht, was das damit zu tun hat«, regte sich Katharina auf. »Rita Maiburg ist nicht verheiratet.«

»Das meine ich auch nicht«, sagte Erich. »Es geht mir um den Verstoß gegen das Grundgesetz, von dem du in dem Fall immer sprichst. Aber wenn das Familienrecht bei uns regelt, dass der Mann für das Einkommen zuständig ist und die Frau für den Haushalt, dann verstößt das offensichtlich ja auch nicht gegen das Grundgesetz. Obwohl es ja nun wahrlich keine Gleichberechtigung ist, wenn der Mann sich den lieben langen Tag im Büro herumquält, während die Frau es sich zu Hause nett machen kann.«

Katharina versuchte, ihren Ärger herunterzuschlucken. Mit einem entwaffnenden Lächeln sah sie ihren Bruder an. »Du kennst nur Hausfrauen mit Personal, lieber Erich. Das hat nichts mit der

Wirklichkeit zu tun. Und noch viel wichtiger ist, dass es in deinem Beispiel um ein 70 Jahre altes Familienrecht geht, dessen Reform dringend nötig ist. Darüber sind sich die Politiker einig, auch wenn sie bisher leider noch keine Änderungen auf den Weg gebracht haben. Im Fall von Rita Maiburg geht es aber nicht um ein Familienrecht. Es geht um das Recht eines Individuums, den Beruf auszuüben, den es ausüben möchte. Und du wirst mir doch sicherlich recht geben, dass hier Chancengleichheit herrschen und Frauen wie Männer dieselben Rechte haben sollten.«

Ihr Vater wischte sich den Mund ab.

»Katharina«, sagte er in einem Ton, als wäre sie ein kleines Mädchen. »Darüber haben wir ja schon zigmal diskutiert. Jetzt geht es aber vor allen Dingen darum, dass du Schaden von unserem Unternehmen abwendest. Verstehst du den Zusammenhang nicht? Du wirst in der Öffentlichkeit als Feministin wahrgenommen werden. Das passt einfach nicht zu Semil!«

»Aber ich habe mit der Firma doch nichts am Hut!«

»Nun ja. Sie hat dir dein Studium finanziert und wird dir eines Tages eine schöne Aussteuer und irgendwann auch ein Erbe einbringen. Nichts am Hut würde ich das wohl eher nicht nennen«, entgegnete Karl verärgert.

»Ich werde das Mandat nicht niederlegen«, sagte Katharina. »Aber ich werde alles dafür tun, um den Namen der Firma aus der Sache rauszuhalten«, fügte sie noch versöhnlich hinzu. Ihr Vater warf ihr einen ernsten Blick zu und aß schweigend weiter.

*

Rita saß mit Uta, Frank und seinen zwei Kumpeln, mit denen er nach Afghanistan gefahren war, im Garten von Utas Elternhaus. Die beiden Männer hatten sich als Gerd und Klaus vorgestellt, und Rita glaubte, in ihnen die Jungs wiederzuerkennen, mit denen Uta damals rumgemacht hatte. Sie wirkten recht nett. Das Wetter war herrlich und Utas Eltern mal wieder auf Mallorca, sodass sie sich häufiger in dem Haus treffen konnten, und Rita freute sich darüber, dass sie im März schon draußen grillen konnten.

Dennoch spürte sie, dass etwas in der Luft lag. Irgendetwas schien anders zu sein als sonst. Uta wirkte ungewöhnlich angespannt, Frank dagegen fast euphorisch. Die Unterhaltungen, die sie bisher geführt hatten, waren allerdings von einer merkwürdigen Belanglosigkeit gewesen. Sie erinnerten Rita daran, wie ihre Eltern manchmal um den heißen Brei redeten, wenn sie ein Problem nicht sofort ansprechen wollten. Als Frank tatsächlich begann, das Wetter zu thematisieren, reichte es ihr.

»Ist eigentlich irgendwas?«, fragte sie.

»Was soll denn sein?« Utas Ton ließ Rita aufmerken. Ihre Freundin versuchte so betont gelassen zu wirken, dass sie misstrauisch wurde.

»Ihr seid irgendwie komisch.«

Frank warf Uta einen Blick zu. »Vielleicht liegt das daran, dass es einen Grund gibt, warum wir euch heute eingeladen haben«, sagte er dann.

»Ihr wollt euch doch nicht etwa verloben?«, fragte Rita überrascht.

Uta lachte. »Um Himmels willen, nein! Natürlich nicht!«

»Du kommst ja auf Ideen.« Frank lachte auf.

»Verlobt man sich heute noch?«, fragte Gerd.

»Ja klar!«, antwortete Klaus. »Meine Schwester hat sich neulich erst verlobt. Schon zum dritten Mal. Ist doch immer ein Grund, um 'ne Fete zu machen!«

»Aber wir haben uns nicht verlobt«, sagte Uta noch mal mit Nachdruck.

»Na Gott sei Dank«, meinte Rita. »Warum habt ihr uns dann eingeladen?«

Frank holte tief Luft, machte eine kurze theatralische Pause und fuhr dann fort: »Wie ihr vielleicht wisst, war ich in den letzten Monaten alles andere als untätig.«

»Das ist mir neu«, warf Rita ein. »Ich hätte schwören können, dass du monatelang bewegungsunfähig auf dem Sofa gelegen hast.«

Die anderen lachten, und Frank musste schmunzeln. »Du hast natürlich recht, nach außen hin sah es so aus, als würde ich nichts auf die Reihe kriegen, aber das stimmt nicht. Im Hintergrund habe ich etwas organisiert. Und zwar etwas Großes …«

Erwartungsvoll sah er in die Runde. Uta kaute nervös an ihren Nägeln, während die anderen beiden offensichtlich genauso ahnungslos waren wie Rita.

»Jetzt sag schon!«, meinte Gerd.

Frank zögerte den Moment noch ein wenig hinaus, zog ein Päckchen Tabak aus seiner Hosentasche und drehte sich eine Zigarette. Als er sie sich angezündet hatte, lehnte er sich bedeutungsvoll zurück. »Ich habe eine Möglichkeit gefunden, wie wir alle sehr, sehr reich werden können …«

Sofort überkam Rita ein mulmiges Gefühl. Konnte das irgendetwas Seriöses sein? Von jemandem, der keine Ausbildung hatte und den ganzen Tag mit Kiffen verbrachte? Sie konnte es sich nicht vorstellen und befürchtete, dass die Sorgen, die sie sich um ihren Freund gemacht hatte, berechtigt gewesen waren.

»Na, da bin ich ja mal gespannt«, sagte Klaus, der eine Ahnung zu haben schien. »Lass mich raten, du willst endlich mit Ali Kontakt aufnehmen.«

»Wer ist Ali?«, fragte Rita.

»Ein Bauer aus der Nähe von Kabul«, erklärte Gerd. »Er baut den besten schwarzen Afghan an, den es auf dieser Welt gibt.«

Frank nickte. »Ob ihr es glaubt oder nicht: Ich konnte mit Ali telefonieren.«

»Wie hast du das denn hingekriegt?« Klaus war sichtlich überrascht.

»Erst ging es wochenlang per Post hin und her, dann haben wir uns zum Telefonieren verabredet, und was soll ich sagen: Es hat geklappt.«

»Cool.« Gerds Grinsen wurde immer breiter.

»Ali hat ja damals schon gesagt, dass er Interesse hätte …«, meinte Klaus.

»Könnt ihr mir mal sagen, wovon ihr redet?«, fuhr Rita dazwischen.

»Wir können Alis Afghanen exklusiv haben«, erklärte Frank. »Und zwar in richtig großen Mengen. Mein Dealer in Köln hat sich bereit erklärt, mit uns zusammenzuarbeiten. Alleine kriegen wir das Zeug ja nicht an den Mann. Zwei von uns müssten nach Kabul, um mit Ali den Transport zum Flughafen zu organisieren …«

»Ich schätze, das ist unser Job«, sagte Gerd.

»Richtig. Ihr kennt euch da unten aus«, sagte Frank. »Ich würde die Ware hier in Empfang nehmen und dafür sorgen, dass sie unbemerkt zu meinem Dealer kommt. Damit trage ich das Hauptrisiko. Uta organisiert das Logistische. Wir brauchen ja schließlich Geld, um Ali vorab zu bezahlen …«

»Meine Eltern kriegen überhaupt nicht mit, wenn was fehlt«, sagte Uta und kaute weiter an ihren Nägeln. Sie wirkte nervös, aber auch neugierig und aufgeregt.

»Und was soll ich bei der ganzen Sache …?« Rita verstummte, als sie in die Gesichter der anderen blickte. Frank zog vielsagend eine Augenbraue hoch, Uta zuckte nur mit den Schultern, als wäre die Sache doch eh klar, und Gerd und Klaus verzogen keine Miene.

»Dreimal darfst du raten, meine kleine Kampfpilotin.«

Fassungslos blickte Rita Frank an. »Das ist nicht dein Ernst, oder?«

»Jetzt hör dir erst mal alles an, bevor du dich aufregst«, sagte Frank. »Ich kann dir versichern, dass das Risiko für dich extrem gering ist. Ich trage hier in Deutschland die Hauptverantwortung. Unten in Kabul ist alles total locker, es ist überhaupt kein Problem, den Stoff ins Flugzeug zu bringen. Der Flug ist auch problemlos, einzig die Landung in Deutschland, da müssen wir aufpassen. Aber ich habe mir da schon was überlegt …«

Während Frank redete, spürte Rita, wie sich ihr der Magen zusammenschnürte. Sie konnte kein Wort mehr verstehen von dem, was er sagte, und fühlte sich wie betäubt. Schließlich wischte sie sich mit der Papierserviette über den Mund und stand dann auf. Für eine lautstarke Szene fehlte ihr in diesem Moment die Kraft, obwohl sie Frank am liebsten ins Gesicht geschrien hätte, wie enttäuscht sie war. Eine kleine Auszeit wollte er nehmen, ein bisschen die Ausmusterung feiern, nur noch bis zum Jahresende, Rita, ganz bestimmt.

»Wo willst du hin?«, fragte Frank, als sie den Tisch verließ.

»Ich wünsche euch alles Gute«, sagte Rita leise. Benommen ging sie über den Rasen zum Gartentor.

»Jetzt warte doch mal!«, rief Uta ihr nach. »Sei doch nicht immer so spießig!«

»Rita, lass es dir erklären!«, hörte sie Frank noch rufen, aber da war sie schon auf der Straße.

Ihr war schlecht, und sie fragte sich, ob sie sich hier und jetzt übergeben sollte. Doch noch stärker als der Würgereiz war der Wunsch, so schnell wie möglich von hier wegzukommen. Mit zittrigen Knien stieg sie auf ihr Fahrrad und trat so kraftvoll in die Pedale, wie sie nur konnte.

Es war nicht nur die Tatsache, dass ihre Freunde sie als Drogenkurier einsetzen wollten, die sie so traurig machte, auch wenn sie auf gar keinen Fall etwas mit diesem Milieu zu tun haben wollte. Drogenschmuggler waren in ihren Augen verachtenswerte Menschen, die die Sucht anderer ausnutzten. Frank mochte sich noch so sehr einreden, dass es nur um ein bisschen Kiffen und ein paar Trips ging und dass alles ganz harmlos war. Aber die Realität sah eben anders aus. Vielleicht wusste ihr alter Freund nicht, wie abhängig er war, vielleicht wollte er es aber auch nicht sehen. In ihren Augen war er ein Süchtiger, dessen Leben nur noch von der Droge bestimmt war. Und jetzt erwartete er auch noch von ihr, dass sie ihm dabei half und selbst kriminell wurde.

Aber was sie noch viel trauriger machte, war etwas anderes. Sie wusste, dass sie sich mit Frank und Uta nicht mehr treffen konnte. Das sorglose gemeinsame Rumhängen war Vergangenheit. Ihr Vorhaben würde für immer zwischen ihnen stehen, und sie würde zwangsläufig zu einer Mitwisserin werden, wenn sie sich die Pläne der anderen weiterhin anhörte. Das wollte sie nicht. Und das konnte sie sich im Moment auch nicht erlauben. Wenn ihr irgendjemand eine gewisse Nähe zur Drogenkriminalität nachwies, könnte das ihre Glaubwürdigkeit beschädigen und den Prozess gegen die Lufthansa mit größter Wahrscheinlichkeit platzen lassen.

Rita liefen die Tränen über die Wangen, als ihr klar wurde, dass sie gerade zwei ihrer ältesten Freunde verloren hatte.

*

Abends saß Katharina mit Elke zusammen in ihrem Zimmer und trank einen heißen Kakao mit Amaretto. Die alte Fotokiste stand zwischen ihnen, und während Katharina ihrer Freundin von dem

Tag in Marienburg erzählte, suchte sie nach der Aufnahme von ihrem Abschlussball.

»Die Firma war doch immer das Wichtigste für deinen Vater«, meinte Elke. »Er hat eben Sorge, dass der Prozess dem Unternehmen schaden könnte. Ganz ehrlich, ich kann ihn da schon ein bisschen verstehen.«

»Ich finde, er übertreibt.«

»Das finde ich auch«, stimmte Elke ihr zu. »Vielleicht hat er einfach Angst, dass ihm alles entgleitet und er keinen Einfluss mehr auf die Dinge nehmen kann?«

»Der alte König, der um seine Macht bangt?«

»Wäre doch denkbar.«

Katharina zog das Abschlussballfoto aus der Kiste. »Da ist es. Hast du noch einen Schimmer, wie er heißt?«

Elke lachte. »Na klar! Er war damals die *Liebe meines Lebens*!« Liebevoll betrachtete sie das Foto. »Er hieß Ernst. Ernst Schmidt.«

»Ach richtig! Gott wart ihr verliebt!«

»Aber so was von! Jedenfalls in diesem Sommer.« Nun mussten sie beide lachen.

»Weißt du, was aus ihm und Lothar geworden ist?«

»Keine Ahnung«, antwortete Elke. »Ich wüsste auch nicht, wie man etwas über sie herausfinden könnte. So was wie den Suchdienst vom Roten Kreuz müsste es für verflossene Jugendlieben geben. Das wäre doch mal 'ne Idee!«

»Ach, alle will man vielleicht auch nicht finden«, meinte Katharina schmunzelnd, während Elke weiter in der Fotokiste kramte und sich interessiert die Bilder anschaute.

»Ist das deine Mutter?«, fragte sie und hielt eine Aufnahme hoch, die eine junge und schlanke Traute Berner zeigte. Sie trug ein elegantes, knielanges Kleid und hatte eine ausladende Pelzstola um ihre Schultern gelegt.

»Ja. Das muss irgendwann in den Zwanzigern gewesen sein. So schlank, wie sie da noch ist, war es vermutlich vor Erichs und Hannas Geburt.« Katharina nahm ihr das Bild aus der Hand und drehte es um. »Mai 1926«, las sie das auf der Rückseite notierte Datum vor. »Damals hatte sie noch die Hoffnung, weiter Medizin studieren zu können.«

»Auf jeden Fall wäre sie eine sehr elegante Ärztin geworden.« Elke zog ein anderes Foto hervor und betrachtete es. »Guck mal, die junge Eva. Wenn man's nicht besser wüsste, würde ich sagen, sie ist schwanger.«

»Zeig mal her.«

Katharina sah sich das Bild genau an. Eva trug darauf ein dünnes Sommerkleidchen und hielt sich eine Hand auf den Bauch. Sie war eindeutig schwanger und blickte glücklich in die Kamera.

»Das kann nicht sein«, murmelte Katharina, als sie das Bild umdrehte. »Das Foto wurde im Juli 1940 aufgenommen. Da kann sie nicht schwanger gewesen sein.«

»Kann sie nicht?«

»Dann müsste sie ja das Kind verloren haben … Davon habe ich noch nie etwas gehört.«

»Aber sie ist schwanger. Das ist nicht zu übersehen.«

»Ja … stimmt.«

Für einen Moment betrachteten sie beide schweigend das Foto. »Warum weiß ich davon denn nichts? Das hätte ich doch irgendwann mal mitbekommen müssen …«, murmelte Katharina schließlich nachdenklich.

Elke verzog den Mund. »Wenn ich mir überlege, wie wenig in eurer Familie über Privates gesprochen wird …«

Da hatte Elke allerdings recht. Über persönliche oder gar intime Dinge wurde in ihrer Familie fast nie gesprochen.

»Wenn es meine Schwester wäre, würde ich sie einfach mal fragen, was damals los war. Wenn du nicht nachfragst, wirst du es schließlich nie erfahren.«

»Das stimmt.« Katharina zögerte. »Aber es ist Eva.«

»Und?«

»Ich habe mit Eva noch nie über Privates gesprochen.«

»Dann wird es allerhöchste Zeit.«

*

Rita saß mit Martin im Wohnzimmer und spielte mit ihm das Spiel *Vier gewinnt*, das er zu Weihnachten geschenkt bekommen hatte. Er hatte etwas Fieber und konnte nicht zur Schule, war aber eindeutig fit genug, um sie ständig zu schlagen. Das grellblaue Gerüst, in das sie die roten und gelben Plastikmünzen stecken mussten, wirkte viel moderner als die alten Brettspiele mit den braunen Holzfiguren, mit denen sie früher immer gespielt hatten. Allein das gefiel ihrem Bruder sehr. Und wenn er gewonnen hatte und unten die Klappe öffnen konnte, sodass die Plastikmünzen laut auf den Tisch rasselten, freute er sich wie ein kleines Kind.

»Ja! Schon wieder gewonnen!«, rief er, und im nächsten Augenblick fielen die Münzen auf die Tischplatte und sprangen zu Boden.

Rita spielte gern mit ihm, allerdings fiel es ihr diese Woche nicht so leicht wie sonst. Der Bruch mit der alten Clique machte ihr zu schaffen. Sie war überzeugt davon, dass es richtig gewesen war, den Grillnachmittag bei Uta so abrupt zu beenden und den Kontakt zu ihren Freunden abzubrechen. Aber es tat trotzdem weh. Acht Jahre waren sie zusammen zur Schule gegangen und gemeinsam erwachsen geworden, hatten als Teenager auf der Straße heimlich Zigaretten geraucht und sich das erste Kölsch geteilt. Und auch wenn Frank und Uta nicht mehr zu ihren besten

Freunden zählten, so waren sie auf jeden Fall ihre ältesten. Nur durch sie hatte sie auch wieder Kontakt zum Rest ihrer alten Clique gefunden, als sie von München zurück ins Rheinland gezogen war. All das fiel jetzt weg. Das schmerzte. Und es machte auch einsam. Seit dem Nachmittag in Bonn hatte sie ihr Elternhaus praktisch nicht mehr verlassen.

Im Flur klingelte das Telefon, und sie hörte, wie ihre Mutter an den Apparat ging. Kurz darauf öffnete sie die Tür zum Wohnzimmer.

»Rita, es ist für dich.«

»Wer ist es denn?«

»Die Uta.«

Rita schwieg für einen Moment. Sie wollte ihrer Mutter nicht erzählen, warum sie mit den alten Freunden gebrochen hatte. Auch wenn sie es verurteilte, was die vier vorhatten, verpfeifen wollte sie sie nicht. Und ihr war klar, dass ihre Mutter darauf bestehen würde, die Polizei zu informieren, wenn sie von den Drogenplänen erfahren sollte.

Rita bemühte sich, eine möglichst fröhliche Miene aufzusetzen. »Sag ihr, ich kann nicht telefonieren. Ich habe hier eine wichtige Revanche zu spielen!«

Martin jauchzte vor Vergnügen und sortierte in Windeseile die Münzen nach Farben auseinander.

»Du wirst nie gewinnen, Ritalein, niemals! Denn ich bin der Beste!«, rief er gut gelaunt.

Die Mutter warf ihr einen Blick zu, der deutlich signalisierte, dass sie ihr die Nummer nicht abkaufte. Aber sie sagte nichts, und Rita hörte, wie sie kurz darauf wieder in den Hörer sprach. »Sie meldet sich bestimmt die nächsten Tage mal, Uta«, hörte Rita sie sagen. Dann beendete die Mutter das Gespräch.

Es fiel ihr schwer, sich auf das Spiel zu konzentrieren, mit ihren

Gedanken war sie woanders. Und während Martin schon wieder lautstark »Gewonnen! Gewonnen!« rief, überkam sie auf einmal ein ungewohntes Gefühl der Stärke.

Sie durfte sich nicht in irgendetwas hineinziehen lassen. In der Zeitung las man immer wieder, wie schnell so etwas passieren konnte. Ob Bhagwan-Jünger oder RAF-Sympathisant, ehe man sich's versah, war man in einer Spirale gefangen, in die man eigentlich gar nicht hatte geraten wollen. Und genauso war es mit den Drogen. Sie selbst hatte mit dem Zeug sowieso nicht viel am Hut, und egal, wie viel Geld sie mit so einem Kurierflug auch verdienen konnte, der Preis, den sie womöglich hätte zahlen müssen, wäre viel zu hoch gewesen. Von Geld- oder Gefängnisstrafen mal ganz abgesehen hätte sie auch ihre Lizenz verlieren können. Sie würde mit so einem Flug alles aufs Spiel setzen. Ihr Traum, als Pilotin große Passagiermaschinen fliegen zu können, wäre dann zerplatzt.

Nein, es war die richtige Entscheidung gewesen. Jetzt gab es nur noch eines für sie: den Prozess gegen die Lufthansa, den sie unbedingt gewinnen wollte. Darauf musste sie sich jetzt konzentrieren, dafür wollte sie kämpfen und alles tun. Alles andere war zweitrangig. Auch der Bruch mit ihren alten Freunden.

Sie nahm einen neuen Stapel gelber Münzen von ihrem kleinen Bruder entgegen und begann das nächste Spiel.

Vielleicht würde sie sich bei Frank und Uta melden, wenn der Prozess vorbei war. Vielleicht hatte sich dann alles in Wohlgefallen aufgelöst, und sie könnten wieder entspannt ein Kölsch zusammen trinken.

Das hoffte sie jedenfalls sehr.

*

Nachdem sie die halbe Nacht durchgearbeitet hatte, um alle Argumente in die Klageschrift einzuarbeiten, war Katharina am Morgen schon wieder früh in der Kanzlei gewesen. Ingrid hatte nur bis halb elf Zeit, um das letzte Schriftstück zu tippen, das sie für die vollständigen Akten im Fall Maiburg gegen die Lufthansa brauchte.

Vorsichtig zog Ingrid die fertige Abschrift aus der Schreibmaschine. »Das Wasserzeichen auf deinem Papier macht sich wirklich gut«, sagte sie.

»Ich hoffe, die Klage macht sich noch besser.« Katharina legte das Schreiben zu den Akten, in denen die Klage ausführlich geschildert wurde. »Danke für deine Hilfe. Wird dir hoffentlich nicht zu viel neben der Schule.«

»Nein, das geht schon. Aber ich bin froh, wenn das Referendariat zu Ende ist und ich endlich als richtige Lehrerin arbeiten kann. Es nervt langsam, im Lehrerzimmer immer als die Kleine zu gelten und dauernd auf dem Prüfstand zu stehen. Jeder Fehler wird genau vermerkt, von den Kollegen, von den Prüfern, alle haben mich im Auge. Das ist echt anstrengend.«

»Das kann ich mir vorstellen.« Katharina hatte sich bei Hassel und Partner die ganzen Jahre wie die Kleine gefühlt, und ihre Kollegen hatten auch alles dafür getan, damit sich an diesem Gefühl nichts änderte.

Ingrid packte ihre Sachen in die Tasche, warf sich ihre Jacke über die Schulter und zog sich noch schnell die Lippen nach. Mit einem Küsschen auf die Wange verabschiedete sie sich von Katharina.

Sie hatte die Tür gerade hinter ihrer Freundin geschlossen, als es erneut klingelt und Theo vor ihr stand.

»Entschuldige, ich bin etwas zu früh«, sagte er und gab ihr zur Begrüßung einen Kuss.

»Willst du noch einen Kaffee? Es ist noch welcher von heute

Morgen da.« Ohne auf eine Antwort zu warten, nahm Katharina zwei Tassen und Untertassen aus dem Schrank und schenkte den Kaffee ein.

Für einen Moment standen sie einander schweigend gegenüber und sahen sich an. Irgendetwas war anders als sonst, sie spürte, dass ihn etwas beschäftigte.

»Katharina«, begann Theo schließlich und stellte seine Kaffeetasse zur Seite. »Wie lange kennen wir uns jetzt?«

Er machte einen Schritt auf sie zu und stand nun so nah vor ihr, dass sie seine Körperwärme spüren konnte.

»Ein paar Monate?«

Er nahm ihr die Tasse aus der Hand und stellte sie ebenfalls zur Seite.

»Es ist bestimmt ein komischer Zeitpunkt, um dir das zu sagen, aber ...« Er verstummte und schien nach den richtigen Worten zu suchen.

Bei allem, was zwischen ihnen war, über die Liebe hatten sie noch nicht gesprochen, ging es Katharina durch den Kopf.

»Du kannst mir immer alles sagen ...«

Theo zögerte einen Moment. Dann legte er seine Hände auf ihre Hüften. »Ich liebe dich ...«, sagte er mit leiser Stimme.

Katharinas Herz klopfte, als Theo seinen Kopf zu ihr herunterbeugte und ihre Lippen sich trafen. Sie hatten sich schon so oft geküsst, hatten miteinander geschlafen, leidenschaftlich und innig, aber sie hatten sich noch nie gesagt, dass sie sich liebten. Und sie hatte damit nicht gerechnet, nicht jetzt, nicht hier in der kleinen Büroküche ihrer Kanzlei. Es traf sie völlig unvorbereitet, und sie merkte, wie ihre Knie weich wurden und sie aufgeregt war wie ein Backfisch.

Jetzt war es mehr als nur eine sportliche Affäre, wie Ingrid ihre Beziehungen gerne nannte.

Vorsichtig umfasste sie seine Hüften, als wollte sie sich an ihm festhalten. Sie hatte das Gefühl, in dem Kuss zu versinken, der nicht aufdringlich war, nicht fordernd und stürmisch, sondern ganz sanft. Dieser Kuss verlieh ihr innerhalb von Momenten die Gewissheit, dass es richtig war, sich auf ihn einzulassen.

Alles fühlte sich richtig an.

Langsam lösten sie sich voneinander. Er strich ihr eine Haarsträhne aus der Stirn. »Wir sollten langsam losgehen«, sagte er und küsste sie erneut.

Katharina fuhr sich über die Haare und strich ihren Pferdeschwanz glatt. »Ja. Wir sollten pünktlich sein.«

Sie zog ihren Cordblazer an und nahm die Aktentasche von der Fensterbank. In der Wohnungstür hielt er sie noch mal fest. »Sehen wir uns heute Abend?«

»Eigentlich …« Sie zögerte. »Ich habe Ingrid versprochen, heute Abend für sie zu kochen. Als kleines Dankeschön, weil sie den ganzen Briefverkehr abgetippt hat. Aber vielleicht hast du Lust, dazuzukommen?«

Theo lächelte sie an. »Sehr gerne.«

Hand in Hand gingen sie aus der Wohnung, und er ließ sie erst wieder los, als sie auf der Straße standen. Die wenigen Meter zu dem Mehrfamilienhaus, in dem Sven Renner wohnte, liefen sie nebeneinander über den Bürgersteig, wobei sie sich immer wieder verliebte Blicke zuwarfen.

Am Haus bot sich ihnen das mittlerweile gewohnte Bild. Die Rollläden waren heruntergelassen, der Mann schien ausschließlich im Dunkeln zu leben.

Theo drückte auf den Klingelknopf, drei-, viermal ließ er es schellen, aber nichts passierte. Dann klingelte er Sturm. Nach einigen Minuten öffnete sich das Nachbarfenster.

»Nur weil Sie permanent auf die Klingel drücken, macht der

noch lange nicht auf«, meckerte eine ältere Dame in tiefstem Kölsch. »Damit machen Sie nur Krach.«

»Hallo, Frau Pütz«, begrüßte Theo sie. »Wir haben uns ja lange nicht mehr gesehen.«

»Ach Sie sind das, Herr Langscheid«, sagte die Frau nun deutlich freundlicher. »Ich hab Sie gar nicht erkannt.« Neugierig musterte sie Katharina.

»Das ist meine Anwältin Frau Berner«, erklärte Theo. »Wir versuchen schon seit einer Weile, mit Herrn Renner zu sprechen. Ist er verreist?«

»Das weiß ich nicht. Aber ich glaube nicht. Aus der Wohnung zieht ein Muff ins Treppenhaus, das glauben Sie gar nicht.« Frau Pütz redete sich schnell in Rage. »Der Mann ist wirklich unmöglich, Herr Langscheid. Dauernd diese laute Musik, ständig kommen irgendwelche Fremden ins Haus, die man hier nicht haben will, und wenn man ihn darauf anspricht, wird er sofort unverschämt. Alle im Haus wären froh, wenn der weg wäre.«

»Ich weiß, Frau Pütz. Sie hatten sich ja auch mehrfach schriftlich über ihn beschwert.«

»Nicht nur ich. Sie können jeden im Haus fragen, alle sehen das so wie ich!«

»Das wird sich ändern, Frau Pütz. Wir schauen jetzt mal nach dem Rechten. Danke.«

Theo zog ein Schlüsselbund aus seiner Tasche und schloss die Haustür auf. Frau Pütz hatte recht, bereits im Hausflur roch es muffig und nach abgestandenem Rauch, und der Gestank kam eindeutig aus Renners Wohnung. Erneut klingelte Theo, aber nichts passierte.

»Wir gehen jetzt rein«, murmelte er und suchte nach dem richtigen Schlüssel. »Ist das rechtlich in Ordnung?«

Katharina nickte. »Ja. Es ist deine Wohnung, und wir haben

den Besuch lange genug vorher angekündigt. Als Nächstes kannst du ihn räumen lassen.«

»Gut zu wissen.« Theo schloss mit ernster Miene die Wohnungstür auf.

Der Gestank, der ihnen entgegenschlug, war ekelhaft. Es roch nach Müll und Urin. Theo drückte auf den Lichtschalter, und kurz darauf war der zuvor stockdunkle Flur hell erleuchtet. Die zahlreichen Taschen, die Katharina neulich noch gesehen hatte, waren verschwunden. Dafür stapelten sich volle Mülltüten im Flur, die zum Teil offen waren und von Fliegen umschwirrt wurden.

»Sammelt der Kerl Müll?«, fragte Theo angewidert und hielt sich ein Taschentuch vor Mund und Nase. »Ist das irgendeine psychische Störung oder was? Herr Renner?!«, rief er in die Wohnung hinein, bekam aber keine Antwort.

Katharina warf einen Blick in die Küche. Auf dem Tisch und der Arbeitsfläche standen Käse und Brot, alles mit einer dicken Schimmelschicht überzogen und von Fliegen umkreist. »Igitt. Kein Wunder, dass es hier so stinkt.« Energisch riss sie das Fenster auf.

»Katharina? Kommst du mal?«, rief Theo in dem Moment.

Alarmiert von Theos Tonfall verließ sie die Küche und ging ins Wohnzimmer. Erschrocken blieb sie in der Tür stehen. Auf einem fleckigen Sofa lag ein Mann und regte sich nicht. Er hatte sich eingenässt und schien dort schon eine ganze Weile zu liegen.

»Ist er tot?«, flüsterte Katharina.

Theo war ganz weiß geworden. »Keine Ahnung.« Er ging zum Sofa und tippte dem Mann leicht gegen die Schulter. »Nein, er atmet. Hallo? Können Sie mich hören?«

Bis auf ein kurzes Stöhnen war von ihm nichts zu vernehmen.

»Das ist nicht Sven Renner«, sagte Theo, und jetzt bemerkte es auch Katharina. Den Mann, der vor ihr auf dem Sofa lag, hatte sie noch nie gesehen.

»Vielleicht hat er eine Überdosis«, meinte sie. »Ich rufe einen Krankenwagen.«

»Und die Polizei«, sagte Theo.

»Ja.« Katharina ging zum Telefon, das auf einem kleinen Tischchen im Flur stand, und wählte den Notruf. »Wir sollen hier warten«, sagte sie zu Theo, nachdem sie aufgelegt hatte. »Und den Mann in die stabile Seitenlage bringen.«

»Ich weiß nicht. Er liegt ja schon länger so da, vielleicht lassen wir ihn besser in der Position.«

»Los, komm. Nachher passiert noch was Schlimmeres … wir müssen alles tun, damit er nicht stirbt.«

Angestrengt versuchten sie, den Mann in die stabile Seitenlage zu bringen. Dabei gab er Laute von sich, von denen Katharina nicht genau sagen konnte, welche Gefühlsregung sie ausdrückten, ob sie Ablehnung oder Zustimmung signalisierten.

»Hallo, können Sie mich hören?«, fragte sie.

»Hmmmm …«, machte der Mann.

Theo verdrehte die Augen. »Der ist high!«, sagte er. »Voller Pisse, Scheiße und Drogen.«

Katharina sah ihn überrascht an. Eine so derbe Wortwahl kannte sie nicht von ihm. »In erster Linie braucht er unsere Hilfe. Egal warum.«

»Entschuldige …«, sagte Theo. »Du hast recht. Ich helfe ihm ja. Aber diese Junkies gehen mir manchmal eben auch auf den Geist. Die dröhnen sich freiwillig so zu, dass sie es nicht mal mehr bis zum Klo schaffen, und wir sorgen dann dafür, dass sie wieder auf die Beine kommen.«

Er war besorgt und wütend zugleich, und Katharina konnte ihn verstehen. Sie war beim besten Willen nicht spießig. Aber dieser Mann hier hatte nicht nur gekifft, so viel stand fest, und ein solch verantwortungsloses Handeln musste man nun wirklich

185

nicht gutheißen. Dennoch tat der Kerl ihr leid. Was hatte ihn dazu gebracht, sich in so einen besinnungslosen Rausch zu begeben? »Wer weiß schon, was für eine Geschichte dahintersteckt«, sagte sie.

Nachdenklich blickte Theo auf den Mann. »Daran habe ich noch gar nicht gedacht«, murmelte er.

»Komm, wir gehen mal kurz auf den Balkon«, sagte Katharina. »Wir brauchen frische Luft.«

Draußen mussten sie beide erst mal tief durchatmen.

»Wie lange liegt der da wohl schon?«, meinte Theo und steckte sich eine Zigarette in den Mund.

»Allzu lange kann es noch nicht sein. Vielleicht ein oder zwei Tage?«

»Meinst du, er ist Dealer?«, fragte Theo, nachdem er einen tiefen Zug genommen hatte. »Oder ein Kunde und Sven Renner der Dealer?«

»Keine Ahnung. Aber als ich das letzte Mal hier war, standen im Flur jede Menge Taschen, die jetzt alle weg sind. Und er hatte ganz schön viel Bargeld … Ich könnte mir schon vorstellen, dass Renner ein Dealer ist. Vielleicht hat er Angst gekriegt, als der Kerl in diesen Zustand geriet, und ist abgehauen.«

»Denkbar. Köln ist ein gefährliches Pflaster. Schlimm ist das.«

Da hatte Theo recht. Es lag noch nicht lange zurück, dass sie das Buch von Kölns leitendem Kriminaldirektor Hans-Werner Hamacher gelesen hatte, das nicht nur der Stadt, sondern der gesamten Bonner Republik ein düsteres Zeugnis ausstellte. Dort war die Rede von Parks, die nachts zu gefährlich zum Spazieren waren, und von blutigen Gruppenkämpfen, die in den Elendsvierteln ausgetragen wurden. Alles, was in den USA passierte, würde auch irgendwann in der BRD passieren, glaubte der Kripo-Mann und sprach sich intensiv gegen die verstärkte Ghettobildung in Vierteln aus, in denen überwiegend die Kinder der Gastarbeiter und sozial schwächer gestellter Familien aufwuchsen und die von Jahr zu Jahr problematischer wurden.

»Im Kölner Norden wächst doch ein Elendsviertel neben dem anderen«, sagte Katharina, nachdem sie ihre Gedanken mit Theo geteilt hatte. »Und die Gastarbeiter werden von den Deutschen ausgegrenzt und grenzen sich dabei auch selbst ab.«

»Eine richtige Eingliederung ist so kaum möglich«, stimmte Theo ihr zu. »Das kann irgendwann zu einem großen Problem werden.«

Nach einer knappen Viertelstunde betrat ein schnauzbärtiger Polizist gemeinsam mit Notarzt und zwei Rettungssanitätern die Wohnung. Der Arzt kümmerte sich um den Mann, während der Polizist die Kleidung vergeblich nach Ausweispapieren absuchte und Katharina und Theo nach ihm befragte. Aber die Identität des Mannes blieb weiterhin unklar. Schließlich wurde er zum Krankenwagen gebracht.

»Sieht aus, als wäre er hängengeblieben«, meinte der Arzt zu dem Beamten. »Aber er ist stabil, kommt auf jeden Fall durch. Ob er aber wieder in der Realität ankommt, ist fraglich.«

Dem Polizisten schien das gleichgültig zu sein. »Selbst schuld«, meinte er nur.

»Hängengeblieben?«, fragte Theo nach.

»Auf einem Trip, ja. Kommt immer mal wieder vor. Überdosis LSD oder sonst einen Quatsch, und die Leute bleiben da, wo sie der Trip hinführt.«

»Und was passiert jetzt mit ihm?«, fragte Katharina.

»Psychiatrie. Da kann er dann vermutlich für den Rest seiner Tage bleiben.« Der Arzt kratzte sich nachdenklich am Kinn. »Wenn Sie mich fragen, müsste man die jungen Leute viel intensiver über die Gefahren von Drogen aufklären. Dieser ganze Mist von wegen

Love und Peace, das ist doch alles Quatsch. Was glauben Sie, wie viele von denen ich schon so gesehen habe?«

»Wahrscheinlich einige«, sagte Theo.

»Allerdings. Es ist eine Schande. Eigentlich müssten die Kinder schon in der Schule über Drogen aufgeklärt werden. Aber das macht ja keiner.«

Seufzend folgte der Arzt den Rettungssanitätern und verließ die Wohnung. Der Polizist fragte nach Theos und Katharinas Personalien. Nachdem er sich ihre Angaben notiert hatte, erklärten sie ihm, warum sie in der Wohnung von Sven Renner waren.

»Ich bin die Anwältin von Herrn Langscheid«, sagte Katharina und erklärte, dass Sven Renner sich nach der Kündigung praktisch unsichtbar gemacht hatte und sie ihn deshalb hatten aufsuchen wollen. Sie erwähnte die Taschen und die hohe Summe Bargeld, die Sven Renner vor ein paar Wochen noch besessen hatte.

»Aber Sie haben diesen Sven Renner nicht mehr hier angetroffen?«

»Ja. Bis auf diesen Mann befand sich niemand in der Wohnung«, antwortete Katharina.

»Verstehe. Wissen Sie, ob Sven Renner Angehörige hat?«, fragte der Polizist.

»Ich weiß leider nichts über ihn«, antwortete Theo. »Ich hab ihm ja nur eine Wohnung vermietet, dafür musste er nicht sein ganzes Leben vor mir ausbreiten.«

»Was macht er beruflich?«

Doch auch dazu konnte Theo keine Aussage machen und wies den Polizisten darauf hin, dass das ihn als Vermieter ebenso wenig angehe wie die familiäre Situation des Mannes. Solange der Mieter ordentlich sei und seine Miete zahle, könne ihm alles andere egal sein. Der Kommissar stimmte ihm zu und verabschiedete sich.

Katharina war erleichtert, als sie die heruntergekommene Wohnung endlich verlassen konnten. Am nächsten Kiosk tranken sie beide erst mal einen Schnaps und rauchten eine Zigarette.

»Zuerst dachte ich, der ist tot«, sagte Theo.

»Hast du schon mal eine Leiche gesehen?«, fragte Katharina.

Er nickte. »Natürlich. Mein Großvater wurde damals drei Tage lang bei uns im Esszimmer aufgebahrt. Wir Kinder haben zwar nicht neben dem Sarg gespielt, aber wir sind ganz normal rein- und rausgelaufen. Bei meiner Oma war das ähnlich. Früher blieben die Toten doch lange im Haus.«

»Stimmt«. So war es in ihrer Familie auch gewesen. Sie erinnerte sich noch daran, wie ihre Mutter gemeinsam mit Eva und Hanna den Großvater angekleidet hatte, als er gestorben war. Katharina war dafür noch zu klein gewesen, aber ihre Schwestern hatten ganz normal mitgeholfen. Heute ging dieser Brauch immer mehr verloren. Viel mehr Menschen als früher starben im Krankenhaus, und ihre Angehörigen sahen sie nicht mehr.

»Zum Glück haben wir den Kerl noch rechtzeitig gefunden.« Theo atmete tief durch und bestellte noch einen Schnaps für sie beide.

»Hoffentlich kriegen sie ihn wieder hin.«

»Ja … Auf das Leben!«, sagte er und stieß mit ihr an.

»Auf das Leben.«

5

»Wollen wir an den Rhein?«, fragte Rita ihren Bruder. »Es ist so schön warm draußen.«

»Aber da stinkt es so«, nörgelte Martin. »Und die blöden Mücken.«

Ganz unrecht hatte ihr kleiner Bruder damit nicht. Die starke Verschmutzung verbunden mit der Hitze hatte das Wasser des Flusses zu einer unschönen Brühe verkommen lassen. Allein die Mücken schienen sich am Ufer des Rheins noch wohlzufühlen. Sie waren nach wie vor ein großes Problem für alle am Fluss gelegenen Städte. Ihr Vater hatte Rita mal erzählt, dass es vor vielen Jahren sogar zur Gründung einer *Vereinigung zur Bekämpfung der Stechmücken- und Schnakenplage* gekommen war, die nichts anderes zum Ziel hatte, als die lästigen Plagegeister am Rhein auszurotten. Denn in vielen Gemeinden war ein Aufenthalt in Flussnähe vom Frühjahr bis zum Herbst kaum möglich. Zu dieser Zeit wurden daraufhin die Larven durch Ausbringen eines Giftes auf der Wasseroberfläche bekämpft. Bei dem flugunterstützten Einsatz mit Insektiziden wurden jedoch nicht nur die Rheinschnaken erfasst, und Rita hatte gelesen, dass sich einige Biologen Sorgen um die Auswirkungen auf das Ökosystem machten. Daher suchte man nun nach Möglichkeiten, die Mücken mit einem weniger schädlichen Gift in den Griff zu kriegen, was bisher noch nicht gelungen war.

»Wir könnten auch zum See rausfahren und baden.« An den Waldseen war die Mückenplage meist nicht so schlimm wie am Rhein. Aber für Martin offenbar immer noch schlimm genug.

»Ich weiß nicht … Wollen wir nicht lieber ein Eis essen gehen?«

Rita grinste. »Gute Idee!«

Sie wichen einem Kind aus, das mit einem Tretroller um die Ecke sauste und im gleichen Atemzug von seiner Mutter ermahnt wurde, die einen Kinderwagen schob und kaum hinter ihm herkam. Hand in Hand gingen Rita und Martin die Straße entlang, und sie freute sich, dass er diese liebevolle Geste mit seinen fast elf Jahren noch zuließ. Zum Glück war von der Pubertät noch nichts zu merken. Aber spätestens mit vierzehn würde sie nicht mehr so vertraut mit ihm umgehen können, das wusste Rita schon jetzt. Noch konnte er sich an Kleinigkeiten erfreuen, jagte einem Karnickel hinterher, das aus einem Garten hoppelte, und jauchzte vor Vergnügen, als er es zumindest kurz berühren konnte.

»Es fühlt sich ganz weich an!«, rief er, als er wieder zu ihr lief.

Das schöne Wetter hatte zahlreiche Spaziergänger nach draußen gelockt, die ihre Hunde ausführten oder einfach die Sonne genießen wollten. Kurz vor einem kleinen Park bogen Rita und Martin ab, um eine Abkürzung zur Eisdiele zu nehmen. Auf diesem Weg waren kaum noch Passanten, dafür umso mehr Eichhörnchen und Spatzen, wie Martin erfreut feststellte.

An einer Unterführung wurde die Idylle jedoch abrupt beendet, als plötzlich wie aus dem Nichts ein Mann vor ihnen stand. Er hatte einen Fotoapparat in der Hand, auf dem ein großes Blitzlicht montiert war, und drückte ohne Vorwarnung mehrere Male auf den Auslöser. Erschrocken zuckten sie zusammen und hielten sich die Hände vor die Augen. Für einen Moment konnte Rita nur Punkte sehen.

»Was soll denn das? Sind Sie verrückt geworden?!«, rief sie und drückte Martin an sich, der jammerte, kaum noch etwas erkennen zu können.

»Sind Sie Rita Maiburg?«, fragte der Mann fordernd, aber nicht unfreundlich.

»Ja. Wer will das wissen?«

»Wie fühlt es sich an, als weibliche Don Quijote gegen Windmühlen zu kämpfen?« Wieder drückte er auf den Auslöser und fotografierte jetzt ihr vermutlich fragend dreinschauendes Gesicht.

»Ich habe keine Ahnung, wovon Sie sprechen.«

»Könnten Sie sich vorstellen, dass aus James Bond irgendwann mal eine Jane Bond wird? Die Rolle des Geheimagenten also von einer Frau gespielt wird?«

Was redete der Mann da für einen Blödsinn?

»Was wollen Sie von mir?«, fragte sie und bemühte sich, jede Unsicherheit in ihrer Stimme im Keim zu ersticken.

»Sie haben Klage gegen die Lufthansa und damit gegen die Bundesrepublik Deutschland eingereicht. Was hat Sie auf diese größenwahnsinnige Idee gebracht?«

»Wieso größenwahnsinnig?«, empörte sich Martin. »Was will der Mann von uns?«, fragte er seine Schwester.

Beruhigend legte Rita ihrem Bruder eine Hand auf die Schulter. »Keine Sorge. Von dir will er nichts.« Dann blickte sie dem Reporter fest in die Augen. »Ich habe bereits Flugerfahrung und sitze seit Jahren am Steuerknüppel eines Flugzeugs. Es gibt keinen Grund, mir die Anstellung als Flugkapitän zu verweigern.«

»Frauen sind einmal im Monat für mehrere Tage hormonell im Ausnahmezustand«, fuhr der Reporter im Stakkato-Ton fort, und Rita konnte nicht glauben, was sie da hörte. »Wie soll eine Frau dann eine Maschine mit hundert Passagieren fliegen? Wer soll das verantworten?«

Rita nahm Martin an die Hand und zog ihn wütend an dem Reporter vorbei. »Sie haben ja nicht mehr alle Tassen im Schrank!«

»Wieso sollte die Lufthansa das Leben ihrer Passagiere in die Hände einer Frau legen?«

Rita blieb noch einmal stehen und drehte sich zu dem Mann um. »In welchem Jahrzehnt leben Sie eigentlich? Und ich dachte immer, Journalisten wären aufgeklärte und moderne Menschen. Aber das ist wohl ein Irrtum. Sie gehören ja offensichtlich zu den Ewiggestrigen.«

Mit diesen Worten ließ sie den Reporter stehen und zog Martin mit sich. Sie hörte noch, wie er weitere Fotos schoss, dann konnten sie zum Glück die Unterführung verlassen und um die nächste Ecke biegen. Ihr schlug das Herz bis zum Hals, und sie rang um Fassung.

Martin legte ihr liebevoll den Arm um die Hüften. »Dem hast du es aber gegeben«, sagte er mit echter Anerkennung in der Stimme.

»Na ja«, sagte Rita leise.

Sie hoffte inständig, dass der Artikel, den er schreiben würde, nicht in demselben Ton war, in dem er eben die Fragen gestellt hatte.

Rita atmete tief durch. Katharina Berner hatte sie gewarnt und ihr von Anfang an gesagt, dass das kein leichter Kampf werden würde. Die Anwältin hatte geahnt, dass die Presse von der Sache irgendwann Wind kriegen oder sogar gezielt die Information zugesteckt bekommen würde.

»Ich weiß nicht, was da alles auf uns zukommen wird«, hatte Katharina Berner zu ihr gesagt. »Aber in Zeiten, in denen fast täglich über die RAF berichtet wird, ist die Journaille vermutlich ganz froh, wenn sie mal einen anderen Aufreger hat. Und ehrlich gesagt bietet sich Ihr Fall durchaus dafür an.«

Rita hatte das damals nicht so ernst genommen, sie fand nicht, dass sich ihre Klage für den Empörungsjournalismus eignete. Da hatte es in letzter Zeit doch ganz andere Sachen gegeben. Als im Fernsehen vor ein paar Monaten der erste Schwulenfilm gezeigt wurde, überschlugen sich die Zeitungen und bunten Blätter fast und hielten mit Spott und Hohn nicht hinterm Zaun. Später hatte sie ein Interview mit einem schwulen Aktivisten gelesen, der meinte, dass die Berichterstattung zu dem Film ihn zwar geschmerzt, er sie aber trotzdem begrüßt habe, da dadurch ihr Anliegen und die Diskriminierung von Homosexuellen endlich mal Thema in der breiten Öffentlichkeit gewesen seien.

Vielleicht war das die richtige Einstellung? Selbst wenn dieser Reporter einen hämischen Artikel über sie schreiben sollte, vielleicht gab es dann trotzdem genug Leser, die über die Entscheidung der Lufthansa nachdachten und zu dem Schluss kamen, dass Frauen durchaus in solchen Berufen arbeiten konnten?

»Von welcher Zeitung war der eigentlich?«, fragte Martin.

Verdammt, dachte Rita. Das hatte sie vergessen zu fragen. Wahrscheinlich musste sie im Umgang mit der Presse noch einiges lernen, und sie befürchtete, dass sie nicht zum letzten Mal Kontakt mit einem Reporter gehabt hatte.

Als sie am nächsten Tag Katharina Berner anrief, wusste diese bereits von dem Vorfall.

»Ich kenne den Mann. Er hat mich auch angerufen«, sagte die Anwältin. »Arbeitet für die *Quick*.«

»Das ist vermutlich nicht gut …«

Katharina Berner seufzte. »Nein. Die *Quick* ist nicht gerade als frauenfreundliches Blatt bekannt. Im Gegenteil. Erinnern Sie sich an die Kampagnen gegen den Mini-Rock? Die *BILD*, die *Quick*, alle haben damals in dasselbe Horn getutet. Männer würden durch die Miniröcke unnötig provoziert und zu Tieren mutieren.« Sie lachte, aber es klang nicht fröhlich. »Wochenlang haben die den Quatsch damals gedruckt.«

Rita erinnerte sich an die Berichterstattung zu den immer kürzer werdenden Röcken. Sie hatte das nie richtig ernst genommen, schon gar nicht, als geschrieben wurde, dass die Röcke gesundheitsgefährdend seien, weil Frauen sich verkühlen könnten. Richtig schäbig waren dann aber die Artikel über Vergewaltigungsopfer gewesen, in denen die Blätter fragten, inwiefern die Frauen aufgrund ihrer Kleidung selbst schuld seien, dass sie Opfer dieser Verbrechen geworden waren.

»Aber ist unser Fall da nicht etwas anderes?«, fragte sie.

So ekelhaft sie die Berichterstattung über den Zusammenhang zwischen Miniröcken und Vergewaltigungen gefunden hatte, so sicher wusste sie aber auch, dass viele Leute genau so dachten. Sie erinnerte sich noch, wie entsetzt gerade die Älteren gewesen waren, als die Röcke immer kürzer wurden. Sie war zu dieser Zeit noch ein Teenager gewesen und hatte den Minirock selbst nicht tragen dürfen, aber sie hörte, wie die Leute redeten, wenn eine mit einem solchen Rock im Park an ihnen vorbeiging. »Die muss sich doch nicht wundern«, war noch einer der harmloseren Sprüche gewesen. Aber für jemanden, der zur Kaiserzeit geboren worden war, war der Anblick der nackten Beine vielleicht wirklich seltsam, das konnte sie ja fast noch verstehen oder zumindest nachvollziehen. Aber dass sie Pilotin werden wollte, daran war doch nichts Anrüchiges, selbst wenn man noch so intensiv danach suchte. Das Argument, dass man hormonell bedingt einige Tage im Monat nicht fliegen könne, war absurd, und Rita war sich sicher, dass jeder klar denkende Mensch das genauso sehen würde.

»Warten wir ab. Ich glaube, morgen erscheint die nächste Ausgabe«, fuhr Katharina fort. »Vielleicht ist es alles viel harmloser, als wir es uns jetzt vorstellen.«

»Gut. Haben Sie Erfahrung mit so etwas?«

Für eine Weile herrschte Stille am anderen Ende der Leitung, bevor Katharina Berner weitersprach. »Nein, nicht direkt. Ich weiß, dass die *Quick* schon länger etwas plant«, sagte sie. »Ich kenne den Reporter aus einem anderen Kontext; er war zwar nie ein angenehmer Zeitgenosse, aber die Artikel waren eigentlich in Ordnung. Deshalb kann ich ihn in diesem Fall schlecht einschätzen. Sonst hatte ich bisher selten mit der Presse zu tun. Ich habe mitbekommen, wie die lokalen Boulevardblätter über einen Drogenabhängigen in der Wohnung eines meiner Mandanten berichtet haben, das war schon alles hanebüchen. Wenn man den Blättern glauben mag, war er eine Rotlichtgröße, obwohl es dafür keinerlei Hinweise gibt.«

»Ist in Köln nicht immer das Milieu schuld?«

Rita war einmal in der Gegend zwischen Eigelstein und Friesenviertel gewesen, wo das Rotlichtmilieu in Köln zu Hause war. Sie hatte gesehen, wie Polizisten morgens mit Prostituierten Kaffee tranken und der ganz normale Bürger wie selbstverständlich neben Zuhältern, Huren und Schlägern lebte, während die Kölner Prominenz nachts mit ihnen an der Theke stand. Das Milieu war in Köln wirklich allgegenwärtig.

»Ja. Da passiert eine Menge«, stimmte Katharina Berner ihr zu. »Aber Kontakte zum Milieu konnten dem Mann nicht nachgewiesen werden. Außerdem war er gar nicht der Mieter der Wohnung, der ist nach wie vor spurlos verschwunden. Was der Presse aber erst mal egal ist. Hauptsache, die Geschichte ist reißerisch. Aber zurück zu unserem Fall. Richtig problematisch wird es erst, wenn auch die seriösen Zeitungen berichten. Auch wenn die in einem anderen Duktus schreiben, haben sie vermutlich doch dieselbe Intention«, fuhr Katharina Berner fort. »Bei der *Quick* oder *BILD* wird jeden Tag eine neue Sau durchs Dorf getrieben, das wird von vielen nicht mehr ernst genommen. Wenn *FAZ* und *Süddeutsche* auf die Jagd gehen, sieht das aber anders aus.«

»Rechnen Sie damit?«

Wieder Stille am anderen Ende der Leitung – und schließlich ein nicht überzeugendes »Nein«.

*

Katharina wurde fast schlecht, als sie an ihrem Schreibtisch die Zeitschrift aufschlug, die sie eben erst am Kiosk gekauft hatte. Sie hatte nicht mit einer sachlichen Berichterstattung gerechnet, aber das hier übertraf ihre Vorstellungen. Neben einem Foto von Rita Maiburg, auf dem sie offensichtlich überrascht worden war und voller Zorn in die Kamera blickte, wurde in knappen Worten über ihre geistige Verfassung fabuliert.

»Zählt sie vielleicht auch zu den unsäglichen Gammlern, die Haschisch rauchend und ungewaschen in den Parks unserer Städte herumlungern, während der normale Bürger hart arbeiten muss? Haben ihr die Drogen den Verstand vernebelt, und hat sie sich deshalb zu dieser aberwitzigen Klage hinreißen lassen? Da sich Rita Maiburg nicht in der Lage sah, unsere Fragen zu beantworten, können wir darüber nur spekulieren. Selbst ihre Anwältin Katharina Berner, Tochter des bekannten Semil-Gründers Karl Berner, verweigerte in trotziger Manier die Auskunft.«

Na wunderbar, dachte Katharina und lehnte sich seufzend in ihren Schreibtischstuhl zurück. Man hatte nicht nur ihre Mandantin verunglimpft, sondern ihr selbst auch noch kindliche Attribute wie Trotz unterstellt, was für den seriösen Ruf einer neuen Kanzlei eine Katastrophe war. Trotzig durfte man mit drei sein, dann vielleicht noch mal mit dreizehn, aber nicht, wenn man sich als Anwältin selbstständig gemacht hatte. Zumal der Vorwurf jeglicher Grundlage entbehrte. Fritz Koch, der Reporter der *Quick*, hatte am Vortag in der Kanzlei angerufen, und Katharina hatte ihm höflich erklärt, dass sie an die Schweigepflicht gebunden sei und keinerlei Auskünfte zu ihren Mandanten geben könne. Sie hatte darauf geachtet, das Telefonat freundlich zu beenden, weil sie wusste, wie diese Reporter einem das Wort im Munde verdrehen konnten. Es war eine Unverschämtheit, nun als trotzig bezeichnet zu werden, genauso wie es eine Frechheit war, an den geistigen Fähigkeiten Rita Maiburgs zu zweifeln. Zum Glück hatte ihre Mandantin mit Drogen nichts am Hut, jedenfalls nicht, soweit Katharina wusste. Wenn jetzt ein Foto von Rita Maiburg mit Joint auftauchen würde, konnte das fatale Folgen für sie haben und sie in ein völlig falsches Licht stellen.

»Dieses verdammte Schmierblatt«, fluchte Katharina und hoffte gleichzeitig, dass ihre Eltern den Artikel nicht in die Finger bekommen würden. Was unwahrscheinlich war, da die Sekretärin ihres Vaters regelmäßig eine Presseschau für den Seniorchef zusammenstellte.

Sie überlegte, wie sie auf diesen Bericht reagieren sollten, und sah nur eine Möglichkeit: schweigen. Alles, was sie und Rita Maiburg jetzt zu den Reportern sagen würden, würde sowieso nur verdreht werden. Katharina wählte die Nummer ihrer Mandantin und klärte sie kurz darauf über den Artikel auf. Das Schweigen am anderen Ende der Leitung verriet, unter welchem Schock Rita Maiburg stehen musste.

»Das Gericht wird sich von solchen Berichten nicht beeinflussen lassen«, versuchte Katharina sie zu beruhigen. »Das wird nicht entscheidend dafür sein, ob die Klage zugelassen oder abgelehnt wird. Dennoch wäre es gut, wenn Sie sich von solchen Leuten in Zukunft fernhalten würden.«

»Ich habe die Nähe zu diesem Menschen nicht gesucht!«, brach es aus Rita Maiburg heraus.

»Ich weiß. Es tut mir leid, das habe ich falsch ausgedrückt.«

»Soll ich vielleicht nicht mehr vor die Tür gehen?« Sie wirkte verletzt und aufgebracht.

»Nein. Gehen Sie das nächste Mal einfach schweigend weiter. Tun Sie so, als wäre er Luft.«

»Sie sagen das so einfach.« Jetzt hörte sich Rita Maiburg fast verzweifelt an. »Er war so aufdringlich, Sie können sich das gar nicht vorstellen.«

Doch, das konnte Katharina. Die Verbindung zwischen ihrem Vater und der *Quick* war in ihren Augen immer problematisch gewesen, auch wenn die Illustrierte bisher stets positiv berichtet hatte. Doch Katharina war immer davon überzeugt gewesen, dass das Blatt keine Rücksicht nehmen würde, wenn es bei den Berners mal etwas Negatives zu berichten gab. Hätte ihr Vater eine Affäre oder ein uneheliches Kind, wäre er von einer Krankheit oder einem anderen Schicksalsschlag gebeutelt, würde das Blatt die Geschichte genauso ausschlachten wie die von Rita Maiburg. In guten wie in schlechten Zeiten war nicht nur ein Versprechen, das sich Brautleute gaben. Die Boulevardpresse versprach es den Protagonisten ihrer Storys genauso, nur dass es einen ekelhaften Beigeschmack hatte.

So wenig mit der Presse reden wie nur möglich, das war die goldene Regel, die jeder Rechtsanwalt seinen Mandanten mit auf den Weg gab. Denn jedes Wort konnte aus dem Kontext gerissen werden und plötzlich ein ganz anderes Bild von der Situation zeichnen. Und Katharina wusste, wie allergisch die Presse auf alles reagierte, was in Ansätzen feministisch erschien.

»Glauben Sie wirklich, dass mein Fall für die Blätter so interessant ist? Gibt es nichts Wichtigeres zu berichten?«

»Doch, bestimmt. Aber erinnern Sie sich an den Hosenanzug?«

Für einen Moment war Rita Maiburg ganz still. »Ja«, sagte sie dann. »Natürlich.«

Auch wenn es schon ein bisschen zurücklag, hatte kaum jemand vergessen, welchen Skandal die SPD-Bundestagsabgeordnete Lenelotte von Bothmer 1970 ausgelöst hatte und wie Zeitungen und Illustrierte die Dauerempörung tagelang neu angefacht hatten. Heute erschien es Katharina fast absurd, wie die Leute damals durchgedreht waren, als die Abgeordnete zum Rednerpult ging. Dabei war es egal gewesen, was sie sagte, entscheidend war gewesen, dass sie als erste Frau im Bundestag eine Rede im Hosenanzug hielt. Das Foto von ihr in beigefarbenen Hosen und hochgeschlossener Kostümjacke wurde am nächsten Tag in allen Zeitungen abgedruckt. Genauso wie die Reaktionen ihrer schlipstragenden Kollegen, die sich parteiübergreifend entsetzt zeigten, die Hände schimpfend in die Höhe hielten oder fassungslos den Kopf schüttelten. »Die erste Hose am Pult!«, schrie ein empörter Zwischenrufer, als sie ihre Rede hielt, und der SPD-Abgeordnete Carlo Schmid wähnte die Würde des Hohen Hauses verletzt, Bundestagsvizepräsident Richard Jaeger von der CSU gar die Würde der Frau. Nach ihrer Rede gab es einen Aufschrei, und besonders die Boulevardpresse nahm kein Blatt vor den Mund. Ohne jede Rücksicht wurden allerlei anonyme Schmähbriefe veröffentlicht. »Sie sind keine Dame!«, hieß es in einem, »Sie sind ein unanständiges, würdeloses Weib!« in einem anderen, und die besorgte Zeitung fragte sich gar, ob die Abgeordnete das nächste Mal gleich ganz nackt auftreten würde. Vor ein paar Monaten hatte Katharina die Frau in einer Talkshow gesehen, in der sie zugab, dass sie die unflätigen Bemerkungen sehr getroffen hätten und sie mit einer solchen Welle der Empörung nicht gerechnet habe. Auch wenn die Schmähungen nach ein paar Tagen vorbei gewesen waren, die Verletzungen waren geblieben. Das wollte Katharina ihrer Mandantin gern ersparen. Und sich selbst auch.

»Je weniger Sie mit der Presse sprechen, desto weniger angreifbar sind Sie«, sagte sie zu Rita Maiburg. »Ich bin mir sicher, dass wir bald etwas auf unsere Klageeinreichung hören werden.«

Es lag jetzt über vier Monate zurück, dass sie Klage am zuständigen Oberlandesgericht eingereicht hatten. Katharina war klar, dass es dauern konnte, bis sie eine Reaktion darauf bekommen würde. In einem Zivilprozess ermittelte das Gericht nicht selbst. Stattdessen galt der Beibringungsgrundsatz: Der Richter entschied nur auf Basis der Ausführungen und Beweise, die ihm Kläger und Beklagter zutrugen. Die Argumentation in der Klageschrift und während der Verhandlung war für den Ausgang eines Verfahrens daher ganz besonders wichtig. Aber zunächst würde das Gericht prüfen, ob es die Klage überhaupt zulassen würde. War in der Klageschrift nicht schlüssig erläutert, dass der rechtliche Anspruch bestand, würde das Gericht sie als unbegründet abweisen. Katharina hoffte, dass das im Fall von Rita Maiburg nicht eintreten würde. Sie vermutete allerdings, dass das Gericht einige Argumente der Gegenseite durchaus schlüssig finden könnte.

»Wir haben mit Gegenwind gerechnet, Frau Maiburg«, sagte Katharina zum Schluss. »So ein Gegenwind ist nicht immer fair, aber wir werden uns davon nicht umwerfen lassen.«

*

Rita beendete das Telefonat mit ihrer Rechtsanwältin, zog sich die Schuhe an und eilte aus dem Haus. Bis zum nächsten Kiosk war es nicht weit und so dauerte es nur wenige Minuten, bis sie die Zeitschrift in den Händen hielt, von der ihr Katharina Berner eben berichtet hatte. Ihr wurde fast schwindelig, als sie das Foto von sich sah und den dazugehörigen Text las.

»Wenigstens ist Martin nicht zu sehen«, murmelte sie und fragte sich für einen Moment, ob jemand sie wohl aufgrund dieses Fotos auf der Straße erkennen könnte. Sie konnte nur hoffen, dass das nicht der Fall war.

»Rita?«

Erschrocken zuckte sie zusammen und war geradezu erleichtert, als sie sich umdrehte und Uta sah. Fast vier Monate lang hatte sie ihre Freundin nicht mehr gesehen, hatte keinen der Anrufe beantwortet und sich völlig von ihr zurückgezogen. Blass und viel schmaler als sonst stand Uta nun vor ihr. Sie sah aus, als hätte sie seit Tagen nicht mehr geschlafen.

»Warum hast du nie zurückgerufen?«, fragte sie ohne Vorwurf in der Stimme. Vielmehr schien sie tieftraurig zu sein.

Rita zog sie ein Stück vom Kiosk fort und zeigte ihr den Artikel in der Zeitung.

»Siehst du das?«, sie wies auf den Absatz, in dem über ihren möglichen Drogenkonsum spekuliert wurde. »Jetzt stell dir mal vor, dieses Drecksblatt hätte irgendeinen konkreten Hinweis darauf. Oder schlimmer: Ich hätte mich auf euer Angebot eingelassen, den Kurierflug übernommen und die hätten das rausgefunden. Weißt du eigentlich, was ich damit aufs Spiel gesetzt hätte?«

Uta nickte schwach. »Alles.«

»Das konnte ich nicht riskieren. Das musst du doch verstehen.«

»Ja …«

Eine ältere Dame, die ihren Hund ausführte, blieb neben ihnen stehen, und der weiße Spitz schnüffelte kurz an Utas Schuhen. Die Frau warf ihnen einen freundlichen Blick zu und ging weiter, als das Tier von zwei spielenden Kindern entdeckt wurde, die mit Kreide Hüpfkästchen auf den Bürgersteig malten und es unbedingt streicheln wollten.

Rita hatte den Eindruck, dass Uta etwas auf dem Herzen hatte. »Was ist passiert?«, fragte sie schließlich, als sie ein Stück die Straße entlanggingen.

Uta blieb stehen und schlug sich die Hände vors Gesicht. Sie schluchzte kurz auf, sammelte sich dann wieder und atmete tief durch.

»Es ist alles schiefgegangen, Rita.«

So etwas hatte sie befürchtet. Es hätte sie auch gewundert, wenn ein paar passionierte Kiffer so einfach ins Drogengeschäft hätten einsteigen können. Sie setzten sich auf eine Bank, und Rita sah die alte Freundin fragend an.

»Frank ist weg«, sagte Uta leise.

»Ist er nach Afghanistan zurück?«

»Ich weiß es nicht.« Ihre Stimme zitterte. »Möglicherweise … aber irgendwie glaube ich es nicht.«

»Nun erzähl mal.«

Uta unterdrückte erneut ein Schluchzen und begann, stockend zu erzählen.

»Nachdem du dich geweigert hast, runterzufliegen, haben die Jungs überlegt, noch mal mit dem Bulli zu fahren …«

»Wahnsinn.«

»Weiß ich gar nicht. Beim ersten Mal hat es ja auch problemlos geklappt, und sie sind kein einziges Mal kontrolliert worden …«

»Aber da haben sie ja auch nichts geschmuggelt.«

»Was an den Grenzkontrollen ja niemand wissen konnte.«

»Stimmt. Ist bei dem Transport was schiefgegangen?«

»Ach Rita, so weit ist es doch gar nicht gekommen«, sagte Uta und berichtete, wie sie zunächst ihre Eltern um ein paar tausend Mark betrogen hatte. »Ich kenne die Kombination vom Safe und wusste, dass da ein paar Goldmünzen rumlagen. Um ehrlich zu sein, ganz schön viele. Also habe ich ein paar gemopst und beim Gold An- und Verkauf zu Bargeld gemacht.«

»Wie viel hast du bekommen?«

»Fast dreitausend Mark.«

Rita pfiff anerkennend durch die Zähne. »Mensch, Uta.«

»Ja. Weiß ich heute auch. Ich habe Frank das Geld gegeben, zwei Tage, bevor er mit Gerd und Klaus losfahren wollte. Er musste noch zu seinem Dealer nach Köln und irgendetwas besprechen. Seitdem haben wir nie wieder etwas von ihm gehört …«

Rita betrachtete ihre Freundin nachdenklich. »Meinst du, er ist mit dem Geld abgehauen?«

»Das passt doch eigentlich nicht zu ihm.«

Da hatte sie recht. Frank mochte ein verdammter Junkie sein, aber seine Freunde würde er niemals betrügen.

»Knast?«

Uta zuckte mit den Schultern. »Habe ich auch schon gedacht. Seine Eltern scheinen mehr zu wissen, aber sie wollen nicht mit mir sprechen. Ich glaube, ihm ist was Schlimmes passiert, Rita.«

Rita nickte beklommen. »Wenn er im Knast ist, würde das jedenfalls erklären, warum Frau Barlage nicht darüber sprechen will. Das war doch immer ihre größte Angst und wäre ihr sicher fürchterlich peinlich.«

»Kannst du nicht mal mit ihnen reden? Ich mache mir wirklich große Sorgen um ihn …«

Rita hatte immer einen guten Draht zu Frau Barlage gehabt, es war durchaus möglich, dass sie mehr von ihr erfahren würde als Uta. »Ich kann es versuchen.«

»Danke, Rita. Vielleicht weiß sie ja auch, wo das Geld geblieben ist …«

Rita hatte geahnt, dass die Sorge um Frank nicht der einzige

Grund für ihre Verzweiflung war. »Haben deine Eltern sich doch nicht so leicht bestehlen lassen?«

»Nein …« Ihre Freundin schilderte ihr unter Tränen, wie schnell ihr Vater den Verlust der Münzen bemerkt hatte. Von Anfang an hatte er Uta im Verdacht gehabt, doch die hatte hartnäckig geleugnet, bis ihr Vater die Polizei hatte rufen wollen.

»Da blieb mir nichts anderes übrig, als ihnen alles zu gestehen.«

»Wie haben sie reagiert?«

»Nun … nicht gerade verständnisvoll.« Uta seufzte matt und erzählte, dass sie zu Hause rausgeflogen war. »Ich schlafe mal hier und mal da, in den meisten WGs meiner Freunde ist ab und zu zum Glück ein Sofa frei, aber toll ist das nicht.«

»Wovon lebst du?«

»Ich kellnere. Damit komme ich einigermaßen über die Runden. Mein Studium pausiert ein wenig …« Sie atmete tief durch und sah Rita aus rotgeweinten Augen an. »Aber es geht mir wirklich nicht nur ums Geld, Rita. Ich habe Angst, dass Frank richtig in Schwierigkeiten steckt. Gerd und Klaus kümmern sich einen Scheiß. Nachdem die gehört haben, dass irgendetwas passiert ist, sind sie abgetaucht.«

»Tolle Freunde.«

»Ja.« Für einen Moment waren sie beide still. »Und du bist auch nicht mehr ans Telefon gegangen.«

Rita schlug die Augen nieder. Es war richtig gewesen, sich von den Plänen ihrer Freunde zu distanzieren und ihren Traum, Pilotin zu werden, nicht aufs Spiel zu setzen. Aber vielleicht war es falsch gewesen, nie auf Utas Anrufe zu reagieren. Frank hatte sich seit dem gemeinsamen Nachmittag im Frühling kein einziges Mal mehr bei ihr gemeldet, Uta hatte dagegen bestimmt zehnmal angerufen. Rita bekam ein schlechtes Gewissen. So ging man nicht mit Freunden um, und sie nahm sich fest vor, Uta nicht noch einmal im Stich zu lassen.

*

Katharina versuchte, sich einen Überblick über ihre Auftragslage zu verschaffen. Heute hatte sie noch einen Termin mit Ines Reus, dem Fotomodell, das letztes Jahr den Werbefilm in ihrem Elternhaus gedreht hatte und vor ein paar Monaten von einem Hund übel attackiert worden war. Sie war zu Dreharbeiten in der Stadt, und Katharina hatte angeboten, in einer Pause bei ihr vorbeizuschauen. Solche Fälle waren gut für sie, machten nicht viel Arbeit und versprachen sicheren Lohn. Darauf konnte sie nicht verzichten. *Bis dahin sind noch viele Stunden Aktenarbeit nötig,* dachte sie seufzend, als es klingelte.

»Frau Köhler!«, sagte Katharina überrascht, nachdem sie die Tür geöffnet hatte, und schüttelte der Frau herzlich die Hand. Sie war ihre letzte Mandantin bei Hassel und Partner gewesen und hatte sich von ihrem übergriffigen Mann scheiden lassen wollen. »Ich freue mich, Sie zu sehen! Kommen Sie rein!«

Hildegard Köhler lächelte, und Katharina fand augenblicklich, dass es ein gequältes Lächeln war.

»Danke, Frau Berner.« Sie ließ ihren Blick durch den Raum schweifen. »Schön, dass Sie sich selbstständig gemacht und so eine tolle Kanzlei haben.«

»Danke. Wie geht es Ihnen?« Katharina musterte Hildegard Köhler aufmerksam. »Ist alles in Ordnung?«

Wieder dieses Lächeln. Sie schien kurz nachzudenken. »Eigentlich nicht«, sagte sie schließlich. »Aber irgendwie schon. Ich hoffe es jedenfalls.«

Katharina bat sie, Platz zu nehmen, und bot ihr einen Kaffee an, den sie dankend annahm. Sie spürte, dass etwas passiert war. Die Art, wie Frau Köhler ihrem Blick auswich, wie sie immer wieder auf Belanglosigkeiten zu sprechen kam und sogar den Wuchs des Kaktus lobte, der auf Katharinas Schreibtisch stand, machte deutlich, dass etwas mit der Frau nicht stimmte. Irgendwie wirkte sie verletzt und selbstbewusst zugleich.

»Was ist geschehen?«, fragte Katharina sanft, als sie sich hingesetzt hatten.

Hildegard Köhler nahm einen Schluck von ihrem Kaffee und stellte die Tasse zur Seite. Sie atmete tief durch und begann dann wortlos, ihre Rüschenbluse aufzuknöpfen.

»Frau Köhler?« Katharina war nun ernsthaft besorgt.

»Es ist eskaliert«, sagte ihre Mandantin leise. »Ich glaube, ich wollte, dass es passiert. Das letzte Mal habe ich mich so stark gewehrt, dass er Gewalt anwenden musste …«

Sie zog die Bluse über die linke Schulter und zeigte Katharina Oberarm, Dekolleté und Rippen, wobei sie penibel darauf achtete, nichts von ihrer Brust zu entblößen. Alles war mit blauen Flecken übersät.

»Mein Gott.« Katharina war entsetzt. Es war das erste Mal, dass sie die Auswirkungen häuslicher Gewalt unmittelbar vor sich sah. »Waren Sie schon bei der Polizei?«

»Nein«, antwortete Hildegard Köhler. »Ich würde da gerne mit Ihnen zusammen hingehen. Allein macht es mir ein bisschen Angst … mich auf einer Wache ausziehen zu müssen.«

Katharina war froh, dass sie die Polaroid-Kamera gekauft hatte. Sie hatte lange überlegt, ob sie so viel Geld ausgeben sollte, und sich dann dafür entschieden, da es Situationen geben konnte, in denen sie nicht eine Woche auf die Entwicklung eines Films warten wollte.

Jetzt war so eine Situation gekommen. Sie musste die Verletzungen zeitnah einem Polizisten präsentieren, um Anzeige zu erstatten. Falls aber keine Beamtin in der Wache sein sollte, was leider sehr häufig der Fall war, hoffte Katharina, Hildegard Köhler das Ausziehen vor fremden Männern durch die Polaroids ersparen zu können.

»Haben Sie sich etwas gebrochen?«, erkundigte sich Katharina besorgt, nachdem sie gefragt hatte, ob sie Fotos von den Verletzungen machen dürfe. Vorsichtig nahm sie den Arm der Frau hoch, um die blauen Flecken auf den Rippen richtig dokumentieren zu können.

»Ich denke nicht. Wäre das besser?«

Katharina ließ entsetzt die Arme sinken. »Natürlich nicht, Frau Köhler. Jede weitere Verletzung wäre schlimm, noch schlimmer als die, die sie sowieso schon haben.«

Gewissensbisse stiegen in ihr hoch. Hätte sie ihre Mandantin vor ein paar Monaten doch besser zur Scheidung drängen sollen, so wie es ihr ehemaliger Chef von ihr verlangt hatte? Natürlich nicht aus finanziellen Gründen, um die es ihm gegangen war, sondern weil ihr dann viel Leid erspart geblieben wäre?

»Ich weiß, was Sie denken.« Hildegard Köhler beobachtete sie aufmerksam. Tatsächlich schien sie ihre Gedanken lesen zu können. »Es war meine Entscheidung, noch zu warten und die Scheidung nicht einzureichen«, fuhr sie fort. »Sie haben mir damals gesagt, Vergewaltigung in der Ehe sei nicht strafbar, und wenn ich mich meinen ehelichen Pflichten verweigere, wäre bei der Scheidung auch nicht sicher, ob er die Schuld bekäme. Aber schlagen und verprügeln darf er mich nicht, richtig?«

Katharina sah sie mitfühlend an. »Auf gar keinen Fall darf er das. Damit macht er sich sogar strafbar.«

»Das ist mir alles egal. Hauptsache, ich werde schuldlos geschieden und bekomme das Sorgerecht für meine Kinder.«

»Und Unterhalt. Ich denke, das sollte unter diesen Umständen kein Problem mehr darstellen.«

Katharina hatte nun alle Verletzungen dokumentiert. Es dauerte einige Minuten, bevor man auf den Abzügen etwas erkennen konnte. Dann wählte sie die Nummer der Polizei.

Hildegard Köhler konnte, nach stundenlangem Warten und dank der Polaroid-Fotos als Beweis für die Misshandlungen, einer später eintreffenden Beamtin ihre Verletzungen unter vier Augen zeigen. Die Vernehmung wurde aber im Anschluss zusätzlich mit einem männlichen Kollegen durchgeführt. Katharina hatte geahnt, dass die Fragen unangenehm werden würden. Aber sie hätte nicht gedacht, dass in einem so eindeutigen Fall von häuslicher Gewalt so viele Fragen gestellt würden, die die Aussage des Opfers in Zweifel zogen. Von der schon fast gängigen »Haben Sie Ihren Mann provoziert«-Frage bis hin zu Mutmaßungen, die blauen Flecken könnten ja auch von einem Sturz herrühren, war alles dabei. Zum Glück erwies sich die junge Beamtin als erstaunlich durchsetzungsstark. Sie wies ihren älteren Kollegen irgendwann in seine Schranken und stellte klar, dass die Gewaltanwendung hier zweifellos bewiesen sei. Und auch Hildegard Köhler zeigte eine überraschende Stärke. Sie brach nicht in Tränen aus, sondern erklärte mit fester Stimme, was ihr in den letzten Monaten passiert war und wie die Situation so hatte eskalieren können. Schließlich beteuerte der Polizist, dass er auf keinen Fall den Eindruck habe erwecken wollen, einen Täter zu schützen. Katharina erstattete im Auftrag ihrer Mandantin Anzeige und machte sich noch am selben Nachmittag daran, alles für die Scheidung vorzubereiten. Sie empfahl Hildegard Köhler, mit den Kindern zu den Großeltern zu ziehen, damit weitere Gewaltexzesse verhindert würden.

Jetzt musste sie sich sputen, um nicht zu spät zu dem Termin mit Ines Reus zu kommen. Katharina brauchte fast eine Stunde, um mit den öffentlichen Verkehrsmitteln zu den Studios zu fahren, in denen die Dreharbeiten für den Werbefilm stattfanden.

Am frühen Abend betrat sie leise das Studio. Sofort wurde sie von einer Produktionsassistentin abgefangen und hinter die Kulissen verwiesen, wo sie auf Ines Reus warten sollte. Einige Mitarbeiter der Produktion verfolgten von dort aus konzentriert den Dreh.

Katharina blieb im Hintergrund und beobachtete das Treiben, das sich unter dem gleißenden Scheinwerferlicht abspielte. In einer Art Schönheitssalon-Kulisse saß Ines Reus in einem Sessel und ließ sich von einer älteren Dame die Fingernägel der linken Hand feilen. Gleichzeitig hielt sie die rechte in eine Schale mit einer dickflüssigen Lauge. Skeptisch blickte die Frau, die offenbar eine Kosmetikerin spielte, auf die linke Hand des Fotomodells.

»Sie haben wohl Bäume gefällt, was?«

Ines Reus seufzte theatralisch. »Ja, ich mache mir noch die Hände kaputt mit dem ewigen Geschirrspülen.«

»Ah, da weiß ich ein Rezept für Sie – eine Sensation!«, sagte die ältere Frau strahlend und zauberte eine Flasche Spülmittel hervor. »Palmolive Geschirrspülmittel. Das Schönheitsrezept für Hände, die täglich Geschirr spülen. Ich benutze es hier auch! Sie baden gerade Ihre Hände darin.« Sie wies auf die Schale, in der Ines Reus' rechte Hand lag.

»In Geschirrspülmittel?« Erschrocken zog das Fotomodell die Hand heraus.

Katharina musste laut auflachen und hielt sich im nächsten Moment die Hand vor den Mund, als alle anderen Anwesenden sich umdrehten und sie entsetzt ansahen.

»Entschuldigung«, flüsterte sie schnell, aber da war es schon zu spät.

»Wer gackert hier denn so dämlich dazwischen?!«, rief ein

Mann genervt, der wahrscheinlich der Regisseur war. »Schnitt, aus, zwanzig Minuten Pause, und dann kommen alle bitte wieder konzentriert ans Set! Und wer quatscht oder lacht, fliegt raus, verstanden? So werden wir ja nie fertig!«

Kameraleute und andere Mitarbeiter stöhnten genervt. Langsam gingen sie auseinander, holten sich etwas zu trinken von dem langen Klapptisch, der hinter den Kulissen aufgebaut war, oder suchten die Toiletten auf, während die Produktionsassistentin Ines Reus informierte, dass Katharina da war.

»Tut mir wirklich leid«, entschuldigte sie sich bei Frau Reus, als das Fotomodell mit genervter Miene zu ihr kam. »Aber ich fand es so absurd, dass in einem Schönheitssalon …«

»Meine Güte!«, unterbrach Ines Reus sie augenrollend. »Wissen Sie, wie viele absurde Werbefilme ich schon für Semil gedreht habe? Meinen Sie, die waren weniger bekloppt als der hier?«

»Nun ja …« Eigentlich hatte Katharina schon den Eindruck. Die Semil-Spots waren sicherlich sehr konservativ, aber niemand wäre jemals auf die Idee gekommen, Waschmittel als Badezusatz in der Badewanne zu präsentieren, das die Haut so weich macht wie die Wäsche.

»Ihretwegen haben wir jetzt später Feierabend. Schönen Dank auch.«

Ines Reus ging sichtbar schlecht gelaunt in ihre Garderobe und signalisierte Katharina mit einer Handbewegung, ihr zu folgen.

Sie war wirklich bestechend schön, das musste Katharina neidlos anerkennen. Ihre langen blonden Haare hatte sie zu einer Außenwelle geföhnt, und der extrem kurze Minirock betonte ihre schlanke Figur. Außerdem lenkte er den Blick sofort auf ihre makellosen Beine. Von einem Hundebiss konnte Katharina nichts sehen.

Frau Reus schlug die Tür zu und ließ sich in einen dunkelroten

Sessel fallen, der vor einem großen beleuchteten Spiegel stand. Zahlreiche Tuben und Riegel mit Schminke und Puder lagen auf der silbrig glänzenden Anrichte davor. Obwohl es noch eine ziemlich durchgesessene grüne Couch in dem kleinen Raum gab, blieb Katharina lieber stehen.

»Sie wissen, warum ich Sie sprechen wollte?«, sagte Ines Reus, nachdem sie noch ein paar bissige Kommentare von sich gegeben hatte.

»Natürlich.«

»Gut. Erich sagte, Sie könnten sich die Mandanten nicht gerade aussuchen. Ich hoffe, das ist kein schlechtes Zeichen.«

Erich?, dachte Katharina überrascht. Sie duzte ihren Bruder? Das war mehr als ungewöhnlich. Normalerweise bauten weder er noch ihr Vater zu Angestellten ein vertrautes Verhältnis auf, erst recht nicht, wenn es nur um ein kurzes Arbeitsverhältnis wie einen Werbefilm ging.

»Schildern Sie mir doch bitte, wie es zu der Hundeattacke gekommen ist«, sagte Katharina und zog ihr Notizheft aus der Tasche.

In aller Ausführlichkeit erzählte das Fotomodell ihr daraufhin von dem Hundeangriff, der in Katharinas Vorstellung die Attacke eines Schäferhundes oder eines ähnlich großen Tieres gewesen war und sich jetzt als Schnappen eines Rehpinschers entpuppte, der seinem Opfer noch nicht mal eine Fleischwunde zugefügt hatte. Lediglich ein paar Kratzer hatten ihren Oberschenkel verunstaltet, von denen jetzt nichts mehr zu sehen war. Während Ines Reus beim Reden kaum Luft holte, wünschte sich Katharina nichts mehr, als dass dieser Tag endlich zu Ende ging.

»Ich erwarte, dass Sie sich jetzt vorrangig um meinen Fall kümmern«, schmetterte Frau Reus ihr entgegen, als endlich ein Mitarbeiter des Filmteams hereinkam, um das Ende der Pause zu verkünden. Hocherhobenen Hauptes stolzierte das Fotomodell daraufhin aus dem Raum.

»Klar«, murmelte Katharina müde und folgte ihr langsam. Sie brauchte jetzt dringend etwas frische Luft.

Katharina fühlte sich wie erschlagen, als Theo sie am späten Abend in der WG besuchte.

»Sie hat mir ausführlich vorgejammert, dass sie deshalb einen Bikini-Job nicht antreten konnte«, sagte Katharina und rollte mit den Augen, während Theo ihr grinsend ein Glas Wein einschenkte.

Sie saßen in der Sitzecke ihres Zimmers, wobei sie zwei Sessel so zusammengeschoben hatten, dass Theo den Arm um sie legen konnte. Liebevoll massierte er mit einer Hand ihren Nacken.

»Da verbringst du Stunden mit einer Frau, die seit Jahren von ihrem Mann misshandelt wird, und im nächsten Augenblick steht so eine Blondine vor dir und jammert, dass sie wegen ein paar Kratzern nicht zum Fototermin konnte.« Katharina nahm einen kräftigen Schluck aus ihrem Glas.

Theo strich ihr über den Rücken. »Hast du das Mandat angenommen?«

»Klar. Ich kann es mir nicht leisten, jemanden abzuweisen. Aber am liebsten hätte ich …«

»Und die will wirklich Schadenersatz? Für ein paar Kratzer?«

»Ja. Aber den Zahn habe ich ihr gleich gezogen. Dafür hätte sie die Verletzungen sofort dokumentieren müssen und kann nicht erst vier Wochen später bei einer Anwältin auftauchen. Sie hat was von irgendwelchen Schadenersatzzahlungen in den USA gehört und das große Geld gewittert.«

»Die haben doch ein ganz anderes Rechtssystem als wir.«

»Genau. Und da gibt es wirklich absurd hohe Zahlungen. Es gab mal diese Geschichte mit dem Mäuseschwanz im Hamburger …«

Theo lachte. »Stimmt. Davon hab sogar ich gehört!«

»Ein paar Millionen Dollar hat der Restaurantbesucher dafür bekommen. Und von solchen Summen träumte diese langbeinige Zicke wohl auch.«

»Daraus wird vermutlich nichts.«

»Nein. Ich kann versuchen, das Honorar für den Bikini-Termin beim Hundehalter rauszuschlagen. Aber selbst das dürfte schwierig werden, weil sie die vermeintliche Bisswunde ja nicht dokumentiert hat.« Katharina legte den Kopf auf seine Schulter. »Das war ein anstrengender Tag.«

»Wie gut, dass ich hier bin und dich etwas aufheitern kann«, meinte Theo zärtlich, drehte ihren Kopf zu sich und küsste sie. Sie rutschte von ihrem Sessel zu ihm auf seinen Schoß, und ihre Küsse wurden immer inniger.

Langsam löste sie sich aus seiner Umarmung und stand auf, ohne seine Hand loszulassen. »Komm«, sagte sie zärtlich und zog ihn Richtung Bett.

Überrascht sah er sie an. »Ich dachte, du bist fix und fertig?«

Anstatt zu antworten, küsste sie ihn.

»Ich liebe dich«, flüsterte er ihr ins Ohr, als sie hinterher in seinen Armen lag. Das hatte er ihr schon einmal gesagt, und da fiel ihr auf, dass sie es noch nicht erwidert hatte.

»Ich glaube, ich dich auch«, sagte sie und merkte im selben Moment, wie holprig das klang.

Gespielt empört setzte er sich auf. »Wie, du glaubst? Warum weißt du es nicht?«

Sie lachte und zog ihn zurück unter die Decke, kam ihm ganz nah und sah in seine dunklen Augen.

»Ich verliebe mich nicht so leicht«, erklärte sie ihm. »Und ich habe Schwierigkeiten damit, mich auf eine Beziehung einzulassen. Aber mit dir ist das anders.«

Liebevoll strich er ihr eine Haarsträhne aus der Stirn. »Das hoffe ich doch. Was ist denn geschehen? Gab es mal eine große Enttäuschung?«

Sie zögerte. Nur ungern sprach sie über das Thema. »Ja. Auch. Aber ich weiß nicht, ob es nur daran liegt«, antwortete sie schließlich und atmete tief durch. »Ich konnte Nähe nie gut zulassen. Vielleicht aus Angst vor einer möglichen Enttäuschung, vielleicht weil ich als Kind ständig allein war. Ich weiß es nicht.«

Sie hatte sich schon oft gefragt, warum sie sich auf eine tiefere Bindung nicht einlassen konnte und ob es wirklich nur an der Enttäuschung zu Studienzeiten lag, als sie von Thomas betrogen worden war. Aber eines spürte sie jetzt sehr deutlich.

»Mit dir ist es anders.«

Theo küsste sie. »Das ist schön.«

Sie lagen noch eine ganze Weile eng umschlungen da und genossen die Nähe des anderen. Schließlich löste Theo sich aus der Umarmung.

»Ich muss mich auf den Weg machen. Es ist spät.«

Katharina hielt ihn am Arm fest. »Schlaf doch hier. Ich habe noch eine Ersatzzahnbürste, die kannst du haben.«

Er küsste sie auf die Stirn. »Nichts würde ich lieber tun als das. Aber ich muss morgen ganz früh raus.«

»Ich habe einen Wecker.«

Er lächelte. »Aber keine frischen Klamotten für mich. Ich habe schon um acht Uhr die erste Besprechung.«

»Wir können deine Sachen auf den Balkon hängen, dann lüften sie bis morgen durch.«

»Es ist ein wichtiger Termin. Ich sollte wirklich lieber fahren. Tut mir leid, mein Schatz.«

In seinen Augen war aufrichtiges Bedauern zu erkennen. Er küsste sie erneut und stand auf. Während er sich anzog, betrachtete sie seinen durchtrainierten Körper. Er bemerkte ihre Blicke und spannte grinsend seine Muskeln an.

»Nicht schlecht«, sagte sie lächelnd. »Machst du jetzt etwa dieses Bodybuilding?«

»Gott bewahre!« Theo lachte. »Das ist nicht so meins. Außerdem sind die paar Bodybuilding-Studios, die es in Köln gibt, für mich nicht gut zu erreichen. Aber der Trimm-dich-Pfad unten am Rhein ist super.«

»Das können wir ja mal zusammen machen.«

»Gerne.« Bis auf seine Krawatte hatte er sich wieder angezogen. Den Schlips hängte er sich locker um den Hals, und er gab ihr einen Abschiedskuss. »Sehen wir uns morgen Abend?«

»Ich kann es kaum abwarten.«

»Ich auch nicht. Ich komme nach der Arbeit vorbei, ja?«

Sie nickte und küsste ihn zum Abschied noch einmal innig. Und als er die Zimmertür hinter sich zuzog, begann sie bereits, ihn zu vermissen.

*

Rita war etwas mulmig zumute, als sie am nächsten Morgen am Haus der Familie Barlage klingelte. Sie hatte sich lange überlegt, was sie sagen sollte; sie wusste ja nicht, wie viel Kenntnis Franks Eltern von seinem Tun hatten.

Sie war ganz bewusst früh dran, weil Herr Barlage um diese Uhrzeit schon in einem der Chemieunternehmen von Wesseling schuftete, während die Arbeit in der Gärtnerei für seine Frau erst etwas später begann. Sie kannte Herrn Barlage nicht besonders gut. Die wenigen Male, die sie ihn in den letzten Jahren getroffen hatte, war er immer sehr erschöpft und nicht besonders freundlich gewesen. Er arbeitete viel, und wenn er nach Hause kam, wollte er nur noch seine Ruhe und nichts mit den Freunden seines Sohnes zu schaffen haben. Sie glaubte nicht, dass er für ein Gespräch offen gewesen wäre. Die meisten Männer seiner Generation sprachen wenig. Anders sah es mit Franks Mutter aus, die noch mitgenommener wirkte als beim letzten Mal, als Rita sich mit ihr unterhalten hatte. Sie schien fast dankbar zu sein, dass sie hier war.

»Weißt du, Rita«, sagte sie, als sie ihr einen Kaffee einschenkte, »mein Mann will eigentlich nicht, dass ich mit jemandem über Frank spreche. Der Junge ist eine Schande für uns, sagt Horst. Wenn meine Schwester und mein Schwager da sind, reden wir gar nicht über ihn, und wenn Leute aus der Nachbarschaft mal fragen, blocke ich sofort ab. Aber mit dir ist das ja etwas anderes. Du kennst ihn ja. Und seine Probleme …«

Der Kaffee schmeckte dünn, so wie immer bei Barlages. »Sie spart am Pulver«, hatte Frank ihr mal gesagt, und Rita erinnerte sich, dass seine Stimme dabei voller Schmerz und Mitgefühl für seine Mutter gewesen war. Die Armut seiner Eltern hatte ihn nie kalt gelassen.

»Frank hat ein gutes Herz«, sagte Rita, um der Mutter etwas Nettes zu sagen, aber auch weil es stimmte. »Ich habe jetzt schon lange nichts mehr von ihm gehört und mache mir ein wenig Sorgen. Wo steckt er?«

Frau Barlage seufzte und rieb sich über die müden Augen. »Ach Kind … versprichst du mir, es nicht weiterzutragen?«

»Natürlich.«

»Sie haben ihn ins LKH gebracht.«

Das war ein Schock. Alles, was sie je über die psychiatrischen Anstalten gehört hatte, war verstörend und grausam gewesen. Es hieß, die Patienten würden dort fixiert, über Tage ans Bett gebunden und mit Medikamenten stillgestellt, und nur selten würde jemand nach ihnen schauen.

»Aber … warum?«

»Man hat ihn in der Wohnung eines Drogenhändlers gefunden … irgendwo in Köln … und Frank … er war gar nicht mehr ansprechbar …« Frau Barlage weinte.

Rita brauchte nicht mehr zu wissen, sie konnte sich den Rest selbst zusammenreimen. Frank war mit dem Geld aus dem Verkauf der gestohlenen Münzen zu seinem Dealer nach Köln gefahren, hatte dort eine Überdosis genommen und war eingewiesen worden, während sich der Dealer vermutlich mit dem Geld aus dem Staub gemacht hatte.

»Wie lange wird er dort bleiben?«

Frau Barlage wusste es nicht. Sie zog ein Stofftaschentuch aus ihrer Kittelschürze und schnäuzte sich die Nase.

»Er war schon ein paar Tage weg, bevor wir überhaupt erfahren haben, wo er geblieben ist«, erzählte sie dann. »Wir hatten vor lauter Sorge die Polizei angerufen, und zum Glück kriegen die von den Krankenhäusern regelmäßig Listen mit Patienten, die ohne Papiere eingeliefert werden. So wie Frank. Wir mussten dann nach Köln fahren und ihn sozusagen identifizieren. Es war furchtbar, Rita, ganz furchtbar.«

Frau Barlage schilderte ihr stockend, in welch schlechtem Zustand das LKH war und wie einschüchternd die wenigen Pfleger auf sie gewirkt hatten, eher wie Gefängnispersonal.

»Frank war ganz ruhig, als wir zu ihm kamen. Er lag im Bett und starrte mit offenen Augen an die Decke. Aber es war nicht so, als ob er etwas wahrgenommen hätte, er hat durch uns hindurchgestarrt. Und auch nicht auf Ansprache reagiert, er konnte nicht mit uns sprechen oder auf Fragen antworten. Er war wie weggetreten.«

»Was sagen die Ärzte?«

»Keiner will sich festlegen. Es kann sein, dass er nie wieder ganz klar wird. Sie wissen es nicht. Aber ehrlich gesagt schien es sie auch nicht sonderlich zu kümmern. Oft genug haben sie erwähnt, dass er es ja selbst schuld ist …«

Rita dachte nach. Was konnte sie für ihren alten Freund tun? Wenn er seinen Verstand verloren hatte, dann brauchte er die Fürsorge von kompetenten Ärzten, die wussten, wie man in solchen Situationen am besten vorging. Aber bekam er diese Versorgung im LKH? Sie hatte noch nie etwas Gutes über die Einrichtung in Köln gehört, im Gegenteil. Es lag gerade mal zwei Jahre zurück, dass sich eine Kommission mit den Zuständen in deutschen Psychiatrien beschäftigt hatte. In den Zeitungen hatte allein schon der Zwischenbericht für viel Aufregung gesorgt, in dem festgestellt wurde, dass eine sehr große Anzahl psychisch Kranker und Behinderter in den stationären Einrichtungen unter elenden, zum Teil als menschenunwürdig zu bezeichnenden Umständen leben musste. Die wichtigste Forderung der Sachverständigenkommission war damals die nach *Sofortmaßnahmen zur Befriedigung humaner Grundbedürfnisse* gewesen. Rita konnte sich noch genau an die Formulierung erinnern, weil sie fassungslos gewesen war, dass in einer Klinik die humanen Grundbedürfnisse nicht gesichert waren. In der Zeitung hatte gestanden, dass dazu neben sauberer Luft und Trinkwasser vor allem Wärme, Essen und Schlaf zählten. Dass ausgerechnet kranken Menschen das verweigert wurde, war mehr als nur ein Skandal.

»Er ist aber ein Patient!«, empörte sich Rita. »Man muss sich um ihn doch kümmern, genauso wie um jeden anderen Kranken auch!«

»Glaub mir, Rita«, sagte Frau Barlage leise, »davon sind wir weit entfernt. Im LKH wird Frank verwahrt, aber für seine Genesung macht da keiner was. Das ist jedenfalls meine Meinung.«

Ritas Blick fiel auf ein gerahmtes Foto, das an der Wand hing und Frank als I-Dötzchen bei seiner Einschulung zeigte. Stolz hielt er seine bescheidene Schultüte hoch und strahlte in die Kamera. Unzählige Male waren sie zusammen zur Schule gegangen, oft genug gerannt, weil sie spät dran gewesen waren oder er sie einfach aus Spaß jagen wollte. Vielleicht auch, um zu beweisen, dass sein verkürztes Bein kein Problem war. Für Rita war es jedenfalls nie ein Problem gewesen, das leichte Humpeln hatte sie kaum wahrgenommen. Sie waren immer dicke Kumpel gewesen, und dabei hatte sich der eine nie in den anderen verliebt. Rita fand es außergewöhnlich, dass ihre Freundschaft so viele Jahre überdauert hatte, ohne dass ihnen Sex dazwischengekommen war.

Dafür sind uns die Drogen dazwischengekommen, dachte sie traurig.

Rita atmete tief durch. »Ich werde Frank da rausholen«, sagte sie mit fester Stimme und war entschlossen, genau das auch zu tun.

Frau Barlage schüttelte energisch den Kopf. »Den Teufel wirst du tun, Kind. Ich habe gestern auch die Zeitung gelesen und das Bild von dir gesehen. Auf keinen Fall darfst du in Verbindung mit irgendwelchen Drogengeschichten gebracht werden! Nein, Rita, das würde ich mir nicht verzeihen.«

Rita dachte für einen Moment nach. Einerseits hatte Frau Barlage recht. Sollte während des Prozesses herauskommen, dass sie regelmäßig einen Freund in der geschlossenen Abteilung traf, wäre das ein gefundenes Fressen für die Presse. Andererseits … es war Frank. Ja, er war ein Hallodri, leichtsinnig und vielleicht auch ein bisschen naiv. Dass sie damals zu dem Kurierflug nein gesagt hatte, stellte sie auch heute nicht in Frage, aber vielleicht hätte sie versuchen sollen, auf ihre Freunde einzuwirken, anstatt geschockt die Bühne zu verlassen und nie wieder aufzutauchen. Sie wollte ihm helfen, und sie war davon überzeugt, dass sie das konnte, ohne in die Nähe irgendwelcher kriminellen Milieus gerückt zu werden.

»Ich bespreche das mit meiner Anwältin«, sagte sie. »Vielleicht weiß die eine Lösung. Ich werde Frank jedenfalls nicht im Stich lassen.«

Skeptisch, aber auch dankbar lächelte Frau Barlage sie an, und in ihrem Blick lag wieder so etwas wie Hoffnung.

*

Beim Anziehen fand Katharina Theos Unterhemd zwischen ihren Sachen. Sie hob es auf und hielt es sich an ihre Nase, schloss die Augen, dachte, wie gut es doch roch, so gut nach letzter Nacht. Vielleicht hatte sie mit Theo ihre Beziehungsunfähigkeit überwunden, ging es ihr durch den Kopf, und sie legte das Unterhemd sorgfältig zusammen. Vielleicht konnte sie sich jetzt endlich wieder richtig fallen lassen und sich in einer Beziehung aufgehoben fühlen.

Sie legte das Hemd in den Schrank, so als gehöre es dahin, und zog sich weiter an. Dabei fiel ihr Blick auf die alte Fotokiste, die sie wieder im Schrank verstaut hatte, nachdem sie mit Elke zusammen die Bilder durchgeschaut hatte.

Katharina kniete sich hin und öffnete die Kiste. Für einen Moment hielt sie inne und dachte darüber nach, warum es sie eigentlich immer wieder zu diesen alten Fotos zog. Zum einen waren sie Zeugnisse ihrer eigenen Vergangenheit und ließen längst vergessene Erinnerungen wieder wach werden. Das gefiel ihr. Zum anderen erzählten sie aber offensichtlich auch von Begebenheiten, die in ihrer Familie immer verschwiegen worden waren. Und das hatte sie neugierig gemacht.

Die Aufnahme ihrer Schwester Eva lag obenauf. Sie nahm das Foto in die Hand und betrachtete es. War es möglich, dass Eva im Alter von nur fünfzehn Jahren ein Kind erwartet hatte? Und war der Vater dieses Kindes vielleicht ihre große Liebe gewesen? Dass

Konrad Kruse der Vater gewesen war, konnte Katharina jedenfalls nicht glauben. Und dass er Evas große Liebe war, erst recht nicht.

Sie versuchte alles, was sie aus Erzählungen und ihren kindlichen Erinnerungen noch wusste, zu einem Bild zusammenzufügen. Es waren die Kriegszeiten gewesen, praktisch alle jungen Männer hatten irgendwann an die Front gemusst. Katharina konnte sich gut vorstellen, dass sich in dieser Extremsituation nicht wenige Paare intensiver voneinander verabschiedeten, als sie es zu Friedenszeiten vielleicht gewagt hätten. Mit fünfzehn Jahren war Eva im besten Backfischalter gewesen, da verliebte man sich schnell. Und so glücklich, wie sie auf dem Foto aussah, musste sie verliebt gewesen sein. Ihre Augen funkelten, und sie strahlte über das ganze Gesicht. Noch nie hatte sie ihre Schwester so glücklich gesehen wie auf diesem Bild.

Katharina hörte Schritte auf dem Flur und erkannte darin Elke, die offensichtlich auch schon wach war. Als sie die Küche betrat, stand Elke am Kühlschrank und suchte Brot und Butter heraus. Mit einem wissenden Lächeln musterte sie Katharina.

»Na, gut geschlafen?«

Katharina erwiderte ihr Lächeln. »Sehr gut.«

Sie setzten sich an den Tisch, und während Elke sich eine Stulle schmierte, schenkte Katharina ihnen Kaffee ein.

»Du siehst glücklich aus«, stellte Elke fest und biss zufrieden in ihr Käsebrot. »Ist das jetzt eigentlich was Festes?«

Katharina legte den Kopf zur Seite. »Ich weiß es nicht. Aber zum ersten Mal habe ich das Gefühl, dass es was Festes werden könnte.«

»Das wäre doch schön.«

»Ja.« Katharina nahm eine Scheibe Brot aus der Packung und bestrich sie mit Butter.

»Warum übernachtet er eigentlich nie hier?«

»Er muss morgens sehr früh im Büro sein. Von uns aus ist das eine ewige Fahrerei.«

»Verstehe.« Elke wirkte allerdings nicht überzeugt, und Katharina musste sich eingestehen, dass es ihr genauso ging. Aber sie hatte keine Lust, weiter darüber zu sprechen, weil sie spürte, dass es ihr die gute Laune verdarb. Als Elke zu einer erneuten Frage ansetzen wollte, wechselte sie deshalb schnell das Thema. »Mir geht das Bild von Eva nicht aus dem Kopf«, sagte sie.

»Das schwangere? Also, auf dem sie schwanger ist, meine ich natürlich.« Elke grinste.

»Ja. Sie sieht so glücklich darauf aus. Ich habe sie noch nie so glücklich gesehen.«

»Vielleicht war sie schwanger von der Liebe ihres Lebens und hat alles verloren? Es war Krieg, vielleicht ist er gefallen.«

»Habe ich auch schon gedacht. Und das Kind?«

»Viele Kinder sind damals gestorben.« Elke schlug die Augen nieder und schien nachzudenken.

»Aber das hätte ich doch irgendwann mal erfahren müssen!«

»Hmm. Vielleicht ist es so eine Art Familiengeheimnis …«

»Weil Eva so jung war?«

»Ja. Oder …« Elke biss sich auf die Unterlippe.

»Oder was?«

»Keine Ahnung. War nur so ein Gedanke.«

»Was für ein Gedanke?«, fragte Katharina. »Jetzt sag schon!«

Elke zögerte. »Ich weiß nicht. Als ich das Foto zum ersten Mal gesehen habe …« Wieder stockte sie. »Mir ist sofort das Datum aufgefallen …«

»Was meinst du?«

Elke seufzte. »Katharina, du bist nur ein paar Monate später auf die Welt gekommen!«

Schlagartig wurde ihr klar, worauf ihre Freundin hinauswollte, und sie spürte, wie sich ihr Magen zusammenzog. In der Küche herrschte auf einmal Totenstille. Einzig das Tropfen der Kaffeemaschine war zu hören, das Katharina in diesem Augenblick unnatürlich laut erschien.

»Und nach meiner Geburt kam Eva in die Schweiz …«, sagte sie leise.

»Ganz genau. Und deine Mutter war nicht mehr die Jüngste …«

»Mit vierzig kann man noch schwanger werden.«

»Aber wer wird das schon?« Elke wurde ernst. »Es ist doch nicht selten passiert, dass die unehelichen Kinder minderjähriger Töchter von deren Eltern aufgezogen wurden.«

Katharina schob den Teller zur Seite. Sie konnte keinen Bissen mehr runterkriegen. »Du meinst …?«

»Ich meine gar nichts. Ich finde nur, es ist ein ungewöhnlicher Zufall«, sagte Elke. »Wenige Monate, nachdem das Foto gemacht wurde, bist du auf die Welt gekommen, und Eva wurde in die Schweiz geschickt. Ich finde, das ist Grund genug, um mal nachdenklich zu werden.«

»Ja«, sagte Katharina leise. »Da hast du vermutlich recht …«

Das alles ist möglich, dachte sie. In den Kriegsjahren war vieles möglich gewesen. Zum Ende des Krieges hatte es Kinder aus Soldatenliebschaften gegeben, aus Vergewaltigungen und aus Affären, die sich ergeben hatten, während die Ehemänner an der Front gewesen waren. Einige hatten versucht, ungewollte Kinder abzutreiben, andere wurden in Heime geschickt oder wuchsen bei Verwandten auf. Aber 1940 hatte noch niemand an das Ende des Krieges gedacht, jedenfalls nicht an das Ende, das dann kommen sollte. Die Menschen glaubten an das Reich und ihren Führer, besonders Frauen wurde eine vermeintliche Tugendhaftigkeit aufgezwungen, die ihre in den Zwanzigerjahren erkämpften Rechte wieder zunichtemachte. Eine unverheiratete Frau, die mit Männern schlief, war nicht nur schnell eine Hure, sondern wurde mitunter auch für geisteskrank erklärt. Was einer fünfzehnjährigen Mutter zu der Zeit hätte blühen können, mochte sich Katharina gar nicht vorstellen.

»Du solltest mit Eva darüber sprechen«, meinte Elke. »Vielleicht liegen wir ja auch völlig falsch und steigern uns gerade in eine irre Idee hinein. Aber dass sie auf dem Foto schwanger ist, ist nun wirklich nicht zu leugnen.«

Katharina merkte, wie durcheinander sie war. Es würde sie in ihren Grundfesten erschüttern, wenn Elke recht haben sollte.

»Wenn meine Eltern in Wirklichkeit meine Großeltern sind …«, flüsterte Katharina, »… dann war mein ganzes Leben eine Lüge.«

Elke räusperte sich. »Das muss ja gar nicht der Fall sein«, sagte sie und sah Katharina an. Ihr schlechtes Gewissen war nicht zu übersehen. »Entschuldige, Liebes, ich wollte wirklich nicht … Es kam mir einfach nur alles so merkwürdig vor. Eigentlich ist es unvorstellbar, dass Eva deine leibliche Mutter ist. Hätte sie dann nicht versucht, ein anderes Verhältnis zu dir aufzubauen?«

Katharina hatte Tränen in den Augen und versuchte, sie zu unterdrücken. »Und wenn sie dafür zu traumatisiert war?«

»Hätte ich nur meine Klappe gehalten«, sagte Elke. »Das ist so typisch für mich. Warum kann ich nicht einfach mal den Mund halten.«

Für eine Weile saßen sie schweigend da, und Katharina versuchte, ihre Gedanken zu ordnen.

Jetzt steigere dich bloß nicht in etwas hinein, ermahnte sie sich. Sinnloses Herumspekulieren bringt dir nur eins: schlaflose Nächte.

»Ich werde mit Eva sprechen«, sagte sie schließlich leise.

*

Rita saß mit ihrer Familie im Wohnzimmer und verfolgte die *tagesschau*. Ausführlich wurde über den Stammheim-Prozess gegen Andreas Baader, Gudrun Ensslin, Ulrike Meinhof und Jan-Carl Raspe berichtet.

»Ich kann's nicht mehr hören«, grummelte ihr Vater. »Kann man die nicht einfach für immer wegsperren?«

Rita nickte, obwohl ihr etwas ganz anderes durch den Kopf ging. »Ohne Prozess geht das aber nicht«, sagte sie. »Auch Terroristen haben Anspruch auf unseren Rechtsstaat.«

»Den sie selbst bekämpfen!«, empörte sich ihre Mutter, die mit einem Stopfpilz die Socken ihrer jüngeren Geschwister ausbesserte.

Rita beobachtete sie schmunzelnd. »Die kannst du bald nicht mehr stopfen, sie sind doch überall schon total dünn.«

»Den Herbst über geht das noch«, erwiderte ihre Mutter und hielt den dünn gewordenen Stoff gegen das Licht. »Wenn ich jedes Mal neue Socken kaufen würde, nur weil mal ein Loch drin ist, würden wir arm werden.«

Zufrieden rollte sie die fertigen Strümpfe zusammen und packte das Stopfzeug in das hölzerne Nähkästchen, das Rollen hatte und wie ein Servierwagen durch den Raum geschoben werden konnte. Als sie es in der Küche verstaut hatte, kam sie mit einer Schüssel ungekochter grüner Bohnen zurück, setzte sich in ihren Sessel und begann, die Bohnen zu putzen. Auch wenn es inzwischen immer mehr Tiefkühlkost gab, die ihrer Mutter das Kochen erheblich erleichtert hätte, wurde in Ritas Elternhaus fast immer frisch gekocht. Ihre Mutter ging einmal in der Woche auf den Markt und kaufte je nach Saison Obst und Gemüse aus der Region. Eier, Milch und Kartoffeln wurden von einem Bauern geliefert, und den Rest gab es im Tante-Emma-Laden um die Ecke, beim Bäcker und Fleischer. Fast täglich musste ihre Mutter daher einkaufen gehen, und Rita fragte sich, warum sie nicht einmal in der Woche einen Großeinkauf im nahegelegenen neuen EKZ machte, wo es alles gab, was man brauchte.

»Wenn alle nur noch vor den Toren der Stadt kaufen, sind unsere kleinen Läden bald weg«, pflegte ihre Mutter dann immer zu sagen, der die vielen Supermärkte, die überall aus dem Nichts sprossen und die Tante-Emma-Läden langsam verdrängten, ein Dorn im Auge waren. »Außerdem halte ich überall gern einen Schwatz – glaubst du, im EKZ würde jemand mit mir sprechen?«

Als die Nachrichten zu Ende waren und alle auf den Beginn von *Am laufenden Band* warteten, sprach Rita aus, worüber sie schon seit längerer Zeit nachdachte.

»Ich möchte nicht das Ende des Prozesses abwarten«, sagte sie. »Ich will wieder Geld verdienen. Und zwar so schnell wie möglich.«

Während Rudi Carrell das Studio betrat und die Zuschauer in seiner gewohnt charmanten Art begrüßte, sahen ihre Eltern sie erstaunt an.

»Das finde ich gut«, meinte ihre Mutter schließlich. »Nichts ist schlimmer, als untätig herumzusitzen und zu warten.«

»Das sehe ich genauso«, sagte ihr Vater. »Gut, dass du dich nach etwas anderem umschauen willst. An was hattest du gedacht?«

Rudi Carrell begrüßte Inge Meysel und befragte sie launig nach ihrer Showerfahrung.

»Ich will auf jeden Fall als Pilotin arbeiten«, sagte Rita. »Ich werde es mal bei den kleinen Fluglinien versuchen, vielleicht habe ich da mehr Glück.«

»Sag uns, wenn wir dich irgendwie unterstützen können«, meinte ihr Vater und lachte im nächsten Moment laut auf, als Rudi Carrell seinen Gast zu einem Tänzchen aufforderte.

»Ach Papa.« Rita sah ihn liebevoll an. »Ihr habt schon so viel für mich getan. Ich weiß gar nicht, wie ich das alles wiedergutmachen soll.«

»Na, das kann ich dir sagen!« Ihr Vater schmunzelte. »Zahl einfach deine Schulden zurück, dann kommen wir schon klar!«, scherzte er.

»Das habe ich vor, Papa. Jeden einzelnen Pfennig.«

»Darüber solltest du dir gerade keine Gedanken machen, Rita.« Ihr Vater warf ihr einen wohlwollenden Blick zu und konzentrierte sich dann wieder auf das Fernsehprogramm. Während ihre Familie fleißig mit den Kandidaten mitriet und versuchte, sich an die verschiedenen Gegenstände auf dem Band zu erinnern, überkam Rita ein Gefühl der Dankbarkeit. Wie viel Glück sie doch gehabt hatte, in diese Familie hineingeboren zu werden, die sie immer unterstützt hatte. Auch für ihre Eltern war ihr Berufswunsch zunächst ungewöhnlich gewesen, aber für sie hatte immer im Vordergrund gestanden, Rita bei der Erfüllung ihrer Träume zu helfen, egal wie diese Träume auch aussahen. Frank hatte diesen Halt nie gehabt. Seine Eltern mussten so viel malochen, dass sie kaum Zeit für ihn hatten. Und seine Wünsche und Träume hatte er schon früh vergessen, den Drogen sei Dank.

Nach ihrem Besuch bei Frau Barlage vor ein paar Wochen hatte sie wie versprochen mit Katharina Berner gesprochen und ihr Franks Fall geschildert.

»Aber was wollen Sie denn dann machen?«, hatte ihre Anwältin sie gefragt. »Sie sagen, Sie wollen Ihren alten Freund da rausholen. Und wie soll es danach weitergehen, Frau Maiburg?«

Natürlich hatte sie mit diesem Einwand recht gehabt. Was sollte Rita tun, wenn sie Frank aus dem LKH rausbekommen sollte? Ihn bei sich zu Hause aufnehmen und pflegen? Sie konnte ihn nicht therapieren, so viel stand fest. Und seine Eltern konnten das beim besten Willen auch nicht leisten. Die Vorstellung, dass die Zustände in den Psychiatrien so schlecht waren, ließ sie kaum schlafen, aber sie musste sich eingestehen, dass die Ärzte

Frank dort vielleicht trotzdem besser versorgen konnten als sie oder die alten Barlages. Gegen seine Drogensucht und seine Wahnvorstellungen war sie als Laie machtlos.

»Kann ich ihn wenigstens besuchen?«, hatte sie Katharina Berner damals noch gefragt.

»Ich glaube nicht, dass es im LKH Besuchszeiten gibt wie in einem normalen Krankenhaus, schon gar nicht auf der Geschlossenen. Aber Sie sollten es einfach versuchen.«

Rita starrte auf den Fernseher und dachte über die Worte nach, die ihre Anwältin ihr vor ein paar Wochen gesagt hatte. Es war allerhöchste Zeit, dass sie Frank endlich besuchte.

Am Montag fuhr Rita nach Köln. Ihren Eltern hatte sie gesagt, dass sie in der Stadtbibliothek die Adressen der verschiedenen Fluggesellschaften recherchieren wollte. Auch wenn das nicht gelogen war, so hatte sie freilich noch etwas anderes vor. Da man ihr am Telefon gesagt hatte, dass Besucher grundsätzlich erst nach der Mittagsruhe zu den Patienten ins LKH gelassen wurden, hatte sie noch genug Zeit, um sich zunächst um die Fluggesellschaften zu kümmern.

In der Bibliothek war einiges los. Vor allen Dingen junge Leute standen zwischen den Regalen und suchten sich Bücher heraus. Trotzdem war es erstaunlich still in dem riesigen Raum, der fast wie eine Halle wirkte. An manchen Ecken wurde geflüstert, aber ein lautes Wort war nirgends zu hören.

Als Rita vor der langen Reihe hölzerner Karteikästen stand, ahnte sie, dass es eine Weile dauern würde, bis sie alles zusammen hatte. Aber es half nichts, sie würde sich durch die Karteien wühlen müssen, um alle Adressen ausfindig zu machen. Eine andere Möglichkeit gab es nicht, wenn sie bundesweit alle Fluggesellschaften recherchieren wollte. Die Frau von der Telefonauskunft, die sie am Morgen in der Hoffnung angerufen hatte, so auf einfachstem Weg an die Telefonnummern der Fluggesellschaften zu kommen, hatte ihr erklärt, dass sie wenigstens die Stadt brauche, um die richtige Nummer heraussuchen zu können. Aber Rita wusste von vielen Fluggesellschaften nicht, wo sie ihren Hauptsitz hatten, und sie hoffte, dass sich in den diversen Fachzeitschriften, die die Bibliothek verwahrte, Hinweise darauf finden lassen würden.

Sie suchte in den Karteikästen nach den Fachzeitschriften und notierte sich die Angaben zu den Regalen, die auf dem Kärtchen vermerkt waren. Dann machte sie sich auf den Weg durch die langen Regalreihen und suchte die Zeitschriften heraus, nahm sie mit in den Lesesaal und begann, sie durchzublättern.

Es gab kleinere Gesellschaften wie die *OLT*, die nur die friesischen Inseln anflog, oder die *DLT*, die aus der *OLT* entstanden war und kleinere Inlandsflüge im Angebot hatte. Zu denen hatte sie relativ schnell etwas gefunden, offenbar wurde regelmäßig über diese Fluglinien berichtet. Der *General Air* sollte es angeblich nicht besonders gut gehen, wie Rita den Artikeln entnahm, trotzdem schrieb sie sich die Adresse des Hauptsitzes auf, ebenso wie von der *HADAG Air*, *LTU* und dem *Nürnberger Flugdienst*.

Sie musste aufpassen, dass sie nicht die Zeit vergaß. Flugzeitschriften waren etwas Herrliches, und sie liebte es, darin zu schmökern. Aber sie war schließlich nicht nur deshalb nach Köln gekommen und hatte noch etwas anderes zu tun.

Von der großen Eingangshalle der Stadtbibliothek ging es rechts in einen kleinen Saal mit Fernsprechkabinen. Es war wesentlich gemütlicher, von hier aus zu telefonieren, als sich in eines der stinkenden, gelben Telefonhäuschen zu stellen, die draußen am Straßenrand standen. Die Kabinen der Stadtbibliothek waren immer gut besucht, besonders von Ausländern, ob nun Gastarbeiter oder

Touristen, die die Gelegenheit nutzen und mit der Heimat telefonieren wollten. Da Ferngespräche ab 18 Uhr deutlich billiger waren, bekam man zwischen sechs und halb sieben, wenn die Bibliothek schloss, in der Regel keinen Platz mehr. Jetzt, am frühen Nachmittag, war es dagegen angenehm leer.

Rita setzte sich mit einem Block in der Hand in eine Telefonkabine. Der Rauch früherer Kunden hatte sich in den Polstern verfangen, es roch nach kalter Asche. Eine halbe Stunde später hatte sie mit allen Fluggesellschaften gesprochen. Keine war auf der Suche nach neuen Piloten.

Bis auf eine.

*

Katharina war nervös. Sie war selten in dem Haus in Rodenkirchen zu Gast gewesen und konnte die Besuche an einer Hand abzählen. Das Verhältnis zu Eva war einfach zu distanziert. Als sie ihr Kommen telefonisch angekündigt hatte, war ihre Schwester so kurz angebunden gewesen, dass Katharina noch unsicherer geworden war, ob sie das Richtige tat.

Das Gespräch mit Theo, das sie am Abend zuvor geführt hatte, hatte ihre Unruhe eher verstärkt als gemindert.

»So was gab es im Freundeskreis meiner Eltern mal«, hatte er ihr gesagt. »Ich glaube, das war früher gar nicht so unüblich. Die Schande, eine schwangere, minderjährige Tochter zu Hause zu haben, war ungeheuer groß. Da hat man halt so getan, als hätte es noch einen Nachzügler gegeben.«

»Und dem Kind wurde das verschwiegen?«

»Mehr oder weniger«, hatte Theo geantwortet. »Irgendwie ist es rausgekommen, ich weiß nicht wie, aber sonst hätte ich ja auch nicht davon erfahren. Aber im Prinzip wurde geschwiegen, klar.

Wenn ich mir überlege, was in der Generation alles verschwiegen wurde, wundert mich das nicht.«

Das sah Katharina genauso. Sie wusste nicht, wie viel ihre Mutter und ihr Vater miteinander besprachen, wenn sie allein waren, aber in der Familie wurde kaum offen geredet. Ihr Vater hielt nichts davon, Probleme zu besprechen. Sie mussten gelöst und nicht zerredet werden, sagte er immer.

Es war eine schöne, ruhige Wohnlage, in die es ihre Schwester mit der Familie gezogen hatte. Der Rhein mit seinen Stränden war in unmittelbarer Nähe, genauso wie der Grüngürtel und der Weißer Bogen, die zum Spazierengehen einluden. Das Haus ihrer Schwester fügte sich perfekt ein in die Reihe der großzügigen Einfamilienhäuser, die zwar nicht den Villencharakter hatten wie die Häuser in Marienburg, aber ihren wohlhabenden Bewohnern trotzdem gerecht wurden.

Mit skeptischer Miene bat Eva sie hereinzukommen.

»Die Kinder sind unterwegs«, sagte sie, als sie voraus ins Wohnzimmer ging. »Und Konrad ist noch in der Praxis. Du kannst also *ungestört* mit mir reden, so wie du es wolltest.«

Ihre Stimme klang fast misstrauisch, und Katharina konnte es ihr nicht verübeln. Ein solches Zusammentreffen hatte es zwischen den Schwestern bisher noch nicht gegeben.

»Möchtest du einen Kaffee?«

Wenig später saßen sie bei Kaffee und Mineralwasser auf der samtig-grünen Polstergarnitur. Die Art, wie ihre Schwester das Haus eingerichtet hatte, kam Katharina ein wenig altbacken vor. Alles wirkte behäbig, die dicken, dunkelgrünen Vorhänge ließen das Wohnzimmer auch am helllichten Tag düster erscheinen, und die zahlreichen Antiquitäten, die im Raum verteilt waren, unterstrichen den unmodernen Eindruck, betonten allerdings den Wohlstand ihrer Besitzer.

»Also, was willst du besprechen?«, fragte Eva und blickte auf die große Standuhr, die in der Ecke des Raumes thronte.

Zögerlich zog Katharina das Foto aus der Tasche und legte es auf die Marmorplatte des Wohnzimmertisches. »Das habe ich in einer alten Kiste in meinem Zimmer gefunden«, sagte sie.

Erschrocken blickte Eva auf das Foto, versuchte jedoch sofort wieder, sich zu fassen. »Was für eine Kiste?«

»Keine Ahnung. Martha hat gesagt, sie hätte sie beim Aufräumen auf dem Dachboden gefunden. Es waren lauter lose Fotos darin. Unter anderem eben auch dieses.«

Langsam nahm Eva die Aufnahme in die Hand. Sie betrachtete sie und strich sie dann fast fürsorglich glatt.

»Ja und?«, sagte sie mit leicht zittriger Stimme und wirkte dabei nicht so gleichgültig, wie sie es vermutlich wollte. »Ein uraltes Foto von mir. Was soll das?«

Katharina suchte nach den richtigen Worten. »Eva ... Ich ... Ich habe mich gefragt, ob du auf dem Foto vielleicht ... in anderen Umständen bist ...?«

Es kam ihr seltsam vor, die Ausdrucksweise ihrer Mutter zu benutzen. Sie hatte es nie gemocht, wenn Traute Schwangerschaften als *andere Umstände* bezeichnete, so als wäre es unanständig, das Wort als solches auszusprechen. Aber jetzt und hier auf dem dunkelgrünen Sofa ihrer Schwester schaffte es eine gewisse Distanz. Eine Distanz zu ihr und zu den Fragen, die sich um diese mysteriöse Schwangerschaft rankten.

Es kam ihr so vor, als würde Eva minutenlang auf das alte Foto starren. Sie war sichtlich bewegt und bemühte sich, die Fassung zu wahren. Mit dem Daumen strich sie immer wieder traurig über die Aufnahme.

»Mein Gott. Ich habe schon ewig nicht mehr an diese Zeit gedacht. Das war doch in einem anderen Leben ...«

Katharina wartete ab. Sie war sich nicht sicher, ob ihre Schwester nicht sogar in Tränen ausbrechen würde, und wollte den emotionalen Augenblick ihrer Erinnerung nicht zerstören.

»Das heißt, es stimmt?«, fragte sie dann vorsichtig. »Bist du schwanger auf dem Bild …?«

Evas Augen wurden feucht. »Ja.«

Katharina spürte, wie die Aufregung in ihr ins Unermessliche wuchs. Viele Familien hatten ihre Geheimnisse, und häufig waren sie noch von einem ganz anderen Kaliber als eine verheimlichte Schwangerschaft. Nach 1945 wurde über vieles der Deckmantel des Schweigens gehüllt, der sich manchmal erst auf dem Sterbebett der Betroffenen wieder öffnete, manchmal aber auch für immer verschlossen blieb. Und jetzt öffnete Eva ihren Mantel und offenbarte sich ausgerechnet der Person, die ihr innerhalb der Familie am wenigsten nahestand – und im Herzen vielleicht doch am nächsten. Denn wenn sie wirklich ihre Mutter war … Katharina konnte den Gedanken nicht zu Ende denken.

»Magst du mir davon erzählen?«, fragte sie mit belegter Stimme.

Eva zögerte und schenkte sich Kaffee nach. Ein Stück Würfelzucker und etwas Sahne kamen dazu, dann rührte sie endlos lange in der Tasse und schwieg.

»Ich weiß, wir reden normalerweise nicht über solche Sachen«, unterbrach Katharina die Stille. »Aber als ich dieses Foto gesehen habe, überkam mich plötzlich das Gefühl, sehr wenig über meine eigene Familie zu wissen.«

»Du bist eben eine andere Generation«, sagte Eva leise.

»Ich weiß. Vielleicht interessiert es mich deshalb so sehr. Es interessiert mich einfach, wie meine große Schwester damals gelebt hat.«

Fünfunddreißig Jahre hat es dich nicht interessiert, dachte Katharina im selben Moment. Nie hatte sie das Gespräch mit ihrer Schwester gesucht, genauso wenig wie Eva je Interesse daran gezeigt hatte, eine persönliche Beziehung zu ihr aufzubauen. Lag der Grund dafür womöglich in der Geschichte, die dieses Foto erzählte?

Eva atmete schließlich tief durch und stellte die Tasse auf den Tisch zurück.

»Damals war ich ein anderer Mensch«, begann sie mit brüchiger Stimme. »Ich war unbeschwert und fröhlich, so als würde es den Krieg nicht geben. Und ich war verliebt …« Sie wirkte schwermütig.

»Wer war er?«

»Hans Farnder«, antwortete Eva, ohne zu überlegen. »Ich werde ihn niemals vergessen. Er war siebzehn und ich war vierzehn, als wir uns verliebten. Er wohnte nur eine Straße weiter, und wir trafen uns immer heimlich, damit niemand etwas mitbekam. Meistens unten am Rhein, in den Auen neben dem Strandbad.« Sie lächelte melancholisch.

Von dem legendären Strandbad hatte Katharina schon viele Geschichten gehört. Damals, als der Rhein noch sauber war, galt Rodenkirchen als das kölsche Ostende; sie kannte Fotos von ihrem Vater und ihrer Mutter, wie sie in den frühen Zwanzigern in Pumphose und Ringeltrikot fröhlich am Strand für einen Fotografen posierten. Ihr Vater hatte ihr mal erzählt, welche Maßnahmen die Stadt in dieser Zeit unternommen hatte, um die angebliche Bedrohung von Ästhetik und Moral zu unterbinden, zu der das Baden an den Stränden vorher angeblich geführt hatte und weshalb ein überwachtes Strandbad gebaut worden war. Auf einer Länge von etwa 400 Metern hatte man das Bad zwischen drei Buhnen errichtet, und es wurde nach Geschlechtern getrennt. Lachend hatte ihr Vater erzählt, wie der Trennzaun eines Tages niedergetrampelt wurde. Ein großer Teil der badenden Männer wurde so zu Überläufern ins Damenbad, ohne dass die Aufsicht dagegen einzuschreiten vermocht hätte.

»Damals war Papa fast revolutionär«, meinte Katharina, als sie ihrer Schwester die Anekdote erzählte.

Eva schmunzelte. »Du kannst dir nicht vorstellen, wie streng das damals war«, sagte sie. »Es gab sogar einen Zwickelerlass.«

»Was soll das denn sein?«

»Frauen durften nur öffentlich baden, wenn sie einen Badeanzug trugen, der Brust und Leib an der Vorderseite des Oberkörpers vollständig bedeckte, unter den Armen fest anlag und mit angeschnittenen Beinen und einem Zwickel versehen war.«

Katharina lachte auf. »Und Bikinis waren vermutlich verboten?«

»Die gab es noch gar nicht, du junges Huhn.« Nun lachte auch Eva. »Das kann man sich heute alles nicht mehr vorstellen.«

»Nein. Wirklich nicht.« Katharina lächelte. »Hört sich an, als hättest du einen tollen Sommer mit deinem Hans gehabt.«

»Ja. Als das Bad 1939 geschlossen wurde, haben wir uns trotzdem weiter heimlich dort getroffen.«

»Deine erste große Liebe …«, sagte Katharina. »Das ist immer etwas Besonderes.«

»Ja.« Ihre Schwester räusperte sich und sprach mit herber Stimme weiter. »Kurz vor seinem neunzehnten Geburtstag traf Hans eine Kugel in den Hinterkopf. Irgendwo in Frankreich muss das gewesen sein.«

Katharina sah ihre Schwester bekümmert an. Der gewohnte verhärmte Ausdruck war in ihr Gesicht zurückgekehrt. Wie traurig musste es für ein junges Mädchen sein, die erste große Liebe auf diese Weise zu verlieren, dachte sie, auch wenn es Tausenden jungen Frauen damals genauso gegangen war.

Der Gedanke, dass dieser Hans womöglich ihr Vater war, ließ

Katharina nicht los. Fieberhaft überlegte sie, wie sie ihre Schwester darauf ansprechen sollte.

»Und du hast ein Kind von ihm erwartet?«, fragte sie vorsichtig, wobei es mehr eine Feststellung als eine Frage war.

Eva nahm ihre Kaffeetasse in die Hand und begann erneut, darin zu rühren. Dann nahm sie einen kleinen Schluck, bevor sie gedankenverloren weiterrührte. Schließlich nickte sie.

»Ja.«

Mehr sagte sie nicht.

Katharina wartete. Sie wollte ihrer Schwester Zeit lassen, um ihr die möglicherweise schwierige Wahrheit zu erzählen, wie immer diese auch aussehen mochte. Aber Eva schaute nur mit Tränen in den Augen auf das Foto und schien wie gefangen in den Bildern der Vergangenheit.

In dem Moment wurde Katharina klar, wie unglücklich ihre Schwester in der Ehe mit Konrad sein musste. Sie hatte Eva noch nie dabei beobachtet, wie sie Konrad mit so einem Blick ansah, mit dem sie jetzt das Foto betrachtete. Eine solche Liebe hatte sie in ihren Augen noch nicht zuvor gesehen.

»Bin ich dieses Kind?«, fragte Katharina schließlich leise.

Im Raum herrschte absolute Stille, in der das Schlagen der Standuhr unnatürlich laut wirkte. Eva hob wie in Zeitlupe den Kopf und sah sie mit großen Augen an. »Wie bitte?«

»Ich … ich dachte nur, weil ich doch nur ein paar Monate später auf die Welt gekommen bin …«

Eva war offenkundig entsetzt. »Du denkst, ich bin deine Mutter?«

»Ich denke das nicht, ich habe mich nur gefragt …«

»Deshalb bist du hier?« Langsam veränderte sich Evas Miene, Wut spiegelte sich in ihrem Blick wider. »Und ich dachte, du interessierst dich für mich!«

»Das tue ich auch«, sagte Katharina schnell. »Aber wir haben doch auch eine gemeinsame Vergangenheit!«

Eva lachte spöttisch auf. »Es dreht sich immer alles nur um dich, nicht wahr? Du bist der Mittelpunkt des Universums, alles, was passiert, muss etwas mit dir zu tun haben!«

»Nein, das hast du völlig missverstanden …«

»Das habe ich nicht«, sagte Eva mit eisiger Stimme. »Du kommst vorbei und tust so, als würdest du dich für mein Leben interessieren. Aber das tust du gar nicht. Du hast nicht mit einem Wort gefragt, wer Hans überhaupt war. Wie er aussah, was er gemacht hat, was ich an ihm mochte oder wie ich von seinem Tod erfahren habe. Wie immer hast du dich nur für dich selbst interessiert.«

Erschüttert stand Katharina auf. »So denkst du über mich?«, brachte sie mit zittriger Stimme hervor. »Hältst du mich für so egoistisch?«

Wie konnte ihre Schwester nur so ein Bild von ihr haben? Aber anstatt zu widersprechen, stimmte Eva ihr grimmig zu.

»Vielleicht ist dir nicht *alles* andere egal, aber am meisten interessierst du dich für dich selbst. Alles in deinem Leben war bisher eine einzige Ichbezogenheit. Obwohl Papa etwas anderes für dich vorgesehen hatte, musstest du dich mit deinem Jura-Studium natürlich durchsetzen. Obwohl es in der Villa massenweise Platz gibt, musstest du in eine Wohngemeinschaft ziehen …«

»Ich bin Mitte dreißig!«, protestierte Katharina.

»Na und? Die meisten alleinstehenden Frauen leben bei ihren Eltern. Dann haben sie wenigstens eine sinnvolle Aufgabe und können sich um die alten Herrschaften kümmern. Aber nein, du musstest dich ja selbst verwirklichen, du musstest deinen Egoismus ausleben, anstatt dich um andere zu kümmern.«

Katharina musste sich an der Lehne des Sessels festhalten. »Es tut mir leid, dass du so ein Bild von mir hast«, sagte sie leise. »Vielleicht ist es besser, wenn ich jetzt gehe.«

»Ja, das wäre es wohl.«

Katharina drehte sich um und verließ grußlos das Haus. Bei jedem weiteren Wort wäre sie in Tränen ausgebrochen. Als sie draußen auf der Straße stand und sich so weit vom Haus entfernt hatte, dass sie sicher sein konnte, nicht mehr im Blickfeld ihrer Schwester zu sein, blieb sie stehen und lehnte sich an einen Baum.

Wie hatte die Stimmung nur so schnell kippen können? Sich von wehmütiger Erinnerung in schwesterlichen Hass wandeln? War es Neid, der Eva zu so viel Ablehnung trieb? Neid auf das Nesthäkchen, das in seinem Leben das gemacht hatte, was es wollte, während die große Schwester angepasst das Leben lebte, das andere für sie vorgesehen hatten? Möglich. Jedenfalls war es eine Erklärung für das Verhalten ihrer Schwester. Aber es war kein Trost.

Katharina weinte bitterlich, so sehr traf sie die offene Ablehnung, die Eva ihr entgegenbrachte und die sie sich einfach nicht erklären konnte. War sie wirklich so selbstbezogen? Stimmte es, was ihre Schwester ihr an den Kopf geworfen hatte? War sie das verwöhnte Nesthäkchen, das immer nur an sich selbst dachte? Zweifel kamen in ihr auf. Wenn ihre eigene Schwester so ein Bild von ihr hatte, dann musste doch etwas davon zutreffen. Aber der Vorwurf, sie würde sich nur für sich selbst interessieren und rein egoistisch handeln, war falsch. Ja, sie hatte ihr Leben so gestaltet, wie sie es wollte. War das egoistisch oder sollte das nicht vielmehr für jeden einfach normal sein? Aber für ihre Geschwister war es nicht normal gewesen, nicht mal für Erich. Sie war sich nicht sicher, ob es wirklich sein innerster Wunsch gewesen war, die Firma zu übernehmen, vielleicht hätte er sich auch für einen ganz anderen Weg entschieden, wenn er es gekonnt hätte. Und dasselbe galt sicherlich noch mehr für Eva und Hanna, die von

Anfang an auf ihre Rolle als Ehefrau und Mutter vorbereitet worden waren. Aber musste sie es ihnen deshalb gleichtun? Es stimmte, sie hatte sich selbst verwirklicht – aber sie hatte es nicht auf Kosten anderer getan, sondern sich ihre Träume selbst erarbeitet. Warum wurde ihr das dauernd zum Vorwurf gemacht?

Katharina hatte einen neuen Tiefpunkt in der Beziehung zu Eva erreicht. Und auf die Frage, ob sie das ungeborene Kind im Bauch ihrer Schwester gewesen war, den sie 1940 so stolz der Kamera präsentiert hatte, hatte sie dennoch keine klare Antwort bekommen.

*

Als Rita aus dem Bus stieg, der in der Nähe des LKH in Brauweiler hielt, fielen ihr als Erstes die Demonstranten ins Auge. Ein gutes Dutzend junger Menschen hatte sich in einem Halbkreis vor den Eingang der Klinik gesetzt. Alle, sowohl Frauen als auch Männer, trugen lange Haare, zum Teil Stirnbänder und farbenfrohe Kleidung. Sie saßen friedlich zusammen, ihr Protest wirkte frei von jeglicher Aggression. Auf den Plakaten, die sie in den Händen hielten, standen Sätze wie »Keine Euthanasie« oder »Wir fordern Aufklärung«. Völlig gegensätzlich zu dieser Hippie-Gruppe wirkten auf Rita die Männer, die hinter der Glasfront im Eingangsbereich der Klinik standen. Sie trugen uniformartige weiße Kleidung und ließen die Demonstranten keine Sekunde aus den Augen. Dabei wirkten sie nicht im Geringsten friedlich.

Mit einem mulmigen Gefühl im Magen ging Rita an der Gruppe vorbei zum Eingang und drückte gegen die Drehtür, die sich keinen Zentimeter bewegte.

»Hallo?«, rief sie den Männern zu und hatte im nächsten Augenblick das Gefühl, als würden die sie bewusst ignorieren. Rita klopfte gegen die Scheibe, und als sich schließlich einer der Männer zu ihr umdrehte, signalisierte sie ihm mit Gesten, dass sie hinein-wollte. Aber der Mann schüttelte nur den Kopf.

»Die lassen keinen rein«, rief eine Stimme hinter ihr. Sie kam von einem Demonstranten, den sie auf Ende zwanzig schätzte. Zusätzlich zu seinen langen Haaren hatte er sich einen Bart wach-sen lassen, der ihm zottelig am Kinn herabhing.

»Warum denn nicht?«, rief Rita zurück.

»Na, wegen uns natürlich. Die haben Schiss, dass die Situation eskaliert.«

Rita betrachtete ihr Spiegelbild in der Glasfront. Optisch unter-schied sie sich deutlich von den Demonstranten, mit ihrer Schlag-jeans und dem Cordblazer war sie geradezu seriös gekleidet. Es war doch offensichtlich, dass sie nicht zu der Gruppe gehörte. Sie formte ihre Hände zu einem Trichter und rief den Männern im Inneren der Klinik zu, dass sie einen Patienten besuchen wollte. Aber erneut wurde sie einfach ignoriert.

Seufzend ging Rita zu den Demonstranten. »Die können doch nicht einfach alle Besucher aussperren.«

»Die können noch ganz andere Sachen.« Der Mann warf einen verächtlichen Blick Richtung Klinik. »Das ist ja das Problem.«

»Um was geht es euch denn? Warum seid ihr hier?«, fragte Rita. »Habt ihr auch Freunde oder Angehörige da drin?«

»Nein.« Der Mann erzählte ihr, dass sie allesamt Studenten wa-ren. »Ich wohne mit ein paar anderen APO-Leuten in einer gro-ßen WG. Da kann jeder pennen, der nicht weiß, wohin er soll.«

Die Offenheit, mit der viele Studenten-WGs bereitwillig ihr Sofa Fremden zur Verfügung stellten, hatte Rita schon immer beeindruckt. Sie hatte selbst das ein oder andere Mal bei wild-fremden Leuten geschlafen, wenn sie auf einer Party versackt und nicht mehr nach Hause gekommen war, und auch Uta wur-de nach dem Rausschmiss bei ihren Eltern so geholfen. Dass es diese Option praktisch immer gab, hatte etwas Beruhigendes, fand Rita.

»Jedenfalls lassen wir auch Obdachlose in unserer WG übernachten«, fuhr er fort. »Und so kamen mit der Zeit auch immer mal wieder entflohene Heimzöglinge und Psychiatrieinsassen zu uns. Du glaubst gar nicht, was die uns zum Teil erzählt haben.«

»Das war so unglaublich, dass wir erst dachten, die übertreiben maßlos«, mischte sich eine junge Frau in das Gespräch ein. Sie hatte sich bei dem Mann untergehakt. Ihre langen, welligen Haare waren immer wieder von kleinen Zöpfchen unterbrochen, in die sie gelbe Butterblumen eingeflochten hatte. Die beiden stellten sich Rita als Guido und Svenja vor.

Ritas Unbehagen wuchs. Was hatte die Demonstranten so aufgebracht, dass sie vor der Klinik protestierten? Und was bedeutete das für Frank, was passierte da bloß mit ihm?

»Die haben uns von schweren körperlichen Übergriffen erzählt ...«

»Fast täglich wurden sie geschlagen!«, regte sich Svenja auf. »Dazu kamen Beschimpfungen und Demütigungen. Wenn einer versehentlich ins Bett gemacht hat, wurde er schon mal mit dem Gesicht in das Malheur gedrückt ...«

»Das ist ja furchtbar«, sagte Rita fassungslos.

»Aber leider noch nicht alles«, erzählte Guido weiter. »Es kommt wohl regelmäßig zu sexuellen Übergriffen ...«

»Bis hin zur Vergewaltigung«, ergänzte Svenja.

»Außerdem werden sie zur Arbeit gezwungen, und wer sich weigert oder sonst irgendwie Mist baut, den fixieren sie im Bett. Das ist Freiheitsberaubung!« Guidos Gesicht war inzwischen rot vor Wut.

»Und ... seid ihr sicher, dass das auch alles stimmt?«, fragte Rita nach, die insgeheim hoffte, dass das nicht der Fall war.

»Die Leute haben das unabhängig voneinander erzählt«, erklärte Svenja. »Und sie haben es sehr eindrücklich geschildert. Da waren Sachen dabei, die denkt sich kein Mensch aus. Einige hatten auch Narben und blaue Flecken. Nein, ich bin mir sicher, dass die Geschichten stimmen.«

»Mein Gott …« Rita war aufrichtig erschüttert. Dass es kein Pappenstiel war, Patient in einer Psychiatrie zu sein, war ihr längst klar. Aber dass kranke Menschen willkürlich gequält wurden, schockierte sie über alle Maßen.

»Ich gehe jetzt seit bald zehn Jahren auf Demos«, schimpfte Guido. »Wir haben gegen die autoritären Strukturen der Ordinarienuniversität rebelliert, sind für Rudi Dutschke und gegen die verdammte Springer-Presse auf die Straße gegangen, und auf einmal kriegen wir hautnah mit, wie man in unserer ach so tollen BRD mit kranken Menschen umspringt!« In der Stimme des Mannes schwang eine Menge Zorn mit.

»Versteht sich von selbst, dass wir da handeln mussten«, stimmte die Frau ihm zu.

»Ich habe von den Zuständen in den LKHs in der Zeitung gelesen«, sagte Rita nachdenklich. »Aber dass es so schlimm ist, stand da nicht.«

»Klar, der Journaille ist das natürlich wurscht!«, rief Guido.

»Aber es wird schon ermittelt, oder nicht? Irgendwelche Zustandsberichte wurden doch schon veröffentlicht«, sagte Rita.

»Aber das reicht doch nicht!«

»Und das zieht sich schon ewig hin«, meinte Svenja. »Bis die mal in die Gänge kommen, gibt es doch noch Tote!«

»Der Schuppen hier muss dicht gemacht werden! Und zwar sofort!« Guido sprang auf und hielt sein Plakat in die Luft. »Schließen! Schließen! Schließen!«, skandierte er in Richtung Eingang.

In dem Moment hörte Rita das Heulen von Sirenen, und kurz

darauf bogen zwei Streifenwagen auf das Gelände der Klinik, gefolgt von einem dunkelblauen Pkw. Aus diesem sprangen zwei mit Fotoapparaten bewaffnete Männer. Sie schienen permanent auf den Auslöser zu drücken, während sich die Polizisten mit den Demonstranten auseinandersetzten, die nicht müde wurden, auf die »verdammte Bullerei« zu schimpfen. Die Situation drohte zu eskalieren; die ersten Polizisten zogen ihre Schlagstöcke hervor und versuchten, die Demonstranten auseinanderzutreiben.

Du musst hier weg, dachte Rita, die nicht zwischen die Fronten geraten wollte. Doch ehe sie sich's versah, hielt ihr einer der Reporter ein Aufnahmegerät unter die Nase. »Welche Ziele verfolgen Sie damit, Drogenabhängige und Wahnsinnige aus der Obhut von Ärzten befreien zu wollen?«

»Ich habe keine Ahnung, wovon Sie sprechen«, antwortete Rita und versuchte, unauffällig davonzugehen. Die Worte von Katharina Berner hallten ihr durch den Kopf. Nicht mit Reportern sprechen, auf keinen Fall und unter keinen Umständen, ganz egal, um was es geht.

»Was kommt als Nächstes? Gefangenenbefreiung in Ossendorf?«, rief ihr der Reporter nach, aber Rita ignorierte ihn. Während sie hinter sich Schreie hörte, die sowohl von den Studenten als auch von den Polizisten kamen, eilte sie davon, ohne sich noch einmal umzusehen. Sie lief die Straße hinunter, bis sie an einer Bushaltestelle angelangt war. Erschöpft und außer Atem setzte sie sich auf die Bank und schlug die Hände vor das Gesicht. »Ach Frank …«, wimmerte sie leise.

Wenn nur ein Bruchteil von dem stimmte, was die Studenten über die Zustände in der Psychiatrie erzählt hatten, dann war Frank womöglich ernsthaft in Gefahr. Wie hatte es nur so weit kommen können? Seinen dauerbenebelten Zustand hatte sie immer als harmlose Kifferei abgetan. Das Schmeißen von Trips als experimentelle Erfahrung. Und als er dann selbst dealen wollte, hatte sie jeden Kontakt zu ihm abgebrochen. Warum hatte sie nicht versucht, ihn von alldem abzubringen?

Rita weinte. Sie weinte um ihren alten Freund und über sich selbst, die diesen Freund im Stich gelassen hatte.

*

Katharina hörte das Telefonklingeln schon im Hausflur. Es war gerade kurz nach acht Uhr am Morgen, und sie fragte sich, wer so früh schon anrief. Sie eilte in ihre Kanzlei und hob ab, wobei der Apparat in der Hektik fast vom Schreibtisch fiel. Hoffentlich würde sie sich bald eine Sekretärin leisten können, ging es ihr durch den Kopf, als sie außer Atem ranging.

»Frau Maiburg, so früh? Ist etwas passiert?« Sie konnte ihre Mandantin nicht besonders gut verstehen, ihre Stimme wirkte brüchig, so als hätte sie viel geweint. Dann atmete Rita Maiburg hörbar aus und erzählte ihr, was sie am Vortag beim Besuch des LKH in Brauweiler erlebt hatte.

»Es ist mir wirklich ein Anliegen, dass Sie sich um den Fall kümmern, Frau Berner«, sagte Rita Maiburg. »Frank muss in eine andere Klinik verlegt werden!«

Katharina hatte in letzter Zeit häufiger von den üblen Verhältnissen in den Psychiatrien gehört. Das Problem war lange nicht im Fokus der Öffentlichkeit gewesen, weil psychische Erkrankungen meist einfach totgeschwiegen wurden. Wer sollte sich in der Nachkriegszeit um die vielen seelischen Krüppel kümmern, die der Krieg hervorgebracht hatte? Die Menschen waren mit Überleben und Wiederaufbau viel zu sehr beschäftigt gewesen. Und als das Land wieder stand und die Wirtschaft blühte, sah keiner, dass die leitenden Positionen in den Psychiatrien immer noch von Alt-Nazis besetzt waren. Vielleicht wollte es auch keiner sehen, die Kliniken waren ja keine Ausnahme. Ihr Vater hatte immer gehofft, dass die ganzen NS-Verbrecher ihre Schuld wenigstens einsahen und ihre Taten bereuten, denn auf sie zu verzichten erschien ihm schwierig. »Was sollen wir denn machen, wenn wir die alle ins Gefängnis schicken?«, hatte er zu Katharina gesagt, wenn sie sich als junge Studentin mit ihm darüber gestritten hatte. »Dann haben wir keine Richter, keine Professoren, keine Lehrer und keine Ärzte mehr. Und was machen wir dann?« Katharina hatte sich über diese Argumentation immer aufgeregt. Nur weil die ganze Gesellschaft von Tätern durchsetzt war, konnte man sie doch nicht straffrei davonkommen lassen.

Ob eine mögliche Bestrafung allerdings die negative Einstellung zu psychisch Kranken verändern würde, die in der Öffentlichkeit immer noch allgegenwärtig war, stand auf einem ganz anderen Blatt. Bis heute war ein geistig behindertes Kind oder ein psychisch kranker Verwandter in vielen Familien eine Schande, die man am liebsten verschwieg, und man war froh, wenn der Betroffene in einer Anstalt unterkam. Wie er dort behandelt wurde, war häufig zweitrangig.

»Man wollte mich nicht zu ihm durchlassen,« fuhr Rita Maiburg fort, »aber Sie, als Rechtsanwältin, Sie wird man doch durchlassen müssen! Können Sie bitte nach ihm schauen? Und versuchen, ihn in eine normale Klinik zu verlegen? Bitte!«

»So einfach ist das nicht«, sagte Katharina. »Ich kann da auch nicht einfach reinspazieren und Ihren Freund rausholen. Aber ich werde mich schlaumachen und schauen, was ich tun kann.«

»Danke, Frau Berner.« Rita Maiburgs Stimme klang nur für einen Moment erleichtert.

»Haben Sie noch etwas auf dem Herzen?«

Am anderen Ende der Leitung war ein Räuspern zu hören. »Haben Sie heute schon in die Zeitung geschaut?«

»Nein …« Katharina ahnte Böses. »Waren gestern Reporter vor der Klinik?«

»Ja …«

Das kann doch nicht wahr sein, ging es Katharina durch den Kopf. »Hat man Sie erkannt?«

Wenn sie eines nicht gebrauchen konnten, dann dass ihre Mandantin im Dunstkreis studentischer Demonstranten auftauchte, während sie einen drogenabhängigen Freund in der Psychiatrie besuchen wollte. Sie konnte sich lebhaft vorstellen, was die Boulevardpresse daraus machen würde.

»Ich bin auf einem Foto sehr gut zu sehen, aber mein Name taucht zum Glück nirgendwo auf.«

»Gut. Dann wollen wir mal hoffen, dass die gegnerische Seite Sie auf den Bildern nicht erkennt oder am besten dieses Blatt erst gar nicht liest.«

Katharina beendete das Gespräch mit einem unguten Gefühl. Dass der Prozess gegen die Lufthansa von einer Schlammschlacht in der Presse begleitet werden würde, erschien langsam unausweichlich. Der Bericht in der *Quick*, die Artikel in der *Bild*, all das war gewiss keine positive Berichterstattung gewesen. Aber bisher hatten sich die Reporter auf Plattitüden, Hohn und Spott begrenzt. Sie hatten ihre Mandantin nie ernsthaft angreifen können. Würde man ihr aber eine Nähe zur Drogenszene andichten, sähe das anders aus. Als Pilotin durfte sie mit so etwas rein gar nichts zu tun haben, und ein Gerücht, das hier Zweifel säte, konnte schwere Folgen haben. Vielleicht war es ganz gut, dass sie sich jetzt um diesen Frank Barlage kümmerte und Rita Maiburg vor der Klinik nicht mehr auftauchte.

6

11. NOVEMBER 1975

Die Stadt stand ein wenig Kopf, wie immer an diesem Tag im November. Allerdings beschränkte sich das jecke Treiben auf die Brauhäuser rund um Dom und Alter Markt, in denen der Sessionsauftakt des Karnevals gefeiert wurde, im restlichen Bereich der Innenstadt wirkte alles einigermaßen normal. Ab und an lief Katharina jemand mit einer roten Pappnase über den Weg, aber so viel gefeiert und getrunken wurde heute noch nicht, das sparten sich die meisten Kölner für Weiberfastnacht und Rosenmontag auf.

In ihrer Familie waren vor allem die Männer dem Karneval verbunden, was auch geschäftliche Gründe hatte. Erich hatte schon früh geahnt, welchen Nutzen die närrische Zeit für das Unternehmen haben konnte, und wollte in der Nachkriegszeit direkt an diese Tradition anschließen. Nach dem Krieg hatte er sich sofort in das jecke Treiben gestürzt und sich der Anordnung der Besatzungsbehörden widersetzt, die jedes Narrentreiben untersagt hatten. Er trank sich mit selbst gebrannten Schnäpsen Mut an, die er unter potenziellen Geschäftspartnern großzügig verteilte: Knolli-Brandy, Pflaumenschnaps und Gerstensud hatte er im Angebot gehabt, und Katharina war es bis heute ein Rätsel, woher er das Zeug damals hatte. Aber sein Plan war aufgegangen, die verbotene Feierei hatte aus den Männern eine verschworene Gemeinschaft gemacht, und all die Karnevalisten der ersten Stunde waren bis heute dem Unternehmen Berner eng verbunden. Sie sorgten dafür, dass Bauanträge und andere Genehmigungen für die Firma problemlos durchgingen, dass die Großwäscherei ausreichend Aufträge bekam und Kredite genehmigt wurden, die bei anderen vielleicht abgelehnt worden wären. In anderen Städten wurde das als Kölscher Klüngel verspottet, dabei gab es diese Art von Vetternwirtschaft in jeder Stadt, nur hieß sie dort anders. Auch wenn Katharina das als Rechtsanwältin nicht gutheißen konnte, so wusste sie doch, dass es gelebte Normalität war. Heute nahmen Karl und Erich Berner regelmäßig am Rosenmontagszug teil, und eines Tages würde Erich vermutlich sogar Prinz werden. Mehr ging in Köln nun wirklich nicht. Damit stand man an der gesellschaftlichen Spitze der Stadt, auch außerhalb des Karnevals.

Katharina stieg an der Haltestelle am Heumarkt aus, von der sich einige Jecken in Richtung Alter Markt bewegten, um pünktlich zum Sessionsauftakt um 11 Uhr 11 vor Ort zu sein. Sie ließ ihren Blick über die zahllosen Karnevalisten streifen und freute sich über die ausgefallenen Kostüme, die viele von ihnen trugen. Die altbekannten Klassiker vom Clown bis zum Kölschen Jung waren natürlich auch vertreten. Eine blonde Version von Pippi Langstrumpf fiel ihr ins Auge, und plötzlich erkannte sie in der Verkleidung Ines Reus. Sie trug ein kurzes Kleidchen und hatte die Haare zu zwei Zöpfen geflochten. Und sie hing im Arm eines Mannes, der eine rote Perücke auf dem Kopf hatte und eine bunte Jacke mit Flicken trug. Katharina erstarrte. Sie hatte diese Jacke als Kind geliebt und sie oft getragen, wenn sie in der großen Villa spielte. Aus hundert Jacken würde sie diese eine immer erkennen.

Nach einer Schrecksekunde eilte sie zu ihrem Bruder und packte ihn am Arm. »Erich! Spinnst du? Was machst du hier? Mit …?« Sie konnte den Namen nicht aussprechen.

Das fröhliche Gesicht ihres Bruders verwandelte sich sofort in eine entsetzte Miene. »Katharina. Was machst du denn hier?«

»Das frage ich dich!«

»Wir … wir sind nur hier, um ein bisschen zu feiern!«, rechtfertigte er sich, während Ines Reus ihren Kopf einfach zur Seite drehte, als ginge sie das alles nichts an. »Du weißt, wie aktiv ich im Karneval bin. Und Barbara will mich nun mal nicht begleiten!«

»Jetzt wird mir alles klar …«, sagte Katharina tonlos.

»Jetzt red nicht so einen Quatsch. Es ist Karneval.«

Wortlos ließ sie ihn stehen und ging zur Kanzlei.

Nur weg von hier.

Barbaras *Unpässlichkeiten*, ihre depressiven Verstimmungen, ihre *Schwermütigkeit* – all das hatte einen banalen Grund.

Katharina holte die Post aus dem Briefkasten, betrat das Büro und ließ sich auf ihren Schreibtischstuhl fallen.

Eine Affäre mit einem Fotomodell. Das konnte doch nicht wahr sein.

Aufgebracht sah sie die Umschläge durch, ohne sich wirklich auf die Post konzentrieren zu können. Sie hielt einen Brief vom LKH Brauweiler in der Hand, das sie in der Sache Frank Barlage angeschrieben hatte. Mit dem Brieföffner schlitzte sie ihn auf und überflog das förmliche Schreiben, in dem ihr mitgeteilt wurde, dass man den Sachverhalt klären und sich wieder bei ihr melden würde. Als sie sah, wann dieser Frank Barlage in die Psychiatrie eingeliefert worden war, stockte sie. Es war derselbe Tag, an dem sie mit Theo in der Wohnung dieses unangenehmen Mieters gewesen war. »… und wird seitdem bei uns als Patient betreut, nachdem er vom Rettungsdienst aus der Schlemmergasse 71 abgeholt worden war«, las sie weiter. Frank Barlage war der Junkie aus Sven Renners Wohnung, dachte Katharina erschrocken. Sie ärgerte sich, dass sie nicht eher etwas gegen Renner unternommen hatte. Dann wäre Frank Barlage eine Unterbringung im LKH vielleicht erspart geblieben.

Seufzend griff sie zum nächsten Schreiben, eine Rechnung vom Vermieter ihrer WG, die Katharinas Laune nicht gerade steigerte. Aber die war ohnehin im Keller.

Ihr Bruder hatte eine Geliebte.

Am Sonntag war sein Geburtstag gewesen, und alle Geschwister hatten sich mit Anhang in Marienburg eingefunden. Martha hatte eine Bergische Kaffeetafel vorbereitet, bei der mit süßen und herzhaften Leckereien ganz unterschiedliche Speisen auf den üppig gedeckten Tisch kamen. Auf den Bauernhöfen im Umland war das eine alte Tradition, die die Kölner nur zu gern übernommen hatten. Neben dem frischen Kaffee aus der Dröppelmina hatte Martha Hefeblatz, Schwarz- und Graubrot, süße Aufstriche und Herzhaftes zum Belegen auf den Tisch gestellt. Dazu gab es traditionell Bergische Waffeln mit heißen Kirschen und Sahne, und eine Schüssel mit Milchreis mit Zimt und Zucker stand ebenfalls auf dem Tisch. Außerdem gab es Kuchen und einen kräftigen Bergischen Korn, der bei der Verdauung helfen sollte.

Katharina war schon nicht besonders gut gelaunt zur Feier gegangen. Lange hatte sie darüber nachgedacht, ob sie Theo bitten sollte, sie zu begleiten – und sich schließlich dazu durchgerungen. Seit einigen Monaten waren sie nun ein Paar, er kam mindestens dreimal die Woche in der WG vorbei, und sie schliefen regelmäßig miteinander. Sie verstanden sich ausgesprochen gut, und Katharina fand, dass er jetzt auch mal ihre Familie kennenlernen konnte. Aber Theo war das noch zu früh, und er fragte sich, ob eine Geburtstagsfeier der richtige Rahmen dafür war. Es war nicht zu einem lauten Streit zwischen ihnen gekommen, aber doch zu einer Auseinandersetzung. Ihrer ersten.

»Ich möchte einfach mehr mit dir teilen als nur das Bett«, hatte sie zu ihm gesagt, woraufhin er sie mit großen Augen angeschaut hatte.

»Du findest, wir führen nur eine Bettbeziehung?« Er war aufrichtig entsetzt gewesen. »Ich liebe dich, das ist nicht einfach nur dahingesagt. Es gibt keinen Menschen auf der Welt, mit dem ich so reden kann wie mit dir! Dem ich so vertraue und dessen Nähe ich so sehr genieße!«

»Aber meine Eltern und meine Familie gehören doch auch zu mir. Wieso willst du sie nicht kennenlernen?«

»Will ich ja! Aber vielleicht nicht gerade am Geburtstag deines Bruders!«

»Und was ist eigentlich mit deiner Familie? Deinen Eltern? Deiner Schwester?«

»Was soll damit sein?«

»Stellst du mich ihnen nicht vor?«

Seufzend hatte er sie in den Arm genommen und ihr gesagt, dass sie seine Familie natürlich kennenlernen würde, sobald sich eine passende Gelegenheit ergab. »Sie wohnen in Stuttgart. Das ist eben nicht gerade um die Ecke.«

Auch wenn er damit recht hatte, war Katharina verärgert gewesen, dass er sie nicht begleiten wollte. Zumal sie nach dem Streit mit Eva froh gewesen wäre, Theo als moralische Unterstützung bei sich zu haben. Seit ihrem Besuch in Rodenkirchen hatte sie nicht mehr mit ihr gesprochen. An diesem Nachmittag ging Eva ihr offensichtlich aus dem Weg, hatte sich sogar zu Beginn der Kaffeetafel umgesetzt und einen Platz am anderen Ende des Tisches eingenommen.

Allerdings war Eva nicht der Grund, warum die Stimmung in der Bernerschen Villa irgendwann kippte. Diesmal war ihre Schwägerin der Stein des Anstoßes gewesen, und jetzt verstand Katharina auch, was dahintersteckte.

Sie hatte sich gefreut, dass Barbara überhaupt gekommen war; es hätte sie nicht überrascht, wenn sie wegen ihrer angeschlagenen Gesundheit wieder abgesagt hätte. Aber sie war da, sah schmaler aus als sonst mit dunklen Ringen unter den Augen. Still saß sie an der Kaffeetafel, stocherte in ihrem Kuchen herum und rührte den Schnaps nicht an, den Martha ihr eingeschenkt hatte. Auf alle Fragen antwortete sie nur einsilbig mit Ja oder Nein. Nach ein paar Schnäpsen zu viel platzte Erich schließlich der Kragen.

»Jetzt reiß dich doch mal zusammen, Barbara! Du sitzt hier die ganze Zeit mit einer Leidensmiene und tust so, als wäre es die schlimmste Strafe, sich an einer reich gedeckten Kaffeetafel zu bedienen! Darf ich dich daran erinnern, wer Geburtstag hat? Und wem du hier den Tag versaust?«

Barbara hatte nichts erwidert, sondern nur laut geseufzt, was Erich erst recht auf die Palme zu bringen schien.

»Wie lange soll das eigentlich noch so weitergehen? Willst du für den Rest deines Lebens schwermütig vor dich hinstarren und kein Wort mehr sagen?«

Als Barbara weiterhin schwieg, verlor Erich die Nerven. »Herrgott noch mal!«, rief er nur und warf wütend die Serviette auf den Tisch. Kurz darauf fuhren die beiden heim. Traute Berner hatte ihrer Schwiegertochter noch die Reste ihres Frauengold-Vorrats angeboten, aber dafür nicht mehr als ein trauriges Lächeln geerntet. So einfach konnte man ihre Probleme offensichtlich nicht aus der Welt schaffen. Eine Flasche Frauengold ließ eine Ines Reus nicht verschwinden. Ihre Schwägerin war eine betrogene Ehefrau, die sich vermutlich nicht in der Lage sah, ihre kaputte Ehe hinter sich zu lassen.

Katharina überlegte, ob sie Barbara ihre Hilfe anbieten sollte. »Das wäre Wahnsinn«, sagte sie nach einem Moment leise zu sich. Wenn sie ihre Schwägerin bei der Scheidung von ihrem Bruder vertreten würde, wäre der Eklat vorprogrammiert. Und der Bruch mit Eva reichte ihr an Familienstreit voll und ganz.

Bei der Geburtstagsfeier hatte sie den halben Nachmittag versucht, ihrer Schwester nicht ins Gesicht zu blicken. Obwohl das gut funktioniert hatte, war sich Katharina irgendwann albern vorgekommen. Mussten zwei erwachsene Menschen so miteinander umgehen? Konnte man diesen Streit, der offensichtlich auf einem Missverständnis beruhte, nicht aus der Welt schaffen?

Als alle im Aufbruch begriffen waren, hatte sie deshalb versucht, Eva zur Seite zu nehmen. Es fiel ihr schwer, diesen ersten Schritt zu gehen. Die Vorwürfe ihrer Schwester hatten sie tief getroffen.

»Ich möchte mich bei dir entschuldigen«, hatte Katharina leise gesagt.

»Wofür?« Offensichtlich wollte Eva einfach wie immer so tun, als wäre nichts gewesen.

»Dafür, dass ich alte Wunden bei dir aufgerissen habe. Es tut mir leid. Das war alles eine fixe Idee von mir.«

»Allerdings.«

»Ich war neugierig und wollte Gewissheit haben … Ich hoffe, du verstehst das.«

Eva seufzte nur, und Katharina machte sich auf die nächste gehässige Bemerkung gefasst, doch plötzlich war die Miene ihrer Schwester weich geworden.

»Ehrlich gesagt hat es mich gefreut, dass du vorbeigekommen bist«, sagte sie. »Und vielleicht habe ich auf deine Fragen hin auch etwas überreagiert.«

»Vielleicht.« Katharina lächelte.

»Wenn du willst, erzähle ich dir alles. An dem Nachmittag habe ich mich irgendwie überrannt gefühlt. Das nächste Mal bin ich besser vorbereitet.« Eva hatte ihr ein Lächeln geschenkt und sich dann verabschiedet.

Katharina saß an ihrem Schreibtisch und dachte daran, wie sehr sie diese Wendung überrascht hatte. Obwohl sie sich immer noch darüber freute, machte sich auch ein Gefühl des Unbehagens in ihr breit. Eva wollte ihr alles erzählen, und sie ahnte, dass die Wahrheit nicht nur angenehm sein würde.

Genauso wie die Wahrheit hinter Barbaras Schwermut, mit der sie nicht umzugehen wusste.

Schlecht gelaunt öffnete Katharina den nächsten Brief, ohne auf den Absender zu achten. Er kam von der Staatsanwaltschaft Köln, die die Anzeige gegen Karl-Heinz Köhler, den gewalttätigen Ehemann ihrer Mandantin, bestätigte und Ermittlungen in dem Fall aufgenommen hatte.

Seufzend lehnte sie sich zurück. Kannte sie eigentlich irgendeine Beziehung, die wirklich glücklich war? Die Ehe ihres Bruders war offensichtlich das Gegenteil davon, die der Köhlers erst recht, ihre Beziehung mit Theo entwickelte sich gerade in eine ungute Richtung, und auch ihre Eltern, die schon längst Goldene Hochzeit gefeiert hatten, führten in ihren Augen nicht die Ehe, die sie selbst gern einmal führen wollte. Falls sie überhaupt jemals heiraten würde. Wollte sie das eigentlich?

Es war für sie ein großer Schritt gewesen, sich auf eine richtige Beziehung einzulassen. Mit Theo fühlte es sich zum ersten Mal richtig an. Sie vertraute ihm voll und ganz. Auch wenn sie gerade Streit hatten, war sie nicht in Sorge, dass ihre Beziehung schon am Ende sein könnte. Früher, mit ihren anderen Freunden, hatte sie bei jeder Auseinandersetzung gedacht: Das war's. Aber das stellte sich jetzt nicht ein, und sie wertete das als gutes Zeichen.

Katharina ärgerte sich, dass sie sich mit ihm über die Geburtstagsfeier ihres Bruders gestritten hatte, das war unnötig gewesen. Zumal der Verlauf des Nachmittages gezeigt hatte, dass es wirklich nicht der richtige Anlass gewesen war, um ihre Familie kennenzulernen. Sie griff zum Telefonhörer und wählte die Nummer von Theos Büro. Mit seiner Sekretärin hatte sie schon einige Male gesprochen, ihren Namen konnte sie sich trotzdem nicht merken.

»Ich verbinde Sie mit Herrn Langscheid«, sagte die Dame freundlich und stellte Katharina durch. Kurz darauf hatte sie Theo am Apparat.

»Ist was passiert? Geht es dir gut?«

Katharina musste lächeln. Es gefiel ihr, dass Theo sich um sie sorgte. »Es geht mir prima. Nur ... unser dummer Streit liegt mir im Magen.«

»Mir auch. Entschuldige, dass ich so harsch war. Ich war ein bisschen angespannt, bei uns im Haus ist ein Rohrbruch ...«

»Ach herrje.«

»Ja, das nervt. Trotzdem hätte ich nicht so überreagieren müssen ...«

»Schon gut. Mir tut es leid, dass ich so einen Aufstand gemacht habe. Ehrlich gesagt war es ganz gut, dass du nicht mitgekommen bist«, sagte Katharina. »Unsere Familienfeste sind nicht immer die friedlichsten ...«

»Welche sind das schon. Gab es Krach?«

»Ja. Ich glaube, mein Bruder betrügt seine Frau. Manchmal habe ich das Gefühl, dass immer mehr Ehen den Bach runtergehen.«

»Das ist doch auch so«, sagte Theo. »Heute kannst du als geschiedene Frau noch einmal neu anfangen und bist nicht mehr so geächtet, wie das früher noch der Fall war. Da fällt der Schritt leichter. Und Männern sowieso.«

Katharina fand, dass das nicht ganz stimmte. Natürlich war es nicht mehr so wie vor zwanzig Jahren, als eine Scheidung eine Frau an den Rand der Gesellschaft gedrängt hatte, aber einfach war es für sie immer noch nicht. Das sah sie nicht nur am Fall von

Hildegard Köhler, in dem es um existenzielle Dinge wie Sorgerecht und Unterhalt ging, sondern auch im Freundeskreis ihrer Schwestern. Aus Randbemerkungen wusste sie, dass ihre Schwestern die wenigen geschiedenen Frauen, die es in ihrem Umfeld gab, nicht mehr zu Geburtstagen oder anderen Feiern einluden.

»Das passt einfach nicht mehr«, hatte Hanna mal gesagt, und Eva hatte ihr zugestimmt.

»Das stiftet auch zu viel Unruhe«, hatte sie Hanna beigepflichtet und damit angedeutet, dass eine geschiedene Frau nichts anderes im Sinn hatte, als auf die Suche nach einem neuen Mann zu gehen. Offensichtlich empfanden ihre Schwestern das auch als Bedrohung für ihre eigenen Ehen.

»Jedenfalls wollte ich mich nicht mit dir streiten«, sagte Katharina zu Theo. »Und es eilt auch wirklich nicht, dass du meine Familie kennenlernst, es wird bestimmt noch genug Gelegenheiten geben.«

»Vergessen wir es einfach.« Theos Stimme klang wieder ganz verliebt, das mochte sie sehr. »Gehen wir heute Abend ins Kino? *Der Pate – Teil II* läuft am Ring.«

Katharina musste grinsen. Bei Filmen hatten sie nicht gerade denselben Geschmack. »Ich habe noch nicht mal den ersten Teil gesehen.«

»Wie bitte?« Theo klang aufrichtig entsetzt. »*Das* wäre ein Grund, sich zu streiten! Das ist der beste Film aller Zeiten!«

Aber natürlich willigte sie ein, denn es war ihr vollkommen egal, welchen Film sie zusammen schauten. Hauptsache, sie waren zusammen.

*

Rita wartete im Flur, während Frau Barlage sich ihren Mantel überzog. Sie war in den letzten Wochen um Jahre gealtert, wirkte mitgenommen und übermüdet. Die Ringe unter ihren Augen waren noch dunkler als sonst, die Wangen eingefallen.

»Nett, dass du mitkommst, Rita.«

»Ich wollte ihn doch schon längst besuchen.«

»Ich weiß. Wegen der Kosten für die Anwältin …«

»Machen Sie sich darüber keine Gedanken.«

»Doch, mache ich aber. Ich möchte nicht, dass du wegen Frank Unkosten hast. Ich bezahle das, versprochen, Rita.«

Rita schüttelte nur den Kopf und versuchte, das Gespräch auf ein anderes Thema zu lenken. Bisher hatte Katharina Berner noch nicht viel erreichen können. Es war ein erstaunlicher bürokratischer Aufwand gewesen, ihr überhaupt eine Vollmacht zu erteilen, da Frank nicht entmündigt worden war, im Moment aber auch nicht seine Zustimmung erteilen konnte. Außerdem war noch nicht klar, wo er in Zukunft am besten aufgehoben sein würde. In einem normalen Krankenhaus konnte er nicht unterkommen, das hatte Frau Berner schon herausgefunden. Eine Klinik sei für eine akute Behandlungssituation da, hatte die Anwältin ihr erklärt. Die Versorgung eines Langzeitpatienten sei in dem Konzept nicht vorgesehen. Tatsächlich stand es auch noch in Frage, ob Frank überhaupt ein Langzeitpatient werden würde. Frau Barlage hatte ihr erzählt, dass eine Heilung immer noch nicht ausgeschlossen sei. Im Moment befinde er sich in einer akuten Psychose, hatte man ihr gesagt, was immerhin schon eine Verbesserung zu dem Delirium war, in dem er sich in der Zeit unmittelbar nach seiner Überdosis befunden hatte. Wie sich sein Zustand langfristig entwickeln würde, war noch völlig unklar.

Rita hatte sich den Wagen ihres Vaters ausgeliehen und Frau Barlage abgeholt. Die Fahrt bis nach Köln verbrachten sie die meiste Zeit schweigend oder mit belanglosen Gesprächen über das Wetter und verschiedene Baustellen. Franks behandelnder Arzt wollte mit Frau Barlage über die weitere Therapie sprechen, und natürlich hatte Rita sich sofort bereit erklärt, sie zu begleiten. Rita hoffte, sich auf diesem Weg ein Bild über die Zustände in der Psychiatrie machen zu können. Wahrscheinlich war es Katharina Berners Nachfragen zu verdanken, dass Frau Barlage diesen Termin überhaupt bekommen hatte. In der ersten Zeit nach der Überdosis hatte sich die Klinik ausgesprochen abweisend verhalten und betont, dass es im Moment erst mal um das pure Überleben des Patienten gehe. Aber seitdem Katharina Berner sich um den Fall kümmerte, bekamen Frau Barlage und damit auch Rita deutlich mehr Informationen als vorher.

»Vielleicht kann ich ihn ja bald mit nach Hause nehmen«, sagte sie, als Rita den Wagen auf den Klinikparkplatz lenkte. »Wenn er nur noch ein bisschen durcheinander ist, kann ich mich doch auch bei uns um ihn kümmern. Mein Mann ist zwar dagegen, aber den kriege ich schon noch weichgeklopft. Der ist gar nicht so hart, wie er immer tut.«

Rita nickte ihr aufmunternd zu und parkte den Wagen. Zum Glück fand heute weder eine Demo statt noch war aus sonstigen Gründen Polizei vor Ort. Sie meldeten sich am Empfang an, und eine halbe Stunde später befanden sie sich im Büro von Dr. Schaf, einem groß gewachsenen Mann mit glänzend schwarzen Haaren und buschigen Koteletten. Er war relativ jung, Rita schätzte ihn auf höchstens vierzig; der Alt-Nazi-Vorwurf, der so oft geäußert wurde, passte also nicht ganz. Rita überlegte, ob die Klinikleitung diesen jungen Arzt wohl extra zu solchen Terminen mit Angehörigen schickte.

»Wie wir bisher von Herrn Barlage erfahren konnten, handelte es sich wohl um eine Art Drogencocktail, den er genommen hat«, erklärte Dr. Schaf. »Seine Aussagen sind da nicht ganz klar, aber neben Cannabis wurden auf jeden Fall noch LSD und Amphetamine konsumiert. Eventuell auch Heroin.«

Frau Barlage wurde bleich. »Warum nur …«, flüsterte sie, und Rita legte ihr einen Arm um die Schulter.

»Können wir zu ihm?«, fragte sie den Arzt, der einen sympathischen und kompetenten Eindruck auf sie machte, was sie enorm beruhigte. Er blickte ihr beim Reden die ganze Zeit in die Augen, beantwortete jede Frage und war dabei weder zynisch noch abwertend. Im Gegenteil. In seiner Stimme lag viel Empathie. Rita glaubte nicht, dass ein Mann wie Dr. Schaf seine Patienten misshandelte und demütigte. Vielleicht waren die Berichte der Studenten doch übertrieben gewesen.

»Ja, Sie können zu ihm. Aber vorher sollten Sie sich über die Symptome im Klaren sein«, erklärte er. »Sein Zustand könnte Sie verwirren, vielleicht auch beängstigen. Es kommt auf seine Tagesform an.«

»Wir sind auf alles gefasst.«

»Das wage ich zu bezweifeln«, sagte Dr. Schaf und sah Rita nachsichtig an. »Von diesen Symptomen sind ausschließlich Menschen betroffen, die halluzinogene Drogen konsumiert haben. Ich nehme nicht an, dass Sie sehr viele davon kennen.«

»Keinen einzigen«, flüsterte Frau Barlage.

»Hat er Halluzinationen?«, fragte Rita.

»Ja«, antwortete Dr. Schaf. »Wir wissen aber nicht genau, was er sieht. Ein Symptom kann zum Beispiel sein, dass man visuelle Effekte wahrnimmt, wie eine Art Heiligenschein um Objekte. Oder man sieht Dinge an der Peripherie des Blickfelds, die nicht da sind. In manchen Fällen sehen Betroffene auch Nachbilder, also Phantombilder, wenn der ursprüngliche Lichtreiz abgeklungen ist.«

»Als würde ein Geist durchs Zimmer schweben?«

»Ganz genau. Auch wenn die Störung nicht lebensbedrohlich ist, kann sie den Alltag stark beeinträchtigen und so irritierend sein, dass Betroffene psychische Probleme bekommen, was bei Herrn Barlage ganz eindeutig der Fall ist. Zusätzlich hört er verschiedene Stimmen, die er teilweise als bedrohlich wahrnimmt, teilweise aber auch als harmlos.«

»Wird er uns erkennen?«, fragte seine Mutter besorgt.

»Ich denke schon. Aber wie gesagt, es ist von seiner Tagesform abhängig.«

»Wie sieht seine Therapie aus?«, wollte Rita wissen.

»Wir haben bereits eine Elektrokrampftherapie bei ihm durchgeführt, leider ohne den gewünschten Erfolg.«

Rita hatte einen Kloß im Hals. Elektrokrampftherapie war nur ein anderes Wort für Elektroschocks, das wusste sie ganz genau. Allein das war schon eine Form der Gewalt.

»Bei jeder Schockbehandlung erhält das Gehirn durch ein- oder beidseitig angebrachte Elektroden Stromstöße von durchschnittlich 150 bis 200 Volt«, erklärte Dr. Schaf, nachdem Rita ihn nach der genauen Prozedur gefragt hatte. »Diese Stromstöße dauern 0,5 bis 2 Sekunden.«

»Und was soll das bringen?«

»Dadurch sollen die Areale im Gehirn behandelt werden, die für die Psychosen verantwortlich sind. Zunächst schien sich der Zustand von Herrn Barlage auch zu bessern, aber leider war das nur eine kurzfristige Verbesserung. Im Moment setzen wir auf beruhigende Medikamente, um ihm die akuten Angstzustände zu nehmen«, erklärte er weiter. »Deshalb kann sein Zustand auch etwas verhangen sein.«

Verhangen trifft es ganz gut, dachte Rita, als sie das zellenartige Zimmer von Frank endlich betreten durften. Es war ein karger

Raum, die Wände waren vor langer Zeit einmal weiß gestrichen worden, aber die Farbe blätterte überall ab. Das vergitterte Fenster ließ nur wenig Tageslicht herein, und vor einem schmalen Bett standen ein kleiner Tisch und ein Stuhl. Eine Gefängniszelle konnte kaum anders aussehen.

Frank saß auf der Bettkante; die Arme um seine Beine geschlungen wippte er mit dem Oberkörper vor und zurück. Dabei summte er etwas vor sich hin und klang zu Ritas Erstaunen relativ zufrieden.

»Mein Junge …« Frau Barlage eilte zu ihm und wollte ihn umarmen, hielt dann aber inne und blieb kurz vor ihm stehen. Sie schien nicht genau zu wissen, was sie zu ihm sagen sollte, und sah ihn abwartend an.

»Hallo, Frank«, sagte Rita und berührte ihn an der Schulter. »Ich bin's, Rita.«

Doch mehr als ein zufriedenes Summen brachte ihr alter Freund nicht über die Lippen. Dr. Schaf, der hinter ihnen in den Raum gekommen war, sprach ihn nun in einem deutlich strengeren Tonfall an. »Sie haben Besuch, Herr Barlage. Vielleicht reißen Sie sich mal für zwei Minuten zusammen und begrüßen Ihre Mutter?«

»Maa-maaaa …«, kam es fast singend über Franks Lippen. Gerade als Frau Barlage sich neben ihn setzen wollte, weil sie offensichtlich dachte, dass jetzt eine Unterhaltung möglich sei, sang Frank leise weiter. »Du wirst doch nicht um deinen Jungen weinen …« Dann kicherte er fast diabolisch in sich hinein. Verstört stand Frau Barlage wieder auf und stellte sich zu Rita. »Er macht sich lustig über mich.«

»Ich glaube, er meint es nicht so«, versuchte Rita sie zu beruhigen.

»Sie dürfen das nicht persönlich nehmen«, meinte Dr. Schaf. »Durch die Medikamente ist sein Wahrnehmungsvermögen gemindert. Ehrlich gesagt sind wir froh, dass er so friedlich ist. Da haben wir ganz andere Patienten.«

»Aber wenn er aufgrund der Medikamente so neben der Spur ist«, warf Rita ein, »wäre es dann nicht besser, sie wegzulassen?«

»Die Medikamente mindern sein Wahrnehmungsvermögen, aber eben auch seine Psychosen. Und ist es nicht besser, wenn er nicht ganz klar ist, aber dafür zufrieden, anstatt hier voller Angst zu sitzen?«

Die ganze Rückfahrt über musste Rita an Dr. Schafs Worte denken. War es wirklich die bessere Alternative, ein glücklicher Idiot zu sein, anstatt wach und klar im Kopf, aber von Psychosen geplagt? Und was bedeutete es langfristig für Frank, wenn er ständig sediert wurde?

»Ich weiß nicht, ob er wieder wird«, sagte Frau Barlage leise, als Rita vor ihrem Haus anhielt. Die ganze Fahrt über hatte die Frau geschwiegen. »Er war ja völlig weggetreten.«

Rita nickte nachdenklich. »Meine Anwältin hat mir gesagt, dass sie seine Krankenakte von einem Nervenarzt prüfen lässt, der den LKHs kritisch gegenübersteht. Sollte der zu dem Schluss kommen, dass Frank dort nicht die beste Behandlung bekommt, kriegen wir ihn von der Geschlossenen runter. Vielleicht kann er dann eine ambulante Therapie bekommen und zu Hause wohnen.«

»Ach, Rita. Das wäre so schön. Hoffentlich kriege ich das dann auch alles hin.«

»Reden Sie noch mal mit Ihrem Mann. Ohne seine Unterstützung wäre das sonst bestimmt schwierig.«

»Da hast du recht.«

»Und ich bin ja auch noch da.« Rita strich ihr aufmunternd über den Arm. »Ich werde Ihnen helfen, wo ich nur kann.«

Frau Barlage warf ihr einen dankbaren Blick zu. »Das ist lieb.«

Sie atmete tief durch und öffnete die Wagentür. »Ich kann nur hoffen, dass wir das alles schaffen.«

Rita sah ihr noch einen Moment nach. Es würde nicht leicht für Frank und seine Eltern werden, das wusste sie genau.

*

Theo holte sie am Abend in der Kanzlei ab, und anstatt ihr wie üblich einen kleinen Kuss zur Begrüßung zu geben, küsste er sie jetzt leidenschaftlich und lange. Für einen Moment hatte Katharina das Gefühl, dass sie den Kinoabend vielleicht abschreiben sollten, aber dann ließ Theo sie los und strich ihr zärtlich über die Wange.

»Wenn wir nicht aufhören, endet der Abend anders als geplant …«, sagte er verliebt.

»Wäre das so schlimm?«, erwiderte Katharina und küsste ihn erneut.

»Ich hab gerade im Hausflur deine Nachbarn getroffen. Ich bin dein Vermieter. Die kommen doch auf komische Gedanken, wenn die mitkriegen, was wir hier machen.«

Katharina lächelte. Theos konservative Art gefiel ihr, auch wenn sie sich manchmal darüber amüsierte. Er war der Typ Mann, der einer Frau noch die Türen aufhielt und ihr in den Mantel half – und manchmal eben auch ein wenig spießig an das Gerede der Nachbarn dachte. Ingrid und Addi hätten sich nicht darum geschert, was irgendwelche Hausbewohner sich denken könnten, da war Theo durchaus verantwortungsbewusster, er sorgte sich um Katharinas Ruf, und das mochte sie.

»Dann mal los! Sonst kommen wir zu spät«, sagte sie und schnappte sich ihren Mantel.

Obwohl sie den ersten Teil von *Der Pate* nicht kannte, hatte sie nicht das Gefühl gehabt, dem Film nicht folgen zu können, und ihn als ausgesprochen spannend, in Teilen allerdings recht brutal empfunden. Eigentlich mochte sie lieber andere Filme. *Mord im Orientexpress*, den sie als Letztes im Kino gesehen hatte, war eher nach ihrem Geschmack gewesen.

Es war kalt geworden, als sie das Kino verließen und über den Ring schlenderten. Katharina hakte sich bei Theo unter.

»Ob es bei der Mafia wohl wirklich so zugeht?«

Mit organisiertem Verbrechen hatte sie noch nie etwas zu tun gehabt, und sie war froh, dass es das in der Bundesrepublik nicht in diesem Ausmaß gab. Man hörte zwar immer wieder, dass es zu Schutzgelderpressungen der italienischen Restaurants kam, die sich seit gut zehn Jahren in Deutschland angesiedelt hatten, aber vor Gericht landeten diese Fälle praktisch nie. Wenn es sie wirklich gab, dann wurde darüber konsequent geschwiegen. Die kriminellen Machenschaften in Köln lagen jedenfalls eindeutig im Rotlichtmilieu, das nach wie vor fest in Kölner Hand war.

»Ich glaube, die Mafia ist sowohl in Italien als auch in den Staaten ein riesiges Problem. Die gehen über Leichen, und zwar ohne mit der Wimper zu zucken«, meinte Theo.

»Das Problem sind die familiären Strukturen«, sagte Katharina. »Wenn alle irgendwie miteinander verwandt sind, dann sind das viel engere Bindungen, eben auch auf krimineller Ebene. Wir können froh sein, dass es diese Clans bei uns nicht gibt.«

»Noch nicht.«

»Da hast du vermutlich recht.« Katharina schlug den Kragen ihres Mantels hoch. »Mir ist kalt.«

Er legte den Arm um sie und drückte sie kurz an sich, ließ sie dann aber wieder los. »Gehen wir noch zu dir? Da könnte ich dich ein bisschen aufwärmen.«

»Es würde schon helfen, wenn du den Arm um meine Schulter lässt.« Katharina sah ihn in gespielter Empörung an. »Wir könnten auch mal zu dir fahren!« Warum schlug er das eigentlich nie vor? Sie spürte, dass sie das doch mehr störte, als sie es sich eingestehen wollte.

»Und uns in die Pfütze im Wohnzimmer setzen? Vielen Dank!« Theo lachte und winkte ein Taxi zu sich. »Komm schnell ins Warme«, sagte er und stieg in den Wagen.

Möglichst leise, damit Elke und Ingrid sie nicht hörten, schlichen sie wenig später in Katharinas Zimmer. Ohne Hände und Lippen voneinander lösen zu können, fielen sie aufs Bett.

Theo war noch in der Nacht gegangen, ohne dass sie es gemerkt hatte. Wenn ein anstrengender Tag bei der Arbeit auf ihn wartete, wollte er lieber in seinen eigenen vier Wänden aufwachen, das hatte sie inzwischen akzeptiert. Außerdem hatte er wegen des Wasserschadens dauernd Handwerker in der Wohnung, die er koordinieren musste. Eine zusätzliche Belastung, die viel Zeit fraß.

Anstrengend würde es für sie heute auch werden, und sie war froh, dass Theo sie hatte schlafen lassen. Eine Anhörung in der Strafsache gegen Karl-Heinz Köhler stand auf der Agenda. Die Scheidung war eingereicht, aber es würde noch dauern, bis sie vollzogen war, da die beiden das Trennungsjahr noch nicht hinter sich hatten. Davon unabhängig war die Anzeige wegen häuslicher Gewalt, wegen der sie heute mit ihrer Mandantin vor Gericht erscheinen musste. Es würde das erste Mal sein, dass die Frau ihren gewalttätigen Ehemann wiedersah, da sie auf Katharinas Anraten direkt nach der Anzeige mit den Kindern zu ihren Eltern gezogen war.

Während sie sich anzog, dachte sie darüber nach, was für ein zärtlicher Liebhaber Theo war. Sie hatte das Gefühl, dass er immer auf ihre Bedürfnisse einging und alles dafür tat, um sie glücklich zu machen. Ob Karl-Heinz Köhler jemals so ein Liebhaber gewesen war? Hatte er sich erst im Laufe der Jahre zu dem entwickelt, der er heute war? Sie konnte es sich kaum vorstellen. Zwischen einem Mann wie Theo und einem solch gewalttätigen Ehemann lagen doch Welten.

Als Katharina sich zwei Stunden später mit Hildegard Köhler vor dem Amtsgericht am Appellhofplatz traf, beschäftigte diese Frage sie immer noch.

»War ihr Mann eigentlich schon immer so?«, fragte sie, während sie die Unterlagen für den Gerichtstermin noch einmal durchgingen.

»Nein, er hat mich früher nie geschlagen. Das war eine einmalige Angelegenheit.«

»Das meinte ich nicht.«

Hildegard Köhler schwieg für einen Moment. »Sie meinen die andere Sache«, sagte sie schließlich.

»Ja. Ich frage mich, wie Sie sich in so einen Mann überhaupt verlieben konnten.«

Verlegen strich die Frau über ihr biederes, graues Kostüm, das sie älter machte, als sie eigentlich war. »Sie sind ein bisschen jünger als ich«, sagte sie. »Heute kann man sich das vielleicht nicht mehr vorstellen. Aber als Karl-Heinz und ich geheiratet haben … nun, wir hatten ja keinerlei Erfahrung. Ich hatte keine Ahnung, was mich in der Hochzeitsnacht erwarten würde, und ich dachte, es sei normal.«

»Dass es nur ihm gefällt?«

»Ja.« Verlegen knetete sie ihre Hände. »Wird der Richter mich gleich auch so etwas fragen?«

»Nein«, beruhigte Katharina sie. »Heute geht es nur darum, dass Ihr Mann Sie geschlagen hat. Um nichts anderes.«

Hildegard Köhler wirkte erleichtert, und Katharina hatte das Gefühl, dass sie fast froh war, geschlagen worden zu sein und ihren Mann wenigstens dafür zur Rechenschaft ziehen zu können, während sie über alles andere den Mantel des Schweigens ausbreiten konnte.

Als sie das Gericht betraten und Katharina den unscheinbaren Mann sah, der irgendwie gebrochen und verzweifelt wirkte und sich viele Male dafür entschuldigte, die Nerven verloren zu haben, fragte sie sich, wie Hildegard Köhler nur so viele Jahre glauben konnte, dass Sex etwas sei, das ihr als Frau nicht zu gefallen brauche. Es hatte viel zu lange gedauert, bis sie begriffen hatte, dass es nicht richtig war, was da regelmäßig in ihrem Ehebett passierte. Während der ganzen Verhandlung blickte Frau Köhler nur auf ihre Hände und sah ihren Mann kein einziges Mal an. Und auch er schaffte es nicht, zu ihr herüberzuschauen.

Zum ersten Mal dachte Katharina, dass die Aufklärungsfilme von Oswald Kolle, die von konservativer Seite immer wieder als pure Pornografie kritisiert wurden, durchaus ihre Berechtigung hatten. Es war an der Zeit, dass die Menschen sich mit ihrer Sexualität beschäftigten und allen klar wurde, dass es ein gleichberechtigtes Miteinander geben sollte, bei dem es um beide ging und nicht nur um einen.

Der Richter zeigte sich Karl-Heinz Köhler gegenüber erwartungsgemäß milde. Da der Mann sich noch nie etwas zuschulden hatte kommen lassen und der Richter nachvollziehen konnte, dass er aufgrund der kriselnden Ehe in einer Ausnahmesituation gewesen war, wurde er nur verwarnt und kam mit der Auflage davon, sich seiner Frau fürs Erste nicht mehr zu nähern.

Mit einer größeren Strafe hatte Katharina nicht gerechnet. Häusliche Gewalt innerhalb der Familie wurde von vielen Gerichten kaum ernst genommen. Auch wenn die körperliche Züchtigung bei der Erziehung von Kindern nicht mehr so häufig angewendet und in den Schulen höchstens noch in Bayern praktiziert wurde, so war sie gesellschaftlich immer noch voll akzeptiert. Natürlich galt es als weniger normal, seine Frau zu schlagen als die eigenen Kinder, aber es kam trotzdem häufig vor, und viele wussten davon, ohne dazwischenzugehen oder zu helfen. Im Streit konnte einem schon mal die Hand ausrutschen, das war bei vielen alltäglich. Das waren familieninterne Angelegenheiten. Vermutlich würde es niemals so weit kommen, dass eine Ohrfeige strafbar wurde.

Hildegard Köhler war zufrieden mit dem Ausgang des Termins. Es war ihr nie darum gegangen, ihren Mann hinter Gitter zu bringen, sie wollte einfach nur weg von ihm. Und dass er sich ihr jetzt nicht mehr nähern durfte, war auf jeden Fall ein Schritt in die richtige Richtung. Auch beim anstehenden Scheidungsverfahren würde sich dieser Beschluss sicher positiv für Frau Köhler auswirken.

Den Nachmittag hatte Katharina sich freigehalten. Ein besonderer Termin stand in ihrem Kalender, dem sie ein wenig nervös entgegenfieberte. Sie hatte sich mit Eva im Café Reichert am Dom verabredet, nicht nur weil es dort die besten Kuchen gab, sondern auch weil sie hoffte, dass es in der Öffentlichkeit nicht so schnell zu einer Auseinandersetzung mit ihrer Schwester kommen würde. Außerdem glaubte sie, ihre eigenen Gefühle besser im Griff zu haben, wenn andere Leute in der Nähe waren. Denn sie wollte auf keinen Fall in Tränen ausbrechen oder hysterisch werden, wenn sie erfuhr, was damals wirklich passiert war.

In dem großen Sandsteinbau, über dessen Eingang ein Türmchen thronte, war wie immer viel los. Unter dem üppigen Kronleuchter im Eingangsbereich stand eine reich bestückte Kuchen-

und Pralinentheke, vor der sich gerade die überwiegend weibliche Kundschaft tummelte und versuchte, einen Blick auf die feine Auslage zu erhaschen. Eva saß in einer der mit rosa Samt bezogenen Sitzecken. Katharina sah sie sofort, als sie den mit zahlreichen Spiegeln geschmückten Innenraum des Cafés betrat. Ihre Schwester hatte sich bereits ein Stück Frankfurter Kranz und ein Kännchen Kaffee bestellt und war die einzige Person, die allein an einem Tisch saß.

»Katharina.« Sie stand auf und küsste sie leicht auf die Wange. »Nur sieben Minuten zu spät.«

»Tut mir leid …«

»Das war ein Scherz. Was sind schon sieben Minuten?« Eva lächelte.

Etwas verunsichert nahm Katharina Platz, bestellte eine Donauwelle und ebenfalls ein Kännchen Kaffee. Sie spürte, dass sie immer in einer Art Habachtstellung war, wenn sie auf ihre Schwester traf. Die Freundlichkeit, die Eva ihr entgegenbrachte, irritierte sie.

»Danke, dass du mir alles erzählen willst«, begann Katharina und bemühte sich, so normal und unbefangen wie nur möglich zu wirken. Dass es in ihr ganz anders aussah, musste ja niemand mitbekommen.

»Es fällt mir nicht leicht«, gab Eva zu. »Aber nach deinem Besuch habe ich gemerkt, wie sehr mich die Sache immer noch beschäftigt. Und ich möchte damit abschließen. Ich möchte nicht mehr von etwas belastet werden, das vor mehr als dreißig Jahren passiert ist, als die Welt noch eine ganz andere war.«

»Das kann ich gut verstehen. Du warst so jung damals …«

»Ja. Und damals war man mit vierzehn Jahren noch jünger als heute. Gott, was waren wir ahnungslos! Ich habe ja gedacht, dass man vom Küssen schwanger wird!« Eva lachte, und es klang wie ein ehrliches Lachen. »Wie man es wirklich wurde, war mir überhaupt nicht klar.« Sie wurde wieder ernst. »Sonst wäre ich es wahrscheinlich nicht geworden …«

Katharina überlegte, welche Verhütungsmethoden ihrer Schwester Anfang der Vierzigerjahre wohl zur Verfügung gestanden hatten. Vermutlich nicht viele.

»Was ist passiert, als du erfahren hast, dass du schwanger bist?«

Versonnen blickte Eva aus den Fenstern des Cafés, legte ihren Kopf ein wenig in den Nacken, um an der Fassade des Doms hinaufzuschauen.

»Hans hat sich richtig gefreut«, erzählte sie mit einem Leuchten in den Augen. »Er wollte sich um eine Genehmigung bemühen, damit wir heiraten können.«

»Du warst doch erst vierzehn oder fünfzehn.«

»Fünfzehn, als ich schwanger wurde, sechzehn bei der Geburt. Kein Mensch hätte uns erlaubt, zu heiraten. Das wurde uns schnell klar. Wir waren beide noch nicht volljährig, und als Soldat brauchte er zusätzlich noch eine offizielle Heiratserlaubnis. Als Infanterist ohne Rang und mit noch nicht mal einundzwanzig Jahren hätte er die niemals bekommen. Deshalb haben wir überlegt, durchzubrennen …«

Katharina sah sie überrascht an. So etwas hätte sie ihrer Schwester niemals zugetraut. »Durchbrennen? Du? Das ist ja ein Ding!«

Eva schmunzelte. »Ich weiß. Heute bin ich ein anderer Mensch. Heute würde ich so etwas natürlich nicht mehr machen. Aber damals schien es die einzige Möglichkeit, um mit Hans glücklich zu werden. Es war natürlich sehr riskant, weil er dann als fahnenflüchtig gegolten hätte. Darauf stand die Todesstrafe. Aber das hat ihn nicht abgeschreckt. Er hatte schon zwei Tickets für ein Passagierschiff nach Amerika, das zwei Monate später in Antwerpen ablegen sollte. Bei seinem nächsten Fronturlaub wollten wir uns aus dem Staub machen …« Ihre Stimme versagte.

Voller Mitgefühl sah Katharina sie an. »Und dann kam er nicht zurück?«

»Nein.« Eva musste kurz innehalten. Sie trank einen Schluck Kaffee und blickte auf ihren Teller, bevor sie Katharina wieder ansah. »Zuerst habe ich gar nichts davon erfahren, wie auch, es wusste ja niemand, dass wir ein Paar sind. Als sein Urlaub anbrechen sollte, habe ich jeden Tag unten am Rheinufer auf ihn gewartet, immer zur selben Zeit an unserem abgemachten Treffpunkt. Aber er war nicht da. Als dann der Tag kam, an dem wir eigentlich auf das Schiff wollten, und ich immer noch nichts von ihm gehört hatte, habe ich geahnt, dass etwas Schreckliches passiert sein musste.«

»Was hast du dann gemacht?«

»Ich habe all meinen Mut zusammengenommen und bin zu seinem Elternhaus gegangen. Mein Bauch war inzwischen kaum noch zu kaschieren, und ich habe mir extra noch eine Schürze umgewickelt, damit er nicht auffällt. Bei Mama und Papa hat das gut funktioniert. Als ich seine schwarz gekleidete Mutter vor der Haustür stehen sah, wusste ich sofort Bescheid …«

Evas Augen wurden feucht, und Katharina wartete ab.

»… und sie wusste auch ziemlich schnell Bescheid, als sie mich bemerkte«, fügte Eva hinzu, suchte ein Taschentuch aus ihrem Ärmel hervor, das sie immer dort stecken hatte, und putzte sich die Nase.

»Ich verstehe. Wie hat sie reagiert?«

Eva zuckte traurig mit den Schultern. »Sie hat mich beschimpft, meinte, ich wäre ein leichtes Mädchen und solle dorthin gehen, wo der Pfeffer wächst. Als ich ihr erklärt habe, dass ich nur ein paar Straßen weiter wohne und aus gutem Hause komme, habe ich den größten Fehler meines Lebens gemacht.«

»Sie ist zu Mama und Papa gegangen.«

Eva nickte. »Und hat ihnen alles erzählt. Sie ahnten ja nichts.

Ich glaube, an dem Tag habe ich von Mama die erste Ohrfeige meines Lebens bekommen.« Sie nestelte an ihrem Taschentuch und blickte gedankenverloren aus dem Fenster. »Wer will es ihr verübeln? Wenn ich als Mutter heute in so eine Situation kommen würde, würde ich nicht anders reagieren.«

Katharina stocherte in ihrer Donauwelle herum. Sie wollte auf keinen Fall etwas Falsches sagen und damit die vertraute Atmosphäre zerstören.

»Und dann?«, fragte sie leise.

Evas Gesichtsausdruck änderte sich. Er wurde ganz leer, als wären alle guten Erinnerungen durch diese Frage verdrängt worden.

»Ich musste es wegmachen lassen«, sagte sie tonlos.

Geschockt sah Katharina sie an. »Aber … du warst doch … ich meine, wie weit warst du denn?«

Eva sah erneut auf ihren Teller hinab. »Fünfter Monat? Ich weiß es nicht genau. Den Engelmacher hat das sowieso nicht interessiert. Solange er sein Geld bekam, hat er alles weggemacht, was weg sollte.«

Schlagartig verstand Katharina. Daher die Ablehnung, die Eva ihr ein Leben lang entgegengebracht hatte. Ihre Schwester war als junges Mädchen zur Abtreibung gezwungen worden, während sie selbst kurz danach gesund und munter auf die Welt hatte kommen dürfen. Katharina mochte sich gar nicht vorstellen, wie das 1940 abgelaufen war. Anders als eine Abtreibung heute jedenfalls, so viel stand fest. Hatte Eva deshalb später so viele Fehlgeburten gehabt? Weil damals nicht sauber gearbeitet worden war?

Wie traumatisierend musste es für Eva gewesen sein, vom Tod ihres Liebsten zu erfahren und dann noch bei einem schmierigen Engelmacher eine Ausschabung vornehmen lassen zu müssen. Und nachdem sie sich davon zumindest körperlich einigermaßen erholt hatte, wurde ihre kleine Schwester geboren und sie selbst allein ins Ausland geschickt. Was hatten ihre Eltern Eva nur angetan? Wie konnten sie so herzlos sein? Und so verlogen? Ihr Vater hatte sich wahnsinnig über die Abschaffung des Abtreibungsparagraphen aufgeregt, aber seine älteste Tochter selbst zu einer solchen gezwungen. Katharina schauderte es. Sie hatte das Gefühl, ihre Eltern nicht mehr zu kennen.

»Du siehst, ich bin nicht deine Mutter.« Eva atmete schwer aus und bemühte sich um ein Lächeln.

Da Katharina die Worte fehlten, beugte sie sich zu ihrer Schwester hinüber und nahm sie in den Arm. Es war ihr egal, dass ihr Ellenbogen in der Donauwelle hängen blieb, sie hoffte einfach, Eva ein wenig über die schmerzhaften Erinnerungen hinwegtrösten zu können. Und sie ließ die Umarmung zu.

7

19. JANUAR 1976

Obwohl der Winter fulminant gestartet war und im Rest von Deutschland mit frühen und heftigen Schneefällen aufwarten konnte, war es in Köln vergleichsweise mild für diese Jahreszeit. Katharina war froh, dass die Advents- und Weihnachtszeit vorbei war. Sie konnte die ganzen Kekse und Gänsebraten nicht mehr sehen und mochte es nicht, dass sie im Januar zwei Kilo mehr auf die Waage brachte als Ende November. Tatsächlich hatte sie sich zuletzt einige Male auf einem der Trimm-dich-Pfade wiedergefunden, um die Extrapfunde wieder loszuwerden, auch wenn Theo betonte, dass er jedes Gramm an ihr liebte. Aber Katharina konnte sich von dem klassischen Schönheitsideal, das Frauen eine schlanke Figur zuschrieb, doch noch nicht ganz lösen.

Nach wie vor waren sie glücklich und verstanden sich mehr als gut. Nach ihrem Streit damals hatte Katharina nicht mehr gefragt, ob er ihre Familie kennenlernen wolle. Die Feiertage hatten nun wirklich ausreichend Gelegenheit dafür geboten, und wenn er nicht selbst auf die Idee kam, würde sie ihn bestimmt nicht drängen. Auch von seiner Familie kannte sie bislang niemanden. Aber vielleicht war es auch ganz gut, wenn sich die Dinge langsam entwickelten.

Katharina zog ihren Mantel an, der mit warmem Lammfell

gefüttert war, und nahm die Aktentasche in die Hand. Vor zwei Wochen hatte der WDR einen Bericht gesendet, in dem Rita Maiburg zu Wort gekommen war. Er trug den Titel: »Kampf um den Platz am Steuerknüppel – Musterprozess gegen die Lufthansa – Frauen wollen sich den Weg ins Cockpit erkämpfen.«

Der Beitrag war von überraschender Sachlichkeit geprägt gewesen. Rita Maiburg war souverän aufgetreten und hatte mit klarer und fester Stimme gesprochen. Sie hatte einen sympathischen Eindruck hinterlassen. Ob ihr das für heute nützen würde?

Ihre Freundschaft zu Frank Barlage war zum Glück weder in dem WDR-Beitrag noch in einem Zeitungsartikel thematisiert worden. Nach wie vor lag der junge Mann in der geschlossenen Abteilung des LKH in Brauweiler. Immerhin hatte die Klinikleitung ihrem Antrag inzwischen zugestimmt, den Patienten von einem anderen Psychiater außerhalb der Klinik untersuchen zu lassen. Bisher hatte es aber immer Terminschwierigkeiten gegeben.

Heute musste sich Katharina aber um etwas anderes kümmern. Für zwei Tage war die Anhörung vor dem Verwaltungsgericht in Köln angesetzt, auf die sich Rita Maiburg und sie monatelang vorbereitet hatten. Gestern hatte sie ihre Argumente vortragen, heute würden beide Parteien die Abschlussplädoyers halten.

Ihr war klar, dass es in diesem Prozess um mehr ging als nur um einen Fall im Bereich des Arbeitsrechts. Das hatte ihr nicht nur die Berichterstattung in der Presse deutlich gezeigt, sondern auch die überwältigende Reaktion an Leserbriefen, die dadurch hervorgerufen und in Teilen auch veröffentlicht wurde. Darin drückten viele Leserinnen ihre Hoffnung aus, dass der Prozess dazu beitragen würde, dass Frauen gleichberechtigte Mitarbeiterinnen wurden, ohne Diskriminierung, weder bei der Berufswahl noch bei der Bezahlung. Es ging hier um mehr als um die Einstellung einer einzelnen Frau durch ein Unternehmen, um mehr als nur um die Frage, warum die Lufthansa aus prinzipiellen Erwägungen keine weiblichen Piloten einstellte. Es ging darum, dass der Artikel 3 des Grundgesetzes endlich auch in der Realität umgesetzt wurde: »Niemand darf wegen seines Geschlechtes, seiner Abstammung, seiner Rasse, seiner Sprache, seiner Heimat und Herkunft, seines Glaubens, seiner religiösen oder politischen Anschauungen benachteiligt oder bevorzugt werden. Niemand darf wegen seiner Behinderung benachteiligt werden.«

Den Termin vor Gericht würde sie heute wieder allein wahrnehmen, da Rita Maiburg auf einem vom Arbeitsamt finanzierten Lehrgang war, bei dem Anwesenheitspflicht herrschte. Da sie weder die Glaubwürdigkeit ihrer Mandantin beschädigen noch Öl ins Feuer der zum Teil eh schon hysterischen Berichterstattung gießen wollte, hatten sie gemeinsam entschieden, dass Rita Maiburg die Veranstaltung vom Arbeitsamt auf keinen Fall schwänzen würde, auch wenn sie etwas enttäuscht war, dass sie jetzt vor Gericht nicht dabei sein konnte.

Katharina betrat das Justizgebäude am Appellhofplatz und atmete noch einmal tief durch, bevor sie die Stufen der imposanten Treppe nach oben stieg. Obwohl sie schon häufig hier gewesen war, beeindruckte sie die Größe des Baus noch immer. Kurz vor dem Gerichtssaal schlüpfte sie in ihre Robe und betrat den großen Raum. Der vordere Teil bestand aus dem holzverkleideten Bereich für den Richter und die Stenotypistin, links und rechts davon war Platz für die jeweiligen Anwälte. Den hinteren Teil trennte erneut eine hölzerne, vielleicht hüfthohe Wand ab. Er war für das Publikum bestimmt. Die Geräuschkulisse in dem Saal erinnerte Katharina an das Gemurmel und allgemeine Raunen, das ein Theater vor der Aufführung erfüllte. Besonders auf den Zuschauerrängen wurde ununterbrochen getuschelt. Anhand der

Notizblöcke und Bleistifte, an deren Enden mehrere Besucher kauten, identifizierte sie die Journalisten im Publikum. Es waren nicht wenige.

Die Anwälte der Gegenseite waren schon da. Aus dem Augenwinkel sah sie, wie die Männer sie musterten. Gleich drei Rechtsanwälte hatte die Lufthansa beauftragt. Ein Zeichen, wie ernst sie die Klage nahmen. Katharina grüßte die Herren kurz, die sie ihrerseits mit einem Nicken bedachten.

Ohne die Kollegen eines weiteren Blickes zu würdigen, packte sie ihre Akten aus und studierte sie aufmerksam, bis der Richter den Raum betrat und alle sich von ihren Plätzen erhoben.

»Ich eröffne das Verfahren Rita Maiburg, Klägerin, vertreten durch ihre Rechtsanwältin Katharina Berner, gegen die Lufthansa, Beklagte, vertreten durch ihre Rechtsanwälte Dr. Hugo Stör, Dr. Werner Pfitzer und Dr. Ludwig Hehn.«

Katharina hatte den Richter gestern zum ersten Mal gesehen, einen älteren Herrn, den sie auf Anfang sechzig schätzte und der mit seinen grauen Haaren und dem weißen Vollbart auf den ersten Blick wie ein gutmütiger älterer Herr wirkte. Seine ernste, strenge Stimme konterkarierte diesen Eindruck allerdings und gab ihm etwas Respekteinflößendes. Er erteilte Katharina das Wort und forderte sie auf, ihr Schlussplädoyer zu halten.

Alle anderen setzten sich wieder, und Katharina unterdrückte den Impuls, ihre schwitzigen Hände an der Robe abzustreichen. Sie wollte sich ihre Nervosität auf keinen Fall anmerken lassen. Mit fester und klarer Stimme begann sie zu sprechen.

»Meine Mandantin Rita Maiburg erhebt den Anspruch, als Pilotin der Fluggesellschaft Lufthansa eingestellt zu werden. Sie fordert die Bundesrepublik Deutschland auf, als Haupteignerin der Lufthansa dafür zu sorgen, dass das im Grundgesetz verankerte Recht auf Gleichberechtigung eingehalten wird«, begann

Katharina ihre Ausführungen. Ausführlich trug sie vor, warum die prinzipielle Ablehnung von Frauen nicht mit Artikel 3 des Grundgesetzes in Einklang zu bringen war und der Klage daher stattgegeben werden müsse.

Als sie ihr Plädoyer beendet hatte, setzte sie sich und achtete darauf, sich keinerlei Emotionen anmerken zu lassen. Ihr Blick war fest auf die gegnerische Seite gerichtet, und sie ließ sich durch das spöttische Grinsen der Rechtsanwälte nicht aus der Fassung bringen. Sie hatte das Grundgesetz auf ihrer Seite, und das gab ihr ein sicheres Gefühl.

Dr. Ludwig Hehn von der Gegenseite erhob sich, nachdem der Richter ihm das Wort erteilt hatte.

»Natürlich ist unsere Mandantin, die Lufthansa, und damit auch die Bundesrepublik Deutschland als ihre Haupteignerin, für die Gleichberechtigung – wer könnte dagegen sein?«, begann er mit durchdringend lauter Stimme. »Doch niemand wird bestreiten, dass die Umsetzung immens schwierig ist. Gleichberechtigung – das sagt sich so leicht. Was ist mit den naturgegebenen Unterschieden zwischen Männern und Frauen? Niemand wird bestreiten, dass Männer kräftiger sind, dass ihre Gehirnhälften anders ticken, sie logischer denken können und dass ihr mathematisches und physikalisches Verständnis ausgeprägter ist als das der Frauen.«

Katharina hätte am liebsten lautstark widersprochen, verkniff sich einen Zwischenruf aber. Mit dieser mittelalterlichen Argumentation konnten die feinen Kollegen doch beim besten Willen nicht durchkommen, dachte sie.

»Zudem ist es Passagieren und Kollegen nicht zumutbar«, fuhr der Anwalt fort, »mit einer Frau im Cockpit zu fliegen, die ihre Periode hat. In dieser Zeit ist eine Frau nicht fähig, sich zu konzentrieren. Bauch- und Rückenschmerzen beeinträchtigen ihre

Leistungsfähigkeit zusätzlich. Das sind medizinische Fakten, die niemand bestreiten kann. So ist nun mal die Natur, reine Biologie, die man nicht wegdiskutieren kann.«

Durch den Zuschauerraum ging ein Raunen, und Katharina fragte sich, wie viele der Leute, die dort saßen, wohl keine Journalisten waren. Die meisten arbeiteten für die Presse, davon war sie überzeugt. Sie glaubte einige bekannte Frauenrechtlerinnen wiederzuerkennen, aber der Großteil der Zuschauer waren Männer, die eifrig mitschrieben.

Der Richter stellte im Anschluss noch ein paar Fragen, sowohl Katharina als auch der Gegenseite. Es wirkte allerdings so, als habe er sein Urteil bereits gefällt, jedenfalls erschienen ihr seine Fragen eher aufgesetzt als wirklich interessiert.

»Auch ich bin durch und durch für die Gleichberechtigung«, begann er schließlich zur Urteilsverkündung überzuleiten. »Ich habe selbst zwei Töchter, und ich bin froh, dass sie die Schulen besuchen konnten, die sie sich gewünscht haben, und eine freie Berufswahl hatten. Allerdings muss ich der Gegenseite recht geben. Gleichberechtigung ist ein hehres Ziel, lässt sich aber aufgrund der naturgegebenen Unterschiede nun mal nicht immer durchführen. Eine Frau könnte niemals unter Tage arbeiten oder als Soldatin an der Waffe dienen. Da würden Sie mir doch sicherlich nicht widersprechen, Frau Rechtsanwältin.«

Katharina spürte, wie sich ihr Magen zusammenzog. Sie ahnte, worauf diese Argumentation hinauslief.

»Weibliche Armeemitglieder sind bei den Alliierten durchaus üblich«, sagte sie.

»Aber sie leisten keinen Dienst an der Waffe«, entgegnete Dr. Hehn von der Gegenseite. »Sie arbeiten nur als Sanitäterinnen oder in der Feldküche.«

»Ich habe Ihnen nicht das Wort erteilt«, maßregelte der Richter ihn, woraufhin sich Dr. Hehn schon fast anbiedernd entschuldigte. »Ich lehne die Klage ab«, sagte der Richter dann. »Eine gleichberechtigte Gesellschaft sollte unser Ziel sein, aber gewisse Berufe sind nun mal Männern vorbehalten, genauso wie es umgekehrt Berufe gibt, in denen ein Mann nichts verloren hat. Eine männliche Hebamme wird es nun mal auch nicht geben, Gleichberechtigung hin oder her.«

Damit beendete der Richter den Prozess.

»Ich werde in die zweite Instanz gehen«, sagte Katharina mit fester Stimme und hoffte, dass niemand merkte, wie entsetzt sie war. Es konnte doch nicht wahr sein, dass ein Richter den fadenscheinigen Argumenten dieses Anwaltstrios zustimmte!

»Das ist Ihr gutes Recht, Frau Anwältin.«

Der Richter stand auf und verließ den Saal, der nun erfüllt war von aufgeregtem Gemurmel. Die anwesenden Frauenrechtlerinnen regten sich hörbar über das Urteil auf, die männlichen Pressevertreter versuchten, einige Stimmen einzufangen, und stürmten auf Katharina zu. Die versuchte, sich ihren Ärger nicht anmerken zu lassen.

In erster Instanz wurde ihre Klage abgewiesen. Na und? Deshalb hieß es ja auch erste Instanz und nicht letzte. So schnell würde sie nicht aufgeben.

Sie packte ihre Akten zusammen und versuchte, sich einen Weg durch den Gerichtssaal zu bahnen und gleichzeitig die zahllosen Fragen zu ignorieren, die ihr entgegengeschleudert wurden. Als sie noch nicht mal ganz durch die Tür war, versperrte ihr ein Reporter den Weg, während ein Fotograf Fotos von ihr machte. »Ist Ihre Mandantin heute extra nicht erschienen, weil Sie wussten, dass die Klage abgewiesen wird?«

»Wir gehen in die zweite Instanz«, sagte Katharina und versuchte, an ihm vorbeizukommen. »Noch ist nichts entschieden.«

»Würden Sie sich in ein Flugzeug setzen, das von einer Frau gesteuert wird?«

Katharina warf dem Mann einen verächtlichen Blick zu. »Selbstverständlich.«

»Hätten Sie keine Sorge, dass eine Frau in einer Gefahrensituation die Nerven verlieren könnte?«

Es hatte keinen Sinn, diese Fragen zu beantworten. Sie musste hier schleunigst raus, aber sie wusste auch, dass es nicht wie eine Flucht aussehen durfte. Sonst würde man ihr womöglich unterstellen, dass sie leicht die Nerven verliere.

»Entschuldigen Sie mich, ich muss noch einen wichtigen Termin wahrnehmen«, sagte sie deshalb und drängelte sich an dem Fotografen vorbei. Zum Glück stürzten sich die Reporter auf die drei Rechtsanwälte der Gegenseite, die nach ihr den Saal verlassen hatten und bereitwillig Rede und Antwort standen. Katharina hörte nur noch, wie einer der Männer sagte, dass dieses ganze Gleichberechtigungsgeschwafel langsam absurde Züge annehme, und war froh, als sie die Stufen des Justizgebäudes endlich hinunterging und wieder an der frischen Luft war.

Sie war unglaublich wütend. Es konnte doch nicht wahr sein, dass ein Richter die Periode als Argument durchgehen ließ, um einer Frau den Zugang zu bestimmten Berufen zu verwehren! Und dass Männer angeblich logischer denken konnten als Frauen, das hatte man ihr auch schon erzählt, als sie sich für das Jurastudium entschieden hatte. Gab es für diese steile These überhaupt irgendeinen wissenschaftlichen Beleg?

Zu Fuß machte sie sich auf den Weg zurück in ihre Kanzlei, und mit jedem Schritt mäßigte sich ihre Wut etwas. Sie dachte darüber nach, was der Richter über die Bergleute und Hebammen gesagt hatte. Eine Frau unter Tage – hätte sie Rita Maiburg als Mandantin angenommen, wenn sie auf Einstellung in einer Zeche hätte klagen wollen? Sie wusste es nicht. Aber wenn eine Frau diese Arbeit unbedingt machen wollte, durfte man sie ihr dann verbieten? Schließlich gab es doch auch unter Tage genug Arbeiten, die auch eine Frau körperlich bewältigen konnte.

Auch das andere Beispiel des Richters, dass es niemals männliche Hebammen geben würde, hatte in Katharinas Augen einen Haken. Frauenärzte gab es genug, deutlich mehr als Ärztinnen, so wie in allen medizinischen Fachbereichen. Wahrscheinlich gab es nur deshalb keine männlichen Hebammen, weil Männer diesen Beruf nicht ausüben wollten. Würde er hohes Ansehen genießen und großzügig entlohnt werden, wie es bei Frauenärzten der Fall war, gäbe es hier sicherlich ebenfalls genug Männer, und keiner würde an ihrer Daseinsberechtigung zweifeln.

In der Kanzlei angekommen, griff sie als Erstes zum Telefon und wählte Rita Maiburgs Nummer, deren Fortbildung um diese Uhrzeit zu Ende sein musste.

»Es ist nur die erste Instanz«, sagte sie, nachdem sie ihrer Mandantin erklärt hatte, was passiert war. »Wir werden auf keinen Fall aufgeben.«

Zu ihrer Überraschung war Rita Maiburg weniger geschockt, als sie es erwartet hatte.

»Doch, natürlich trifft mich das«, entgegnete sie, als Katharina vorsichtig nachfragte. »Aber nach allem, was ich in den letzten Monaten erlebt habe, überrascht mich das Urteil nicht. Wie die Presse damit umgegangen ist …«

»… das war schon schlimm.«

»Im Großen und Ganzen ja. Ich bin froh, dass ich jetzt ein erstes Gespräch mit einer anderen Fluggesellschaft in Aussicht habe. Nächste Woche fangen die Auswahlgespräche bei der DLT an.«

»Der Deutschen Luftverkehrsgesellschaft?«

»Ja. Die kann man zwar nicht mit der Lufthansa vergleichen, aber es ist besser als nichts.«

»Schön. Ich drücke Ihnen die Daumen.«

»Danke. Ich glaube, es sieht ganz gut aus.«

Katharina klemmte den Telefonhörer zwischen Ohr und Schulter und nahm Stift und Zettel zur Hand. »Ich möchte unsere Argumentation in der zweiten Instanz ausweiten und auch auf die Kosten zu sprechen kommen, die die Ausbildung zum Berufspiloten mit sich bringt und die Sie komplett selbst getragen haben. Können wir das noch mal im Detail durchgehen? Vielleicht fällt mir dann noch eine andere Strategie ein. Die Kosten waren ja enorm.«

Rita Maiburg stieß einen Seufzer aus. »Allerdings. 38 000 Mark musste ich investieren. Hätte ich die Ausbildung bei der Lufthansa machen können, wären die Kosten komplett übernommen worden.«

Katharina machte sich eine Notiz. »Sie hatten sich auch um einen Ausbildungsplatz beworben?«

»Ich hatte es vor. Aber auf telefonische Nachfrage sagte man mir damals, dass die Plätze auf Jahre hin vergeben sind.« Katharina hörte den Unmut in Rita Maiburgs Stimme. »Damals habe ich ja nicht geahnt, dass sie eine Frau grundsätzlich nicht ausbilden.«

»Und Sie hatten das Geld von Ihrem Vater?«

»Ja. Er hat den Großteil bezahlt«, antwortete ihre Mandantin. »Zusätzlich brauchte ich aber noch einen Kredit von der Bank. Ich stecke leider ganz schön in den Miesen, was auch ein Grund ist, warum ich unbedingt wieder arbeiten muss.«

»Sie haben wirklich viel investiert, Frau Maiburg«, sagte Katharina und meinte damit nicht nur das Geld, das die junge Frau aufgebracht hatte. »Ich finde es ganz schön mutig, sich in jungen Jahren so zu verschulden.«

»Wenn das mit der DLT klappt, kann ich meine Schulden bald abstottern.«

»Und wenn nicht, klappt es vielleicht doch noch mit der Lufthansa.«

»Das wäre natürlich das Beste …« Rita Maiburg zögerte, und Katharina hatte den Eindruck, dass ihr noch etwas auf dem Herzen lag. »Frau Berner, wenn ich für die DLT fliegen kann, werde ich wahrscheinlich nicht mehr oft hier sein.«

Katharina ahnte, worauf ihre Mandantin hinauswollte. »Sie könnten sich dann kaum noch um Frank Barlage kümmern.«

»Ja. Ich würde natürlich versuchen, ihn trotzdem zu besuchen, aber es wäre etwas anderes als jetzt.«

»Sie sind mit seiner Mutter immer noch regelmäßig bei ihm?«

»Fast jede Woche. Für Frau Barlage ist das alles sehr schwierig«, sagte Rita Maiburg.

»Sie wissen, dass ich an dem Fall dran bin. Ich werde Sie auf dem Laufenden halten, ganz egal, wo sie gerade sind.«

»Danke, Frau Berner«, sagte Rita Maiburg mit Erleichterung in der Stimme. »Ich bin wirklich froh, dass Sie sich darum kümmern.«

Noch am selben Tag wurde im Radio über den Prozessausgang berichtet. Katharina hatte den Eindruck, dass das Ganze für die Presse ein kaum ernst zu nehmender Fall von irgendwelchen durchgeknallten Feministinnen war. Der Duktus changierte durchweg zwischen Amüsement und Empörung, und ein Reporter betonte sogar, dass die Klage eine nette Abwechslung zu den ansonsten ernsten Themen der Zeit sei. In einem Interview äußerte sich ein Sprecher der Lufthansa, der keinen Zweifel daran ließ, dass die Klage auch in der zweiten und letzten Instanz abgelehnt werden würde: »Eher gewinnt eine Frau die Weltmeisterschaft im

Schwergewichtsboxen, als dass sie Pilotin wird«, sagte er ins Mikrofon.

Katharina war klar, dass sie beim Einreichen der zweiten Klage noch einmal argumentativ nachlegen musste. Sie dachte darüber nach, den Schwerpunkt auf das Unternehmen zu legen. Denn die Frage, warum Rita Maiburg weiter zur Lufthansa wollte, anstatt sich mit einer Stelle bei der DLT zufriedenzugeben, könnte zur Diskussion gestellt werden, wenn sie eine Zusage erhalten sollte. Katharina blickte auf den Zettel mit den Notizen, die sie sich eben gemacht hatte. Zum einen waren da die enormen Ausbildungskosten, die die junge Frau selbst getragen hatte. Aber auch die Gehälter unterschieden sich deutlich. Rita Maiburg hatte ihr gesagt, dass die DLT ihr voraussichtlich ein Gehalt von 2700 Mark brutto zahlen würde, was ungefähr 1800 Mark netto entsprach. Ohne Frage ein gutes Gehalt. Aber bei der Lufthansa verdiente ein Co-Pilot schon 4200 Mark, und »Jumbo«-Kapitäne bezogen mit 14200 Mark das höchste Gehalt. Natürlich war das ein triftiger Grund, sich bei der Lufthansa zu bewerben. Es gab praktisch kaum eine Branche, in der man im Angestelltenverhältnis mehr verdienen konnte als dort. Lufthansa-Kapitäne zählten zu den Top-Verdienern in der Bundesrepublik.

Katharina wusste, dass es Menschen gab, für die genau das ein Gegenargument sein konnte. Es gab Stimmen, die meinten, dass es unanständig sei, wenn eine alleinstehende Frau so viel Geld verdiente. Solche Gehälter seien Männern vorbehalten, die damit eine Familie finanzieren mussten, und nicht irgendwelchen Frauen, die sich einen Traum verwirklichen wollten.

Der Kampf würde jetzt nicht einfacher werden, das war Katharina klar.

Sie fuhr sich mit beiden Händen durchs Gesicht und entschied, den Tag für heute zu beenden. Ihre Konzentration war weg, und es war schon nach 18 Uhr, da konnte sie ruhig Feierabend machen. *Es wäre schön, Theo zu sehen,* dachte sie, aber leider hatten sie sich erst für morgen Abend verabredet.

Katharina beschloss, spontan zu ihm zu fahren. Auch wenn seine Wohnung seit längerem wegen des schweren Wasserschadens saniert wurde, wollte sie jetzt einfach bei ihm sein. Im Büro hatte sie ihn nicht mehr erreichen können, und sein privater Anschluss war wegen der Handwerkerarbeiten ebenfalls lahmgelegt. Also würde sie ihn einfach zu Hause überraschen. Sie brauchte ihn jetzt. Auch wenn die Klage nur in der ersten Instanz abgelehnt worden war, hatte ihr das Ganze zu schaffen gemacht. Durch den Stress der letzten Tage fühlte sie sich wie gerädert, wollte nur noch in Theos Arme und von ihm hören, dass alles gut werden würde.

Katharina war noch nie bei Theo gewesen, wusste aber, dass er in der Nähe der Flora in Köln-Riehl wohnte. Sie nahm das Telefonbuch und blätterte bis L. Es gab insgesamt nur vier Einträge mit dem Namen Langscheid und nur einen mit dem Vornamen Theodor. Sie notierte sich die Adresse und machte sich auf den Weg. Allein die Vorstellung, gleich seine Nähe spüren zu können, verbesserte ihre Laune deutlich.

Es war zwanzig nach sechs, in zehn Minuten schlossen die Geschäfte, vielleicht schaffte sie es noch, eine Flasche Wein zu ergattern. In dem kleinen Tante-Emma-Laden bei ihr um die Ecke gab es zwar nur zwei Sorten, einen Weißen und einen Roten, aber das war besser als nichts. Katharina entschied sich für den Roten und sprang in die Bahn Richtung Zoo.

Es war ihr egal, wie Theos Wohnung aussah. Sie wollte jetzt nur noch bei ihm sein und diesen verdammten Prozess wenigstens für ein paar Stunden vergessen, ein Glas Wein trinken und seine Nähe spüren, das war alles, was sie wollte. Und wenn das auf einer halben Baustelle sein sollte, dann würde sie das nicht im Geringsten stören.

Als sie vor dem Haus in der Riehler Straße 137 stand, konnte sie von den Bauarbeiten im Inneren nichts erkennen. Wahrscheinlich hatten die Handwerker längst Feierabend.

Sie drückte auf die Klingel neben dem Namen Langscheid, und kurz darauf signalisierte ihr ein Summen, dass sie die Tür öffnen konnte. Der Eingangsbereich war elegant, in dunklem Marmor gehalten und mit einem ausladenden Treppenaufgang. So baute schon lange keiner mehr Häuser, das waren die Insignien des Wohlstands einer anderen Zeit. Aber Katharina gefiel es.

Sie sprang die Stufen hoch und staunte, wie leichtfüßig sie nach so einem anstrengenden Tag noch war. Die lähmende Erschöpfung war wie weggeblasen, als hätte die Aussicht, Theo gleich in die Arme fallen zu können, neue Energien mobilisiert.

Drei Wohnungen gab es im zweiten Stock, an einer war die Tür nur angelehnt. Katharina zögerte kurz und ging dann auf die angelehnte Wohnungstür zu.

Im selben Augenblick wurde sie von innen geöffnet, und Katharina erblickte eine hübsche Frau, die ungefähr in ihrem Alter sein musste. Sie trug die dunklen Haare zu einem kurzen Pixie geschnitten und sah in dem engen, gelben Rollkragenpullover und dem fast bodenlangen winterlichen Rock ausgesprochen gut aus. Freundlich, aber auch etwas misstrauisch sah sie Katharina an.

»Ja, bitte?«

Katharina war einen Moment irritiert. War sie doch an der falschen Adresse?

»Wer sind Sie?«, fragte die Frau und stellte sich vor die Tür, als hätte sie Sorge, Katharina könnte gleich gewaltsam in die Wohnung eindringen.

»Entschuldigung. Ich glaube, ich habe mich in der Adresse geirrt. Ich wollte zu Theo Langscheid.«

»Mein Mann ist noch nicht da. Kann ich Ihnen vielleicht weiterhelfen?«

Katharina spürte, wie ihre Knie weich wurden. Sie trat einen Schritt zurück und bemühte sich, dabei nicht zu wanken.

»Nein, nein … schon gut … Ich bin wohl doch falsch.«

»Also, wenn Sie zu Theo wollten, dann sind Sie nicht falsch. Er ist nur noch nicht da. Ich schätze, in einer halben Stunde müsste er hier sein. Was wollen Sie denn von ihm?« Der Blick der Frau fiel auf die Flasche Wein, die Katharina in der Hand hielt.

»Nichts … Ich … wollte zu einem anderen Theo«, hörte Katharina sich sagen. »Entschuldigen Sie bitte die Störung.«

Sie drehte sich auf dem Absatz um und eilte die Treppe hinunter. Dabei glitt ihr die Rotweinflasche aus der Hand und zersprang scheppernd auf den Stufen. Die weiß gestrichene Wand war voller roter Spritzer, aber das war Katharina egal. Genauso wie die Rufe, die von oben zu ihr drangen und die sie wie durch Watte wahrnahm. »Hey! Wollen Sie das nicht sauber machen? Das ist ja eine riesige Sauerei!«, rief Theos Frau ihr aufgebracht hinterher.

Theos Frau.

Katharina riss die Haustür auf und stürmte in die Dunkelheit, die nur von dem gelben Licht der Straßenlaternen durchbrochen wurde. Wie betäubt lief sie die Straße hinunter zum Rhein, hielt an keiner Ecke und achtete nicht auf das Hupen der Autos, als sie über die Fahrbahn lief. Erst als sie das Flussufer erreicht hatte, hielt sie inne. Sie starrte auf das fast schwarze, schnell dahinfließende Wasser, das sich an einigen Stellen immer wieder zu Strudeln zusammenschloss, und überlegte für einen kurzen Augenblick, sich einfach in die Fluten zu stürzen. Entsetzt über diesen

Gedanken taumelte sie einige Schritte zurück und ließ sich auf den eiskalten Boden sinken.

Theo war verheiratet. Für den Mann, den sie über alles liebte, war sie nur eine Affäre, eine Gespielin zum Zeitvertreib, bevor es zur Gattin in die eheliche Wohnung zurückging. Noch nie hatte sie einem Mann so vertraut wie ihm, und die Erkenntnis, dass ihre große Liebe nicht mehr war als eine Illusion, riss ihr den Boden unter den Füßen weg.

8

26. JANUAR 1976

Die kleine Gemeinde Kriftel zwischen Frankfurt und Wiesbaden strahlte eine beschauliche Atmosphäre aus. Jedenfalls empfand Rita es so, als sie am Bahnhof im Zentrum des Ortes ausstieg. Von hier aus konnte sie zu Fuß zum Hauptsitz der DLT laufen, wo sie um elf Uhr ihr Vorstellungsgespräch hatte. Eine gute halbe Stunde würde sie für den Weg vermutlich brauchen. Sie hatte jetzt also noch eine Stunde, um sich auf den Termin vorzubereiten, der darüber entscheiden würde, ob sie eine Anstellung als Flugkapitän bekäme. Sie hatte extra ihre dunkelblaue Hose angezogen, die am Bein keinen übertrieben großen Schlag hatte, und sie mit einer weißen Bluse kombiniert, weil sie fand, dass das der Uniform eines Flugkapitäns schon nahekam. Rita überlegte, ob sie die Zeit bis zum Termin in einem Café überbrücken oder lieber direkt zur DLT gehen sollte. Sie beschloss, lieber vor Ort zu warten, da sie viel zu nervös war, um irgendwo in Ruhe einen Kaffee zu trinken.

Als sie im Ortskern an einem Schaufenster vorbeiging und ihr Spiegelbild darin sah, nahm sie das rot-blau gestreifte Tuch wieder ab, das sie um den Hals gebunden hatte. Es erinnerte zu sehr an eine Stewardess, dachte sie und wunderte sich, dass ihr das nicht zu Hause schon aufgefallen war.

Eigentlich hatte sich Rita vorgenommen, nicht zu viel Energie

293

auf die Wahl des richtigen Outfits zu verschwenden, weil sie der festen Überzeugung war, dass es egal war, wie ein Flugkapitän aussah. Sie konnte ja noch verstehen, dass ein attraktives Äußeres für den Job als Stewardess vorausgesetzt wurde, da diese in direktem Kontakt mit den Reisenden stand, aber einen Flugkapitän bekam man nun wirklich nie zu sehen; wen sollte es da interessieren, ob ihre Haare geföhnt oder die Nägel lackiert waren. Aber natürlich wusste Rita, dass die Welt anders funktionierte. Man würde genau auf ihr Äußeres achten. Außerdem musste sie davon ausgehen, dass man sie wegen der Klage gegen die Lufthansa noch genauer unter die Lupe nehmen würde als ohnehin schon. Ein weiterer Grund dafür wäre natürlich der Tatsache geschuldet, dass sie eben eine Frau war. Mit Sicherheit würde man jedes Detail an ihr genau mustern.

Im Kopf ging Rita die verschiedenen Punkte durch, von denen sie glaubte, dass man sie danach fragen würde. Auch wenn sie sich nicht verrückt machen wollte, so musste sie doch bestmöglich vorbereitet sein. Sicherlich würde man sie fragen, warum sie sich bei der DLT bewarb, anstatt die Klage gegen die Lufthansa abzuwarten. Sie hatte sich überlegt, die Vorzüge der viel kleineren Fluglinie hervorzuheben, schließlich mochte es jeder Arbeitgeber, wenn er gelobt wurde. Bestimmt würde man sie nach ihrer Familienplanung fragen, das wusste sie von ihren Freundinnen. Egal, auf welche Stelle sie sich auch bewarben, die Frage nach dem Kinderwunsch stand immer im Vordergrund. Ihre Freundinnen hatten ihr allesamt geraten, einfach zu lügen und vorzugeben, Kinder für sich ausgeschlossen zu haben. Rita hielt das für eine gute Idee, sie fand die Frage sowieso viel zu privat. Eigentlich war es eine Frechheit, dass ein potenzieller Arbeitgeber nach solchen Details fragte.

Der Firmensitz der DLT lag auf einem kleinen Hügel. Eine von Linden gesäumte Allee führte zu dem dreistöckigen, weiß getünchten Bau, und obwohl Rita die Nervosität immer stärker spürte, hüpfte ihr Herz vor Freude. Noch nie war sie ihrem Traum näher gewesen als heute.

Als Rita das Gebäude betrat, atmete sie tief durch. Obwohl es eigentlich unmöglich war, hatte sie das Gefühl, den Geruch von Kerosin und Reifengummi wahrzunehmen. In der großzügigen Eingangshalle hingen in regelmäßigen Abständen vergrößerte Aufnahmen von Flugzeugen, die zur DLT gehörten. Es waren keine Jumbo-Jets wie bei der Lufthansa, aber immerhin Passagierflugzeuge. In der Mitte der Halle saß an einem halbrunden Tresen eine junge Frau, die etwa in ihrem Alter war. Sie war sehr hübsch, hatte ihre schwarzen, langen Haare so glatt geföhnt, dass sie das Licht der Neonröhren an der Decke reflektierten. Freundlich blickte sie auf, als Rita sich bei ihr vorstellte und sagte, dass sie zu einem Bewerbungsgespräch eingeladen worden sei. Zu ihrem Erstaunen strahlte die Frau übers ganze Gesicht.

»Rita Maiburg? Ich freue mich wirklich sehr!« Sie stand auf und schüttelte ihr die Hand. »Ich habe die Berichterstattung über Sie von Anfang an verfolgt und muss sagen, dass ich das ganz toll finde! Klasse, Frau Maiburg, wirklich klasse!«

Etwas verschämt und zugleich geschmeichelt sah Rita sie an. »Es ist noch gar nicht sicher, dass die Klage überhaupt durchkommt. In erster Instanz ist sie abgelehnt worden.«

»Ich weiß, das habe ich gelesen. Trotzdem toll, dass Sie diesen Schritt überhaupt gewagt haben. Wirklich.« In ihrem Lächeln zeigte sich offene Bewunderung.

»Danke.« Rita freute sich, mit dieser Reaktion hatte sie nicht gerechnet. »Hier wissen alle Bescheid über die Sache, ja?«

»Darauf können Sie Gift nehmen!« Die Frau lachte fröhlich. »Das war hier tagelang Gesprächsthema. Alle sind total neugierig, wer die Frau ist, die es wagt, die heilige Lufthansa zu verklagen.«

Hoffentlich wirkt sich das nicht negativ auf das Gespräch aus, dachte Rita. Die Sorge, dass sie gleich irgendwelchen grauen Eminenzen gegenübersitzen würde, die einer jungen Frau mal gründlich zeigen wollten, wo der Hammer hing, breitete sich in ihr aus.

»Ich bringe Sie gleich zu Herrn Karmann und Herrn Walder. Die werden das Gespräch mit Ihnen führen. Sie sind allerdings ein bisschen früh dran, die Herren sind noch im Termin. Wenn Sie da vorne warten möchten?« Sie wies auf eine Sitzecke am anderen Ende der Halle, in der bereits ein junger Mann in einem der braunen Sessel saß und Zeitung las. »Ich hole Sie dann gleich ab.«

»Danke.« Rita ging in den Wartebereich, grüßte kurz und setzte sich dem Wartenden schräg gegenüber. Der Mann ließ die Zeitung sinken und sah sie freundlich an. Er konnte nur wenig älter sein als sie, und Rita fand, dass er ausgesprochen gut aussah. Die blonden Haare trug er kinnlang und mit Koteletten, und sein eng anliegendes Hemd ließ erahnen, wie trainiert er war.

»Tag«, sagte er. »Haben Sie auch ein Vorstellungsgespräch?« Rita nickte. »Stewardess?«

Sie unterdrückte ein Stöhnen. »Nein. Ich bin wegen der Pilotenausschreibung hier. Und Sie? Steward?«

Er lachte. »Eins zu null für Sie«, sagte er und legte die Zeitung zur Seite. Dann reichte er ihr die Hand. »Jürgen Steiner. Ich habe mich auch auf die Pilotenstelle beworben.«

»Rita Maiburg.« Sie schüttelte ihm die Hand und stellte erleichtert fest, dass ihr Name keine Reaktion bei ihm auslöste. Offenbar hatte er die Berichterstattung über sie nicht so genau verfolgt wie die Frau am Empfang.

»Sind wir jetzt Konkurrenten?«, fragte er schmunzelnd.

»Das glaube ich nicht.« Rita erwiderte sein Lächeln. »Die werden hier sicher mehr als einen Piloten einstellen.«

»Gerade hat ein anderer sein Gespräch. Ich glaube, die haben zehn Bewerber heute hier.«

Die Konkurrenz war doch größer, als sie gedacht hatte, ging es Rita durch den Kopf. Auch wenn die DLT ihre Flotte ausbauen wollte, war es immer noch eine vergleichbar kleine Fluggesellschaft mit nur wenigen freien Stellen.

»Wo kommen Sie her?«, fragte Jürgen Steiner. Er wirkte aufrichtig interessiert.

»Aus einem kleinen Ort zwischen Köln und Bonn.«

Der Mann erzählte ihr, dass er aus Norddeutschland kam, als die Empfangsdame ihm ein Zeichen gab. Jürgen Steiner stand auf. »Fahren Sie nach dem Gespräch wieder nach Hause?«, fragte er noch.

»Ja. Mein Zug geht um 16 Uhr.«

»Meiner auch! Vielleicht können wir zusammen fahren? Dann können wir noch ein bisschen plaudern, und uns wird die Zeit nicht so lang.«

»Das würde mich freuen«, stimmte Rita zu.

»Schön. Ich warte hier auf Sie. Drücken Sie mir die Daumen? Auch wenn wir Konkurrenten sind?«

Sie hielt die Hände mit den gedrückten Daumen nach oben. »Na klar.«

Jürgen Steiner zwinkerte ihr noch mal zu und ging zum Empfang. Lächelnd blickte Rita ihm nach. *Was für ein netter Mann,* dachte sie. Der netteste, den sie seit langem getroffen hatte.

Eine gute Dreiviertelstunde später brachte die Frau vom Empfang Rita zum Büro von Herbert Karmann und Manfred Walder. Sie folgte ihr durch einen breiten Gang, in dem einige Schaukästen mit Modellen der verschiedenen Maschinen standen, über die die DLT verfügte. An der Wand hingen großformatige Fotos der Flughäfen, die sie ansteuerten. Gemeinsam mit der dazugehörigen

OLT, die die Ostfriesischen Inseln anflog, besaß die Gesellschaft gerade mal fünfzehn Flugzeuge mit einer Gesamtkapazität von 148 Sitzen. Das war mit der international agierenden Lufthansa natürlich nicht zu vergleichen. Und auch die Flughäfen waren nicht unbedingt die, die Ritas Traum vom Fliegen um die Welt entsprachen. Es waren allesamt kleine Flughäfen in der BRD, abgesehen von Zürich, das am weitesten entfernte Flugziel. Aber auch eine kleine Fluggesellschaft konnte wachsen, und wenn sie hier die nötigen Erfahrungen sammelte, würde sie in zehn Jahren vielleicht doch noch um die Welt fliegen können. Bisher machte das Unternehmen jedenfalls einen äußerst sympathischen Eindruck auf sie.

Sie wischte sich unauffällig die Hände an der Hose ab, als sie in das Besprechungszimmer trat. Rita hasste es, dass sie bei Nervosität immer zu schwitzen begann, und die Sorge befiel sie, dass ihr Gegenüber das direkt negativ auslegen könnte. Schwitzende Hände waren für eine Pilotin, die auch in Ausnahmesituationen den Steuerknüppel fest in der Hand halten musste, nicht hilfreich.

»Ah, Frau Maiburg. Herbert Karmann.« Ein korpulenter Mann in einem zu eng sitzenden dunkelgrünen Anzug kam auf sie zu und schüttelte ihr die Hand. »Das ist mein Kollege Manfred Walder.«

»Angenehm«, sagte der andere und schüttelte ihr ebenfalls die Hand. Auch er war von untersetzter Statur und hatte seine grau melierten Haare über die Halbglatze gekämmt. Beide musterten sie freundlich und boten ihr einen Platz an.

»Möchten Sie einen Kaffee?«, fragte die Frau und verschwand durch die Tür, als Rita nickte.

»Sie wollen also als Pilot arbeiten«, begann Herbert Karmann, nachdem sie sich gesetzt hatte. »Warum möchten Sie das denn so unbedingt?«

Zu Ritas Erleichterung lagen in seiner Stimme weder Spott noch Ironie. Beide Männer machten auf sie einen sympathischen

Eindruck, und sie hatte nicht das Gefühl, dass man sie aufs Glatteis führen oder sich über ihre beruflichen Ambitionen lustig machen wollte.

»Fliegen ist meine große Leidenschaft«, begann Rita. »Seit meiner Jugend bin ich im Segelflugsport aktiv, außerdem habe ich schon Erfahrung als Co-Pilotin im Warenverkehr sammeln können und meine Ausbildung zur Berufspilotin mit Bestnoten bestanden. Es gibt nichts, was mir mehr Spaß macht, als zu fliegen.«

»Spaß ist eine Sache«, sagte Manfred Walder. »Ich frage mich allerdings, ob ein Beruf unbedingt Spaß machen muss. Viel wichtiger ist doch, ob man die Verantwortung übernehmen kann.«

»Es ist etwas anderes, ein Segelflugzeug zu fliegen und Waren von A nach B zu transportieren, als die Verantwortung für das Leben von dreißig oder vierzig Passagieren zu übernehmen«, stimmte Herr Karmann ihm zu.

»Dessen bin ich mir durchaus bewusst«, sagte Rita schnell und hoffte, nichts Falsches gesagt zu haben. »Ich weiß, wie viel Verantwortung das ist.«

»Denken Sie, dass Sie in Gefahrensituationen die Nerven behalten können?«, fragte Manfred Walder.

In dem Moment kam die Frau vom Empfang herein und brachte eine Tasse Kaffee. Auf dem Tablett standen außerdem noch Zucker und Milch sowie drei Gläser, die wohl für Sherry oder Portwein gedacht waren, wie Rita vermutete. Hinter den beiden Herren stand eine Sammlung verschiedener alkoholischer Getränke im Regal. Rita war jedoch froh, dass den beiden im Moment der Sinn noch nicht nach Alkohol zu stehen schien. Wenn sie um diese Uhrzeit Portwein hätte trinken müssen, hätte man nicht mehr viel mit ihr anfangen können.

»Ja, ich habe gute Nerven«, beantwortete sie die Frage. »So leicht bringt mich nichts aus der Fassung.«

Die beiden Männer warfen einander einen Blick zu. »Sonst hätten Sie vermutlich auch nicht den Mumm gehabt, gegen die Lufthansa zu klagen.«

Rita nickte nur und wartete ab, ob sie noch weitere Fragen zu dem Thema stellen würden.

»Ich muss zugeben, Frau Maiburg, dass Ihre Qualifikationen hervorragend sind«, sagte Herr Karmann.

Rita atmete erleichtert auf.

»Es würde mich aber schon interessieren, was Sie vorhaben, wenn die Lufthansa den Prozess verliert und Sie einstellt«, sagte der Mann weiter. »Würden Sie die DLT dann mit fliegenden Fahnen verlassen?«

Rita überlegte. Ja, das würde sie höchstwahrscheinlich tun. Nicht nur wegen der enorm hohen Verdienstmöglichkeiten, die die Lufthansa bot, sondern auch wegen der Flugziele, die nun mal andere waren als bei der so viel kleineren DLT. Die Lufthansa flog um die ganze Welt, das war es, was Rita wollte. Aber sollte sie diese Wahrheit nicht besser für sich behalten?

»Sie tragen kein Risiko, falls ich die Fluggesellschaft irgendwann einmal wechseln sollte«, umschiffte sie die Antwort. »Sie haben nicht in meine Ausbildung investiert und keine Kosten mit mir gehabt, dem Unternehmen entstünde in diesem Fall also kein Schaden.«

»Da haben Sie recht«, stimmte Herbert Karmann ihr zu. Nach einer guten Stunde und zahlreichen Fragen zum Unternehmen und Ritas Flugkenntnissen stand Herbert Karmann schließlich auf und reichte ihr die Hand.

»Danke, Frau Maiburg. Das war alles sehr überzeugend.«

Manfred Walder stand ebenfalls auf. »Wir melden uns dann bei Ihnen.«

Rita erhob sich langsam und gab den beiden Männern die Hand.

Waren das jetzt gute oder schlechte Nachrichten? Natürlich mussten sie erstmal die übrigen Bewerber abwarten, das konnte sie gut verstehen, aber sie hatte abgesehen davon kein Gefühl dafür, ob ihr Gespräch besonders gut oder eher schlecht verlaufen war.

»Ich würde mich sehr über eine Zusammenarbeit freuen«, sagte sie und bemühte sich, dabei so professionell wie möglich zu klingen.

Als sie etwas später mit Jürgen Steiner das Gebäude der DLT verließ, war sie immer noch verunsichert.

»Bei mir hat es fast zwei Stunden gedauert«, meinte er erstaunt. »Da ging es bei dir ja deutlich schneller. Wir duzen uns, oder?«, fügte er noch schnell hinzu. »So als Kollegen?«

Rita lächelte. »Klar. Wobei ich nicht weiß, ob das mit den Kollegen wirklich klappt. Warum war mein Gespräch so schnell vorbei?«

»Vielleicht waren sich die Herren schnell sicher«, meinte Jürgen.

»Möglich. Fragt sich nur, worüber sie sich sicher waren.«

»Nicht alles gleich schwarzsehen!«, sagte Jürgen und knuffte ihr aufmunternd in die Seite.

Sie bestiegen den Zug und setzten sich in ein leeres Abteil. Jürgen bot ihr eine Zigarette an und steckte sich selbst eine in den Mund.

»Gut, dass das innerdeutsche Flugnetz immer weiter ausgebaut wird«, sagte er und nahm einen tiefen Zug. »Dann muss man bald nicht mehr über zwei Stunden in der Bahn sitzen, wenn man von Köln nach Frankfurt will. Eine halbe Stunde in der Luft, und schon ist man da.«

»Mit Ein- und Auschecken ist es für die Passagiere aber auch nicht so viel schneller«, gab Rita zu bedenken.

»Das stimmt natürlich. Aber dieses exklusive Reisegefühl hat man in der Bahn nun mal auch nicht. Ich sage dir, in ein paar Jahren werden die Leute viel mehr fliegen als heute«, meinte Jürgen. »Überleg doch mal, wie sich das in den letzten Jahren schon verändert hat und wie viele normale Bürger heutzutage in den Urlaub fliegen. Das wäre vor zehn Jahren gar nicht denkbar gewesen, da ist doch jeder mit dem Auto gefahren.«

»Na ja, das machen immer noch viele«, entgegnete Rita. »Wer kann sich schon eine Flugreise leisten, wenn er zwei oder drei Kinder hat?«

»Aber das ist doch auch das Schöne daran. Es ist was Exklusives. Sonst hättest du ja auch Busfahrer werden können, oder?«

Rita musste grinsen. Jürgen war nicht nur nett, sondern auch unterhaltsam. Das gefiel ihr.

*

»Er hat gestern Abend schon wieder angerufen«, sagte Elke, als Katharina am frühen Morgen in die Küche kam.

»Guten Morgen«, murmelte sie und überhörte die Bemerkung ihrer Freundin. »Gut geschlafen?«

»Ja. Du dagegen siehst aus, als hättest du wieder die halbe Nacht wach gelegen.«

Katharina überhörte die Bemerkung und schenkte sich einen Kaffee ein. Tatsächlich hatte sie kaum geschlafen. Seit Wochen ging das jetzt so. Sie konnte weder schlafen noch essen und fühlte sich so schlecht wie schon lange nicht mehr.

»Irgendwann musst du mit ihm sprechen«, versuchte es Elke in einfühlsamem Ton. »Allein schon um deinetwillen. Damit du endlich weißt, was gelaufen ist.«

»Ich habe ja mit ihm gesprochen«, entgegnete Katharina. »Und ich weiß ja leider nur zu gut, was gelaufen ist.«

»Du hast einmal kurz mit ihm geredet, nachdem du seine Frau kennengelernt hast. Da habt ihr doch beide noch unter Schock gestanden! Das war doch kein richtiges Gespräch!«

Da hatte Elke recht. Als sie Theos Frau gegenübergestanden hatte, war sie wie gelähmt gewesen. Den weiten Weg nach Hause durch die winterliche Stadt war sie zu Fuß gelaufen, ohne die stechende Kälte überhaupt zu spüren. In der WG hatte sie mit niemandem gesprochen, sich sofort ins Bett gelegt und die ganze Nacht die Decke angestarrt, ohne ein Auge zumachen zu können. Sie war so unter Schock gewesen, dass sie noch nicht mal geweint hatte. Als am nächsten Abend Theo vor der Tür gestanden hatte, wollte sie ihn zunächst gar nicht reinlassen.

»Was ist denn los mit dir?«, hatte er gefragt, und für einen Moment war die Hoffnung in ihr aufgekeimt, dass sie sich am Vorabend tatsächlich nur in der Adresse geirrt und einer Frau Langscheid gegenübergestanden hatte, die nicht mit ihm verheiratet war.

»Ich war gestern bei dir …«, sagte sie leise.

»Was?« Noch immer wirkte er so, als wüsste er von nichts. Allerdings glaubte sie, eine leichte Irritation bei ihm zu bemerken.

»Riehler Straße 137. Da wohnst du doch? Ich hatte eine Flasche Rotwein dabei …«

»Die Scherben im Treppenhaus …« Er wurde bleich, und seine Augen weiteten sich. »Du warst das?«

Ihre Miene war wie versteinert. »Du bist verheiratet?«

Verzweifelt fuhr er sich nun mit der Hand übers Gesicht. »Katharina, du hast einen völlig falschen Eindruck bekommen …«

»Bist du verheiratet?«, unterbrach sie ihn mit eisiger Stimme.

»Ja, aber meine Ehe …«

»Ich will nichts mehr hören.« Mit diesen Worten knallte sie ihm die Tür vor der Nase zu.

Elke und Ingrid hatten hinter ihr im Flur gestanden und die Szene mit großen Augen verfolgt.

»Was ist passiert?« Elke nahm sie in den Arm, doch Katharina konnte keine Berührung ertragen. Noch nicht mal die von ihrer besten Freundin. »Er hat eine Frau …?«

Sie nickte nur stumm, löste sich aus Elkes Umarmung und presste sich eine Hand vor den Mund, um nicht laut aufzuschluchzen. Weinend lief sie in ihr Zimmer und warf sich aufs Bett, wo sie ihren Tränen freien Lauf lassen konnte.

Mit einem Schlag war ihr klar geworden, warum Theo meistens unter der Woche bei ihr gewesen war und am Wochenende kaum Zeit gehabt hatte. Samstags oder sonntags hatte er sich nur schlecht von seiner Frau davonstehlen können, ohne dass diese misstrauisch geworden wäre. An einem Wochentag dagegen war Katharina eine lästige Überstunde gewesen, und Theo hatte seiner Frau vermutlich spätabends erzählt, wie schrecklich lange er doch hatte arbeiten müssen. Das war auch der Grund gewesen, warum er nie bei ihr übernachtet hatte, das hätte er seiner Frau schließlich nicht erklären können.

Über sechs Wochen lag das alles nun zurück. Seitdem war sie in der WG nicht mehr ans Telefon gegangen und hatte in der Kanzlei sofort aufgelegt, sobald sich Theo am anderen Ende gemeldet hatte. Fünf Briefe hatte er ihr in der Zeit geschrieben, von denen sie keinen geöffnet hatte. Warum sollte sie auch? Sie konnte sich denken, was er ihr erklären wollte. Das, was alle untreuen Ehemänner ihren Geliebten erzählten, sei es nun in Romanen oder Filmen oder bei ihren Mandantinnen im echten Leben: dass ihre Ehen kaputt waren und dass sie nur sie lieben würden.

»Katharina, er ist wirklich sehr hartnäckig«, sagte Elke jetzt und schenkte ihr noch mal Kaffee nach. »Wenn du nicht mehr als eine kleine Affäre für ihn gewesen wärst, dann würde er doch nicht seit Wochen versuchen, dich zu erreichen! Dann hätte er doch längst aufgegeben!«

Sie zuckte nur traurig mit den Schultern. »Na und? Was ändert das an der Tatsache, dass er mich über Monate belogen und betrogen hat?«

»Das weißt du doch gar nicht!«

»Er hat gesagt, ich wäre seine große Liebe …«

»Vielleicht bist du das ja auch.«

»Und er hat seine Frau nie auch nur mit einer Silbe erwähnt.«

»Das war sicherlich ein Fehler«, gab Elke zu. »Ich meine ja auch nur, dass du ihn anhören sollst. Ob du ihm verzeihst, steht ja auf einem ganz anderen Blatt. Aber ich finde wirklich, du solltest dir anhören, was er zu sagen hat.«

»Ich weiß nicht.« Katharina putzte sich die Nase. »Ich habe Angst, dass mich das nur noch mehr verletzt.«

Elke setzte sich neben sie und legte einen Arm um ihre Schulter. »Du hast dich dein Leben lang mit Beziehungen schwergetan …«

»… und jetzt hatte ich endlich jemanden gefunden …«

»Und dann passiert so was.« Elke strich ihr tröstend über die Wange. »Das ist wirklich gemein. Aber ich glaube nicht, dass Theo so ein Arschloch ist. Einer, der seine Frau und seine Freundin über Monate belügt und betrügt. Ich hatte immer den Eindruck, dass er ein ziemlich aufrichtiger Kerl ist. So ein Verhalten passt gar nicht zu ihm.«

Es lag noch gar nicht so lange zurück, dass Katharina mit Theo darüber gesprochen hatte, ob sie nicht zusammenziehen sollten. Er war von der Idee begeistert gewesen. »Ich wollte dir das längst vorschlagen«, hatte er gesagt. »Ich bin doch sowieso dauernd bei dir, da könnten wir gut eine Miete sparen. Wo würdest du gerne wohnen? Weiterhin in Sülz? Ich könnte mir auch Lindenthal gut vorstellen.«

Den halben Abend hatten sie über die verschiedenen Kölner Viertel gesprochen und die Vor- und Nachteile der jeweiligen Wohngegend diskutiert. Sie hatten überlegt, wie viele Zimmer sie wohl bräuchten, und waren schließlich sogar auf das Thema

Kinder gekommen. »Ehrlich gesagt wollte ich immer welche haben«, hatte Theo zu ihr gesagt. »Ich werde bald 37, da werden andere schon fast Großvater.« Sie hatte gelacht und gemeint, dass sich die Zeiten doch geändert hätten, obwohl es natürlich stimmte und sie beide für eine Familiengründung recht alt waren, älter als alle anderen, die sie kannte und die Kinder hatten.

»Ich dachte auch, er wäre ein aufrichtiger Kerl«, sagte Katharina zu Elke. »So kann man sich täuschen.«

Der Streit mit Theo lag ihr noch immer im Magen, sie war angespannt, ja fast gereizt, was sich auf ihren gesamten Alltag auswirkte.

Ihr Gespräch mit Eva lag nun bald vier Monate zurück, und ihre Schwester hatte ihr damals das Versprechen abgenommen, niemals im Familienkreis darüber zu sprechen. Daran hatte Katharina sich auch gehalten, weder Weihnachten noch Neujahr, als die ganze Familie zusammengekommen war, hatte sie ein Wort über Evas unglückliche Vergangenheit verloren. Sie konnte verstehen, dass ihre Schwester nicht zum Thema einer großen Diskussion werden wollte. Wie schlecht sich das anfühlte, wusste Katharina schließlich aus eigener Erfahrung. Ihre Karriere als alleinstehende Juristin war oft genug Thema gewesen. Hinzu kam, dass Karl und Traute in den letzten Monaten stark gealtert waren. Die Angst, einen Streit mit den alternden Eltern zu provozieren, den man nicht mehr aus der Welt schaffen konnte, war so groß wie nie. Und so hatte sie sich an ihr Versprechen, die Geschichte ruhen zu lassen, gehalten.

»Die Hauptbeteiligten sind ohnehin tot«, hatte Eva noch traurig lächelnd gesagt und ihr dann gestanden, dass es ihr guttat, mit Katharina über alles gesprochen zu haben. »Es ist wie ein Abschluss, den ich damals nie hatte, wie eine Beerdigung. Lass uns das Grab nicht mehr öffnen.«

Als sie am Sonntag allein bei ihren Eltern zum Mittagessen war, hatte sich Katharinas Stimmung immer noch nicht gebessert. Heute störte sie sich noch mehr als sonst daran, von Martha bedient zu werden, die genau wie ihre Eltern nicht eben jünger wurde.

»Willst du dich nicht einfach dazusetzen und etwas mit uns essen, Martha?«

Ihre Eltern ließen fast zeitgleich das Besteck sinken und sahen sie verblüfft an, was Martha nicht entging. Sie wehrte sofort ab. »Das ist sehr nett, danke. Aber ich habe schon gegessen«, sagte sie, und obwohl Katharina wusste, dass das nicht stimmen konnte, nickte sie nur, und Martha verließ den Raum.

»Was sollte das denn?«, fragte ihr Vater. »Wieso sollte Martha denn mit uns am Tisch sitzen?«

»Weil wir nicht mehr im Kaiserreich leben und die Zeiten sich geändert haben!«, sagte Katharina, die spürte, wie aggressiv sie war.

»Leider nicht!«, entgegnete ihr Vater, der offenbar nicht weniger streitlustig war als sie selbst. »Wir sehen ja, was die modernen Zeiten an Errungenschaften für die Gesellschaft gebracht haben! Immer mehr Ehen werden geschieden, immer mehr Kinder abgetrieben …«

Ihr Vater redete weiter, aber Katharina konnte ihm nicht mehr zuhören, so zornig war sie. Früher hatte sie seine Loblieder auf die Ehe und seine Wut über die Reformierung des Paragraphen 218 noch mit seinem katholischen Glauben und seiner konservativen Einstellung entschuldigt. Aber nun kannte sie Evas Geschichte, es gab keine Entschuldigungen mehr. Unter anderen Umständen hätte sie sich vielleicht zusammengerissen und die Situation nicht eskalieren lassen, aber heute wurde ihr alles zu viel, und es platzte nur so aus ihr heraus.

»Wie verlogen du bist!«, schrie sie ihrem Vater so unvermittelt ins Gesicht, dass ihrer Mutter der Löffel aus der Hand fiel und auf den Boden schepperte.

Auch ihr Vater war völlig konsterniert. »Also entschuldige mal bitte, wie redest du denn …«

»Verlogen bis in die weißen Haarspitzen!« Katharina tobte. Sie spürte, wie sich die ganze angestaute Wut ihren Weg nach draußen bahnte. Die Wut über Theos Betrug, die Wut über den Prozess gegen die Lufthansa, die Wut über die Heuchelei ihrer Eltern.

»Wovon redest du bitte?« Nun meldete sich auch Traute zu Wort, die der Ausbruch ihrer Tochter fassungslos zu machen schien. »Dein Vater ist ein durch und durch aufrechter Mann! Und das solltest du auch wissen!«

»Du bist doch nicht besser!«

»Ich habe wirklich keine Ahnung, was du meinst.« Ihre Mutter wirkte nun zunehmend empört ob der Anschuldigungen ihrer jüngsten Tochter.

»Eva hat mir alles erzählt«, sagte Katharina. »Ich weiß, dass ihr sie damals zur Abtreibung gezwungen habt. Wie konntet ihr nur!«

Für einen Moment herrschte Stille am Tisch. Dann riss sich Karl die Serviette vom Hals und warf sie wütend auf seinen noch vollen Suppenteller.

»Du hast doch überhaupt keine Ahnung, wovon du sprichst!« Er stand ruckartig auf, sodass sein Stuhl nach hinten umkippte, und verließ den Raum.

»Du hast wirklich keine Ahnung«, sagte ihre Mutter, nachdem sie Katharina minutenlang schweigend angestarrt hatte.

»Ich weiß, was Eva mir erzählt hat«, erwiderte Katharina fast trotzig.

»Noch nicht mal sie weiß alles«, entgegnete ihre Mutter. »Sie war noch so jung.«

»Das kann doch kein Grund sein, sie zur Abtreibung zu zwingen!«, regte Katharina sich auf.

»Ach Kind …« Ihre Mutter seufzte leise. Sie verfiel wieder in

Schweigen, bevor sie schließlich doch begann, langsam zu erzählen.

»Die Farnders, also Hans' Eltern, waren stramme Nazis. Besonders die Mutter war schlimm. Für sie war Eva nichts anderes als ein gefallenes Mädchen. Sie hat alle Hebel in Bewegung gesetzt, damit sie in ein Heim für solche jungen Frauen kam.«

»Gab es denn keine andere Alternative als eine Ausschabung bei einem Engelmacher?«

Traute zögerte. »Diese Heime … da hat man Dirnen hineinverfrachtet, Obdachlose, homosexuelle Frauen, Schwachsinnige … Und Frau Farnder hatte extrem gute Kontakte in diese Heime …«

Katharina verstand nicht, worauf ihre Mutter hinauswollte. »Was willst du damit sagen?«

»Wir bekamen eine Aufforderung, Evas Geisteszustand untersuchen zu lassen. Man hat einen geistigen Defekt vermutet, wie es in dem Schreiben so schön hieß. Uns war natürlich klar, dass Frau Farnder dahintersteckte.« Traute Berner lachte bitter auf. »Weißt du, mein Kind, viele haben hinterher gesagt, sie hätten nichts gewusst. Aber das stimmte nicht. Wenn du die Aufforderung bekommen hast, den Geisteszustand deines Kindes untersuchen zu lassen, dann war dir klar, wie gefährlich das ist. Das hat nicht selten im KZ geendet.«

Katharina schwieg. Dass Eva womöglich nur knapp dem Konzentrationslager entkommen war, schockierte sie über alle Maßen. Und das alles nur, weil sie sich unsterblich verliebt hatte, weil sie nicht gewusst hatte, wie man schwanger wurde. Und es plötzlich gewesen war.

»Dein Vater und ich haben damals lange überlegt, was wir tun sollten. Die Schweiz war sicher, es war fraglos ein guter Ort für Eva, um den Krieg in Europa zu überstehen. Aber an der Schule dort hätte man sie schwanger niemals aufgenommen.«

»Dafür musste sie abtreiben …«

Ihre Mutter schwieg, und Katharina wusste, dass sie keine Antwort mehr bekommen würde. Sie ahnte, wie schwer ihren katholischen Eltern diese Entscheidung gefallen sein musste. Sie hatten die Wahl gehabt, ihre Tochter in die Hände der Nationalsozialisten zu geben, wodurch sie Evas Leben und das ihres Enkels aufs Spiel gesetzt hätten, oder aber das ungeborene Kind zu opfern und damit ihre Tochter zu retten.

Es war unvorstellbar, was ihre Schwester und ihre Mutter durchgemacht haben mussten, ohne mit anderen darüber sprechen zu können und Hilfe zu suchen. Katharina ahnte nun, warum sie in ihrer Kindheit so viel allein gewesen war, warum sie nie eine enge Beziehung zu ihren Eltern und Geschwistern aufbauen konnte. Was ihre Schwester und ihre Mutter hatten verarbeiten müssen, während sie als Säugling um Aufmerksamkeit schrie, hatte die Nähe zu einem Neugeborenen vermutlich nur selten zugelassen. Vielleicht lag hier auch die Ursache dafür, warum sie sich mit Beziehungen zu anderen Menschen so schwertat. Man hatte sich mit ihr damals auch schwergetan.

»Weiß Eva das alles?«, fragte Katharina leise.

»Ja«, antwortete ihre Mutter. »Aber sie wollte es nie wahrhaben. Ihre große Liebe, dieser Hans … er stand seinen Eltern sehr nahe …« Sie stockte. »Ehrlich gesagt hatte er keinen guten Einfluss auf deine Schwester. Ich war jedenfalls froh, als sie in der Schweiz war und keinen Kontakt mehr hatte zu irgendwelchen … Na, du weißt schon.«

Katharina nickte langsam.

Die nächsten Tage plagten sie schlimme Kopfschmerzen, die durch den fehlenden Schlaf nicht besser wurden. Die Geschichte ihrer Familie hatte sie nachhaltig erschüttert, genauso wie die

Trennung von Theo, die sie immer noch nicht überwunden hatte. Zum Glück hatte sich wenigstens die Presse etwas beruhigt und berichtete nur noch selten über Rita Maiburgs Klage. Auch die angestrebte Entlassung von Frank Barlage aus der geschlossenen Psychiatrie nahm langsam Formen an. Der von ihr bestellte Psychiater hatte festgestellt, dass von ihm keine Gefahr für sich selbst und für andere ausging. Mit ein bisschen Glück würde er also vielleicht bald nach Hause kommen.

Nach wie vor ignorierte sie Theos Anrufe und Briefe und versuchte, so wenig an ihn zu denken wie nur möglich. Als sie jedoch am Morgen auf dem Weg zur Kanzlei war und Schritte hinter sich auf dem Pflaster hörte, erkannte sie ihn sofort.

Ihren ersten Impuls, einfach stehen zu bleiben und sich zu ihm umzudrehen, unterdrückte sie. Sie hätte sich denken können, dass er über kurz oder lang versuchen würde, sie auf dem Weg zur Arbeit abzufangen. Aber so leicht wollte sie es ihm nicht machen.

»Katharina!« Sein Rufen war eher zaghaft, Unsicherheit lag in seiner Stimme. »Bitte warte einen Moment!«

Sie tat so, als hätte sie ihn nicht gehört, und ging bis zum Haus ihrer Kanzlei, zog den Schlüssel aus der Tasche und steckte ihn ins Schloss.

»Katharina, bitte.« Er hatte sie eingeholt und legte nun seine Hand auf ihre, um sie am Aufschließen der Tür zu hindern.

»Was willst du?« Sie sah ihn nicht an, hielt den Blick starr auf die Tür gerichtet.

»Katharina, bitte, wir müssen reden«, sagte Theo. Er klang verzweifelt. »Die letzten Wochen waren die Hölle für mich. Bitte hör mich an!«

»Ich wüsste nicht, worüber wir reden sollten.«

»Ich schon. Darf ich mit hochkommen? Bitte. Nur für zehn Minuten. Dann bin ich wieder weg. Versprochen.«

Katharina dachte an Elkes Worte; dass sie ihn anhören sollte, um selbst wieder zur Ruhe zu finden. Vielleicht war es einen Versuch wert.

»Fünf Minuten.«

»In Ordnung.«

Es war komisch, mit ihm allein in der Kanzlei zu sein. Hier hatte sie ihn das erste Mal getroffen, hier hatten sie unzählige Stunden miteinander verbracht. Und jetzt sollte ihre letzte Aussprache also auch hier stattfinden. *So schließt sich der Kreis,* ging es Katharina durch den Kopf.

»Meine Ehe mit Gitta ist schon lange gescheitert«, begann Theo, als sie die Tür hinter sich zugezogen hatte und sie sich im Flur gegenüberstanden. »Das weiß sie, und das weiß ich. Wir haben seit zwei Jahren getrennte Schlafzimmer und leben nur noch aneinander vorbei.«

Sie spürte, wie die Wut wieder in ihr hochkochte. Sie wollte diese Phrasen nicht hören. »Und warum hast du dich dann nicht längst scheiden lassen?«, fragte sie mit bemüht neutraler Stimme.

»Du weißt, wie schwierig die Wohnungssituation in Köln ist. Gitta muss erst einmal etwas Geeignetes finden …«

»Du hättest ja ausziehen können.«

»Die Wohnung gehört aber mir.«

Langsam ging sie zum Fenster und blickte hinaus. »Das sind doch fadenscheinige Ausreden, Theo. Du besitzt mehrere Wohnungen und willst mir erzählen, dass es so schwierig ist, etwas Passendes zu finden? In all den Monaten, in denen wir uns schon kennen?«

»Ich wollte nicht, dass Gitta in eine meiner Wohnungen zieht. Das wollen wir beide nicht. Es soll ein klarer Schnitt sein.«

»Und bis dahin bleibst du also lieber monatelang mit ihr unter einem Dach wohnen?«

»Nein. Natürlich nicht. Sie hat sich schon einige Wohnungen angeschaut, es wird langsam konkreter …«

»Ich glaube dir kein Wort!«, unterbrach sie ihn und drehte sich wieder zu ihm um. »Warum hast du nie bei mir übernachtet? Warum hattest du am Wochenende nie Zeit?«

»Ich …«

»Weil du nicht wolltest, dass deine Frau von mir erfährt!«, fuhr Katharina aufgebracht fort. Sie konnte ihre Wut nicht mehr unterdrücken. »Wenn du dich wirklich von ihr scheiden lassen wolltest, dann hättest du mich auch nicht verheimlichen müssen!«

Angespannt steckte er sich eine Zigarette an. »Katharina, du bist Anwältin. Du weißt, was es bedeutet, wenn einer der Beteiligten einen neuen Partner hat.«

Sie sah ihn mit großen Augen an. »Du meinst, was die Schuldfrage angeht?«

»Ja. Natürlich. Unsere Ehe war schon kaputt, bevor ich dich kennengelernt habe. Das wäre doch nicht fair …«

»Willst du dich etwa um die Unterhaltszahlungen drücken?« Katharina war fassungslos. So ein feiges Verhalten hätte sie ihm nicht zugetraut.

»Nein, darum geht es doch gar nicht. Aber wir wissen beide schon lange, dass unsere Ehe am Ende ist, warum sollte ich dann die Schuld auf mich nehmen? Es ist doch nur eine Frage der Zeit, bis sie einen neuen Partner hat …«

»Und darauf willst du warten? Damit sie dann Schuld hat?«

»Nein … also …«

Jetzt war Katharina außer sich. »Einige dich gefälligst mit ihr! Wenn ihr es beide vermasselt habt, dann übernehmt beide die Verantwortung! Sind wir denn hier im Kindergarten oder was? Muss denn immer ein Richter jemandem die Schuld geben? Man kann sich einigen, verstehst du? Auch bei einer Scheidung! Das ist absolut möglich!«

Theo betrachtete sie schweigend und zog an seiner Zigarette. Sein Blick ging zu Boden, auf einmal wirkte er fast zerknirscht. »Ich gebe zu, dass ich an so etwas nicht gedacht habe.«

»Schlimm genug.«

»Ja. Da hast du recht. Gitta und ich reden nicht viel miteinander, vielleicht ist das der Grund. Aber warum ich dir das alles erzähle …«

Katharina sah demonstrativ auf ihre Armbanduhr. »Ich muss mich an die Arbeit machen«, fiel sie ihm ins Wort.

»… ich möchte, dass du weißt, dass das alles nichts mit meinen Gefühlen für dich zu tun hat. Katharina, ich liebe dich. Aufrichtig. Und ich will dich nicht verlieren.«

Einen Moment lang sahen sie sich in die Augen, und sie erkannte die Traurigkeit in seinem Blick.

»Warum hast du mir nichts von ihr erzählt?«, fragte sie noch mal leise.

»Ich weiß es nicht. Ich wollte es, das musst du mir glauben, aber dann hatte ich den Zeitpunkt irgendwie verpasst …«

»Wie kann man es verpassen, jemandem etwas so Wichtiges mitzuteilen?«

»Es tut mir so leid.«

»Mir auch.« Sie atmete tief durch und öffnete die Tür. »Aber was geschehen ist, ist geschehen.«

Erschrocken sah Theo sie an. Dann nickte er ihr noch einmal zu, bevor er die Kanzlei verließ.

Als sie die Tür hinter ihm geschlossen hatte, rutschte sie auf den Boden und vergrub das Gesicht in den Armen.

Der Kreis hatte sich geschlossen.

9

3. MAI 1976

Seit zwei Wochen wohnte Rita in der kleinen Wohnung in Greven. Sie war nur fünfzig Quadratmeter groß, aber dafür in einem Neubau und unschlagbar günstig. Rita fühlte sich wohl in ihrem neuen Heim, und auch der beschauliche Ort gefiel ihr. Vielleicht auch deshalb, weil Jürgen ebenfalls eine Anstellung bei der DLT bekommen hatte und sein Haupteinsatzflughafen derselbe war wie Ritas. Da er Verwandtschaft im Münsterland hatte, wohnte er jetzt in Horstmar, was nur wenige Kilometer von Greven entfernt lag.

Der Abschied von den Eltern war ihr nicht leichtgefallen. Auch wenn ihre Familie sich für sie freute, hatten sie alle Tränen in den Augen, als sie ihr beim Packen geholfen hatten. Vor ihrem Umzug hatte Rita Frau Barlage noch dabei geholfen, Frank wieder in seinem alten Kinderzimmer unterzubringen. Nach wie vor hatte er Halluzinationen, hörte immer wieder Stimmen und litt unter Angstzuständen. Aber dank der Medikamente, die er nahm, war er zumindest friedlich und weder seinen Eltern noch sonst wem gegenüber aggressiv. Sie hoffte sehr, dass Frau Barlage mit der Pflege ihres Sohnes zurechtkam, zumal sie ja berufstätig war. Zum Glück hatte ihr Mann sich einsichtig gezeigt und unterstützte sie, wann immer es ihm möglich war.

»Ich schließe seine Zimmertür morgens ab«, hatte Frau Barlage Rita erklärt. »Natürlich stelle ich ihm vorher was zu essen hin.«

»Und das funktioniert?«, hatte Rita zweifelnd gefragt.

»Ja. Meistens schläft er den Vormittag über.«

»Das liegt sicher an den Medikamenten. Wollen Sie ihm die weiterhin geben?«

»Natürlich! Wie soll ich denn sonst arbeiten gehen?«

Nun war Frank also nicht mehr gefangen in der Psychiatrie, sondern in seinem alten Kinderzimmer, bekam dieselben Medikamente und hatte keine Möglichkeit, den Raum allein zu verlassen.

Rita versuchte, die Sorge um ihren alten Freund aus dem Kopf zu vertreiben. Sie hatte alles in ihrer Macht stehende für ihn getan und wusste im Moment nicht, wie sie ihm sonst noch helfen könnte. Heute war ihr und Jürgens erster Arbeitstag, und sie hatten verabredet, vorher noch zusammen einen Kaffee am Flughafen zu trinken. Auch wenn sie nicht in derselben Maschine sitzen würden, freute sich Rita, ihn in nächster Zeit häufiger zu sehen. Ein paar Mal waren sie abends schon zusammen aus gewesen, waren sogar einmal zum Bummeln nach Münster gefahren und hatten am Prinzipalmarkt gegessen. Ein Paar waren sie nicht, aber Rita war sich ziemlich sicher, dass sie über kurz oder lang mit Jürgen im Bett landen würde. Was sich dann daraus entwickelte, würde man sehen.

Sie stellte den alten VW Käfer, den sie sich zu ihrem Neustart ins Berufsleben gekauft hatte, auf dem Parkplatz ab, der für die Angestellten reserviert war, und stieg aus. Sie strich stolz ihre Uniform glatt und behielt die Mütze in der Hand, weil sie sie wegen des starken Windes nicht aufsetzen wollte. Rita liebte es, die Uniform zu tragen, in der sie sich gleich ganz anders fühlte als in Jeans und T-Shirt. Sie hatte das Gefühl, damit viel selbstbewusster aufzutreten, eine ganz andere Ausstrahlung zu haben. Jetzt war sie eine richtige Flugkapitänin. Heute würde sie zum ersten Mal fünfunddreißig Passagiere nach München fliegen. Rita war so aufgeregt wie als Kind an Weihnachten.

Im Mitarbeiterbereich der DLT traf sie auf Jürgen, der an einem Stehtisch einen Kaffee trank. Auch er trug seine Uniform und sah darin richtig schnieke aus. Anerkennend musterte er sie von oben bis unten. »Steht dir spitze«, sagte er lächelnd und fügte leise hinzu: »Sieht geradezu sexy aus.«

»Jürgen!« Rita lachte. »Ich bin jetzt eine Respektsperson.«

Jürgen nahm schmunzelnd noch einen Schluck von seinem Kaffee. »Weißt du schon, mit wem du fliegst?«

»Ein Rainer Meyer ist mein Co«, antwortete Rita. »Ich kenne ihn nicht. Du?«

»Rainer, ja, das ist ein netter Kerl. Hat nicht so viel Erfahrung wie du, macht seine Sache aber gut.«

»Schön. Wohin fliegst du?«

»Zürich. Heute Abend bin ich aber wieder zurück.«

»Ich auch.«

»Gehen wir dann noch was essen?«

»Ich glaube, dafür wird es zu spät. Aber wir könnten bei mir noch was trinken, wenn du Lust hast.«

Ein begeistertes Lächeln ging über sein Gesicht. »Das hört sich sehr gut an.«

Rita hatte Herzklopfen, als sie sich von Jürgen verabschiedete, und war sich nicht ganz sicher, ob das an ihrem bevorstehenden Flug lag oder daran, dass heute Abend höchstwahrscheinlich mehr laufen würde als nur ein gemeinsames Glas Wein.

Bevor sie ging, hielt Jürgen sie am Arm fest. »Herzlichen Glückwunsch, Rita«, sagte er und sah ihr dabei fest in die Augen.

»Was meinst du?«, fragte sie überrascht.

»Du bist weltweit die erste Frau, die eine Linienmaschine fliegt. Ist dir das eigentlich bewusst?«

Rita atmete tief durch. »Stimmt das?«

»Und ob das stimmt«, sagte Jürgen. »Ich würde mich darauf einstellen, dass in München ein paar Reporter auf dich warten. Der erste weibliche Flugkapitän der Welt – das ist eine große Sache, Rita. Auch wenn es nicht die Lufthansa ist. Ich bin stolz auf dich.«

Ein Glücksgefühl breitete sich in ihr aus. »Danke«, sagte sie. »Ich freue mich auf heute Abend.«

»Ich auch.«

Rita versuchte, ihre Aufregung herunterzuschlucken. Die Tatsache, dass sie die einzige Frau auf der ganzen Welt war, die ein Linienpassagierflugzeug fliegen durfte, half dabei jedoch nicht unbedingt. Wenn irgendetwas schiefgehen sollte, es Turbulenzen gab, sie beim Start oder der Landung noch mal durchstarten müsste, dann würde sofort jeder sagen: *Da sieht man's, eine Frau kann kein Flugzeug fliegen, haben wir ja von Anfang an gesagt.*

Sie traf ihren Co-Piloten vor dem Gate, wo die Passagiere schon darauf warteten, dass es mit dem Boarding losging. Als sie durch die Wartenden Richtung Maschine gingen, sprach eine ältere Dame Rita an.

»Fräulein, klappt das denn jetzt mit meinem Handgepäck? Ich kann mir gar nicht vorstellen, dass die Tasche zu groß ist.«

Rita drehte sich irritiert zu ihr um. »Wie bitte?«

»Ach, Entschuldigung, ich dachte, ich hätte eben mit Ihnen gesprochen. Aber dann war es wohl eine Ihrer Kolleginnen. Es geht um mein Handgepäck. Angeblich ist es ein bisschen zu groß für die Kabine, aber …«

»Das ist Aufgabe der Stewardessen«, unterbrach Rita sie freundlich, »die werden sich gleich darum kümmern.«

»Ich weiß, dass das die Aufgabe der Stewardessen ist«, entgegnete die Dame etwas pikiert. »Deshalb frage ich Sie ja!«

Für einen kurzen Moment war Rita verärgert, fing sich dann aber schnell wieder. »Es kümmert sich gleich jemand um Sie«, sagte sie und folgte dann schnellen Schrittes ihrem Co-Piloten in die Maschine.

»Die hat mich für eine Stewardess gehalten«, sagte Rita kopfschüttelnd zu Rainer Meyer, als sie sich im Cockpit an ihre Plätze setzten.

»Nimm's ihr nicht übel«, meinte Rainer. »Wie soll sie auf die Idee kommen, dass eine Frau heute das Flugzeug fliegt? So was hat es bisher ja noch nicht gegeben.« Sie war sich nicht sicher, ob in seinem Blick Anerkennung lag oder doch eher Skepsis.

Gemeinsam prüften sie alle Steuer- und Navigationssysteme, während im Hintergrund das Boarding stattfand. Dann war es endlich so weit, und Rita lenkte das Flugzeug in Richtung Startbahn. Es blieben ihr noch einige Minuten bis zum Start, und die wollte sie nutzen, um die Passagiere an Bord zu begrüßen.

Ihre Passagiere.

Rita räusperte sich und wollte gerade in das Mikro ihres Headsets sprechen, als eine Durchsage ertönte und die Stimme einer Stewardess zu hören war.

»Im Namen von Flugkapitän Maiburg begrüße ich sie an Bord des DLT Flugs A72. Wir fliegen heute mit einer Fokker 50 und werden in wenigen Minuten starten. Nach einer Flugzeit von voraussichtlich einer Stunde und zwanzig Minuten werden wir unseren Zielflughafen in München erreichen. Wir wünschen Ihnen einen angenehmen Flug.«

Rita starrte betroffen ins Nichts, während Rainer Meyer sich auf seinem Platz sichtbar unwohl fühlte. Langsam drehte sie ihren Kopf zu ihm.

»Im Namen von Flugkapitän Maiburg?«, wiederholte sie tonlos.

Ihr Co-Pilot presste die Lippen zusammen und wirkte zerknirscht.

»Was bildet sich diese Stewardess ein?« Nun war Rita wütend. Am liebsten wäre sie sofort aufgesprungen und hätte sich diese Frau zur Brust genommen.

»Sie kann nichts dafür«, meinte Rainer kleinlaut. »Es ist eine Anweisung von ganz oben.«

»Wie bitte?«

Rainer seufzte. »Die Fluggesellschaft war der Meinung, dass es besser ist, den Passagieren nicht mitzuteilen, dass eine Frau die Maschine steuert. Sie meinten, sie wollen die Passagiere mit Flugangst nicht zusätzlich beunruhigen.«

»Das … kann doch nicht wahr sein«, murmelte Rita. »Ich kann meine Passagiere nicht selbst begrüßen?«

»Es ist blöd, ich weiß«, versuchte Rainer zu beschwichtigen. »Aber du darfst nicht zu viel von den Leuten verlangen. Lass erst mal ein bisschen Gras über die Sache wachsen, bis sich alle beruhigt haben, dass eine Frau im Cockpit sitzt. Dann kannst du deine Passagiere demnächst auch selbst begrüßen, da bin ich mir sicher.«

Der Tower gab das Zeichen zum Start durch, und Rita blieb nichts anderes übrig, als sich auf ihre Arbeit zu konzentrieren. Sicher lenkte sie die Maschine in den Himmel.

Während des Flugs sprach sie kaum ein Wort. Der Schock über das Vorgehen der Fluggesellschaft wich langsam einer gewissen Nachdenklichkeit. Sicherlich hatte Rainer recht, man durfte nicht zu viel erwarten, die Leute brauchten Zeit, um sich an Veränderungen zu gewöhnen. Aber durfte man sie deshalb unsichtbar machen?

Sicher und ohne jegliche Turbulenzen landete Rita die Maschine schließlich in München. Sie machte gar keine Anstalten, sich von ihren Passagieren zu verabschieden, wusste sie doch, dass die Stewardess auch diesen Job übernehmen würde.

»Das war ein sauberer Flug«, sagte Rainer anerkennend, aber Rita war nicht in der Stimmung für sein Lob.

»Ich weiß.«

»Das hast du gar nicht mal so schlecht gemacht.«

Wütend sah Rita ihn von der Seite an. »Nur um mal eins klarzustellen«, sagte sie mit eisiger Stimme. »Ich bin die Kapitänin. Ich habe deutlich mehr Flugstunden absolviert als du, ich bin hier der Chef im Cockpit. Und ich wüsste nicht, dass man zu seinem Chef so etwas sagt wie: ›Das hast du gar nicht mal so schlecht gemacht‹!«

»Sei doch nicht so empfindlich!« Rainer blickte sie beleidigt an. »Ich wollte nur nett sein!«

»Glaube ich dir. Aber wenn du wirklich nett sein willst, dann behandle mich bitte so, wie du einen männlichen Flugkapitän auch behandeln würdest.«

»Schon gut.« Rainer verdrehte die Augen. »Du kannst ja ganz schön zickig sein.«

»Meine Güte.« Rita schnallte sich ab und stand auf. Sie musste dringend an die frische Luft. So nett Rainer auch sein mochte, aber er unterschied sich nicht von den meisten Männern. Er war gar nicht in der Lage, ihr auf Augenhöhe zu begegnen. Obwohl sie seine Vorgesetzte war, schaffte er es, ihr mit seinen Bemerkungen das Gefühl zu vermitteln, ein kleines Mädchen zu sein. Rita ahnte, dass der Weg zu echter Gleichberechtigung noch weit sein würde, auch wenn sie jetzt ein Flugzeug fliegen durfte.

Als sie den Terminal betrat, sah sie die Fotografen und Reporter schon von weitem. Es waren viele, enorm viele. Und hinter ihnen standen noch mehr Menschen, offenbar Schaulustige.

Du machst das schon, sprach sie sich selbst Mut zu, obwohl sie nicht die geringste Lust verspürte, Interviews zu geben. Was sollte sie den Reportern sagen? Dass sie noch nicht mal ihre Passagiere selbst begrüßen durfte?

Hocherhobenen Hauptes ging sie auf die Gruppe zu. Im nächsten Moment brach Geschrei los, gefolgt von einem wahren Blitzlichtgewitter. Vier junge Männer mit zotteligen Haaren schlenderten auf die Schaulustigen zu und gaben Autogramme, ohne dabei ein Wort zu sagen oder auch nur mit der Wimper zu zucken. Die Hysterie, die sie gerade bei den Frauen auslösten, schien ihnen völlig egal zu sein.

»Die *Eagles*«, flüsterte Rainer fast andächtig neben ihr. »*Hotel California* ist die beste Scheibe aller Zeiten.«

Rita musste grinsen. »Stimmt«, sagte sie und war froh, dass der Besuch der im Moment erfolgreichsten Band der Welt alle Aufmerksamkeit auf sich gezogen hatte.

*

Der dunkelblaue Blazer, den Katharina immer auf dem Weg zum Gericht trug, war ihr zu weit geworden. Elke musterte sie besorgt, als sie am Morgen an ihrem Kaffee nippte und sich für den entscheidenden Tag fertig machte.

»Wie viel hast du abgenommen?«

»Ich wiege mich nicht.«

»Und du isst nicht.«

Katharina seufzte. Die schlimmste Phase nach dem Aus mit Theo hatte sie überstanden. Immerhin hatte sie es geschafft, sich auf den bevorstehenden Prozess zu konzentrieren und alle Energie in den Fall zu stecken, das hatte sie von ihrem Liebeskummer abgelenkt. Dennoch wäre es gelogen gewesen, wenn sie behauptet hätte, sein Betrug und die Trennung würden ihr nichts mehr ausmachen. Seit drei Monaten hatte sie ihn nun nicht mehr gesehen oder gesprochen, und irgendwann kamen auch keine Briefe mehr, die sie sowieso nicht öffnete. Dennoch hatte es sie geschmerzt, als ihr klar geworden war, dass er ihr nun nicht mehr schreiben würde. Offensichtlich hatte auch Theo einen Abschluss gefunden.

»Ein bisschen weniger Speck auf den Rippen hat noch nie geschadet«, sagte Katharina und zwang sich zu einem Lächeln. »Die Pfunde kommen doch schneller wieder, als einem lieb ist.«

Elke erwiderte ihr Lächeln, sah dabei aber etwas skeptisch aus.

»Bist du nervös? Wird heute bestimmt eine Menge Presse da sein«, sagte sie dann, und Katharina war froh, dass ihre Freundin das Thema wechselte. »Heute war schon einiges dabei«, fügte Elke noch hinzu und reichte ihr die aktuelle Tageszeitung.

Katharina atmete tief durch und schlug die Zeitung auf. Schon auf Seite drei wurde sie fündig. Ein Reporter hatte verschiedene Lufthansapiloten um eine Stellungnahme gebeten, und es überraschte sie nicht sonderlich, mit wie viel Herablassung die Piloten sich äußerten. »Schuster, bleib bei deinem Leisten!«, wurde ein Mann zitiert. »Das sagt meine Frau auch immer, wenn ich in die Küche komme und in die Töpfe luge. Und genauso wenig, wie ich an den Herd gehöre, gehört eine Frau ins Cockpit.« Ein anderer sah gar die Flugsicherheit in Gefahr und glaubte, dass die DLT einen großen Fehler gemacht hatte, Rita Maiburg als Pilotin einzustellen. »Die DLT hat nur kleine Maschinen«, meinte wieder ein anderer. »Vielleicht kriegt eine Frau das noch bewerkstelligt. Jedenfalls, wenn das Wetter schön ist. Bei Gewitter oder Sturm ist das schon was anderes. Aber ich habe gehört, dass dem Fräulein immer ein männlicher Co-Pilot an die Seite gestellt wird. Die werden schon wissen, warum.«

Weil es keine anderen Pilotinnen gibt, dachte Katharina verärgert und schlug die Zeitung zu.

»Manchmal kann ich diese Aufregung selbst kaum glauben«, sagte sie zu Elke. »Ob die Kerle alle Angst haben und sich deshalb so hämisch äußern?«

»Würde mich nicht wundern.«

»Na, eine zynische Berichterstattung hat noch keinem zum Prozessgewinn verholfen.«

Ihre Freundin nickte. Ingrid kam verschlafen in die Küche und schenkte sich ebenfalls einen Kaffee ein. »Pfeif auf die Presse«, sagte sie, offenbar hatte Ingrid die letzten Worte mitbekommen. »In den Redaktionen sitzen doch auch nur alte Männer in Anzügen und schreiben, wie sie sich die Welt vorstellen. Nichts ist verstaubter und unmoderner als eine Zeitung.«

»Im Prinzip ist es doch überall dasselbe«, pflichtete Elke ihr bei. »Bei uns im Krankenhaus gibt es immer noch Fachbereiche, da arbeitet keine einzige Ärztin. Wir haben eine Kinderärztin und eine Gynäkologin in der Klinik, das war's. Und ich weiß noch, als die bei uns anfingen …«

»Das gab Gerede«, erinnerte sich Katharina, und Elke stimmte ihr zu.

»Eben«, meinte Ingrid. »Es geht nicht nur um die Lufthansa. Es geht um alle Berufe. Du musst es ihnen zeigen!«

Katharina lächelte. »Ich werde mein Bestes geben.«

In einer Stunde würde der Prozess beginnen, und sie hatte sich mit Rita in der kleinen Eduscho-Filiale verabredet, die in der Nähe des Gerichts lag. Ihre Mandantin trank an einem der Stehtische, die vor dem Geschäft aufgestellt waren, bereits einen Kaffee und winkte ihr zu. Katharina konnte ihre Anspannung schon von weitem sehen. Ihnen war beiden klar, dass heute ein entscheidender

Tag war. Wurde ihre Klage in der zweiten Instanz auch abgelehnt, dann würde das Verfahren geschlossen. In den vergangenen Wochen hatte Katharina dem Gericht zahlreiche Beweise vorgelegt, um die Schlüssigkeit ihrer Klage nachzuweisen. Nachdem diese ausführlich geprüft wurden, konnte sie heute in ihrem Schlussplädoyer zum letzten Mal versuchen, das Gericht zu überzeugen. Sie einigten sich darauf, dass nur Katharina das Wort ergreifen und Rita sich im Hintergrund halten würde.

»Wenn wir das Gerichtsgebäude betreten, ignorieren Sie die Presse«, riet Katharina ihrer Mandantin. »Hinterher ist es natürlich Ihnen überlassen, ob Sie ein Interview geben wollen oder nicht.«

»Wenn wir gewinnen, könnte ich mir schon vorstellen, mit denen zu sprechen. Oder würden Sie mir davon abraten?«

»Nicht unbedingt. Aber Sie müssen bedenken, dass Ihnen wahrscheinlich auch dann jedes Wort im Mund umgedreht wird. Man könnte Ihre Äußerungen zum Beispiel als überheblich interpretieren, gerade auch in Bezug auf Ihren aktuellen Arbeitgeber.«

Rita Maiburg wirkte nachdenklich. »Ja. Ich muss mir wirklich gut überlegen, wie ich bei der DLT kündige, ohne zu viel verbrannte Erde zu hinterlassen.«

»Dürfen Sie Ihre Fluggäste immer noch nicht selbst begrüßen? Ich finde das nach wie vor empörend.«

»Ist es auch. Ich habe mit dem Vorstand darüber gesprochen, der war nicht davon abzubringen. Allerdings meinten die Herren, dass es in ein, zwei Jahren vielleicht anders aussehen würde.«

»Wenn man sich an Sie gewöhnt hat?« Die Ironie in Katharinas Stimme war nicht zu überhören. »Man darf den Leuten auf keinen Fall zu viel auf einmal zumuten«, fügte sie hinzu. »Mein Gott, wie ich dieses Argument hasse. Als ich klein war, hat man hier auf den Straßen nur Frauen gesehen! Frauen haben unser

Land aus den Trümmern wieder auferstehen lassen und dabei noch ihre Familien ernährt. Wie konnte es bloß passieren, dass sie sich ein paar Jahre später wieder zurück an den Herd drängen ließen?«

»Ich weiß es nicht«, sagte Rita Maiburg. »Aber ganz unschuldig waren sie daran nicht. Ich sehe das bei meiner Mutter. Sie hat immer betont, wie toll es ist, dass sie nicht arbeiten muss. Dass Arbeit eine Bereicherung für einen selbst sein kann, das hat sie nie so gesehen.«

Bei ihrer Mutter war das anders gewesen, dachte Katharina und erinnerte sich daran, wie sie ihr von ihrem Traum erzählt hatte, Medizin zu studieren. Damals, in den Zwanzigerjahren, war die Frauenrechtsbewegung gerade entstanden, und die Frauen hatten für ihre Freiheit gekämpft, viel mehr, als es dreißig Jahre später der Fall gewesen war. In den Fünfzigern war alles wieder spießiger, konservativer geworden. Und alle hatten es hingenommen. Es war gut, dass die Zeiten, in denen alles stillschweigend hingenommen wurde, endlich vorbei waren. Sonst würde sich doch nie etwas ändern.

»Wissen Sie«, sagte Katharina, »reden Sie einfach mit der Presse, wenn Sie es wollen. Und wenn die Ihnen das Wort im Mund herumdrehen und sich Lügengeschichten ausdenken, dann können Sie es eh nicht ändern. Schauen Sie einfach, mit wem Sie sprechen, meiden Sie die Knallpresse und sprechen Sie mit den seriösen Blättern. Sich in vorauseilendem Gehorsam den Mund verbieten zu lassen, ist das Letzte, was wir tun sollten.«

Rita Maiburg ergriff ihre Hand und drückte sie. »Danke, dass Sie das alles mit mir durchgestanden haben, Frau Berner.«

»Noch sind wir nicht durch.«

»Trotzdem. Wegen mir haben Sie sich ganz schön viel anhören müssen.«

»Bringen wir es zu Ende.«

Katharina zahlte den Kaffee und nahm ihre Aktentasche. Sie spürte so viel Energie wie schon lange nicht mehr. Ihr Kampfgeist war geweckt.

Wie sie es erwartet hatten, stand bestimmt ein Dutzend Reporter vor dem Justizgebäude. Und auch wenn sie sich nicht den Mund verbieten lassen wollte, war Katharina froh, dass Rita Maiburg sich gegen ein Interview vor der Verhandlung entschied. In dem Getümmel vor dem Gebäude war nicht zu erkennen, wer die seriösen Medien vertrat und wer wohl einfach nur eine hämische Story schreiben wollte. Während sie sich einen Weg durch die Menge bahnten, schnappte sie eine Bemerkung auf. »Stimmt es eigentlich, dass Sie beide alleinstehend sind? Ist das der Grund, warum Sie gegen Männer kämpfen? Weil Sie keinen abgekriegt haben?«

Katharina bemühte sich, keine Regung zu zeigen. Katharina sah kurz zu Rita Maiburg hinüber und stellte zufrieden fest, dass auch sie sich nicht aus der Ruhe bringen ließ. Mit ernster, aber nicht unfreundlicher Miene folgte sie ihr durch die Menge und ignorierte alle Kommentare und Fragen zu ihrer Person.

Endlich waren sie im Inneren des Gebäudes angekommen, und als die Türen hinter ihnen ins Schloss fielen, empfand Katharina die plötzliche Stille als Wohltat. Vor dem Verhandlungsraum standen bereits die Anwälte der Gegenseite und diskutierten angeregt miteinander. Sie strotzten nur so vor Selbstbewusstsein, als hätten sie nicht den geringsten Zweifel, den Prozess zu gewinnen.

Als alle im Saal Platz genommen hatten, auch die Zuschauerränge waren vollständig belegt, erschien der Richter, und die Spannung im Raum war fast mit Händen zu greifen. Katharina hatte jetzt schon das Gefühl, von allen beobachtet zu werden. Nachdem die Formalitäten geklärt waren, erteilte der Richter ihr das Wort.

»Als die Klage in der ersten Instanz abgelehnt wurde«, begann sie ihr Plädoyer, »wurde darauf hingewiesen, dass die Umsetzung von Artikel 3 des Grundgesetzes in der Realität deutlich schwieriger sei als auf dem Papier. Na und?, frage ich an dieser Stelle. Ist das nicht ein Problem, das wir häufig haben? Wie viele Gesetze gibt es, deren Umsetzung sich Tag ein, Tag aus als schwierig erweist? Denken Sie nur mal an die Steuergesetze und an das größte Hobby der Deutschen, ein paar Mark Steuern zu hinterziehen. Niemals würde der Gesetzgeber auf die Idee kommen, das Argument, die Durchsetzung des Gesetzes sei leider zu schwierig, hier gelten und die Bürger einfach gewähren zu lassen.«

Auf den Zuschauerbänken war zustimmende Erheiterung vernehmbar. Einige Leute lachten, manche tuschelten.

»Im Gegenteil. Es wird alles dafür getan, damit die Steuergesetze voll und ganz umgesetzt werden. Warum soll dieses Argument dann ausgerechnet bei der Umsetzung von Artikel 3 des Grundgesetzes Gewicht haben? Wenn es um so eine wichtige Frage wie die Gleichstellung der Bürger in diesem Land geht? Eine Gesellschaft muss sich diesen Herausforderungen stellen und darf es nicht zulassen, dass aus fehlender Gleichberechtigung offensichtliche Benachteiligung wird.«

Katharina erläuterte daraufhin ausführlich, welch hohe Kosten Rita Maiburg entstanden waren, um sich zur Pilotin ausbilden zu lassen. Kosten, die ihren männlichen Kollegen bei der Lufthansa alle erspart geblieben waren. Ein Raunen ging durch die Zuschauerbänke, als klar wurde, wie viel ein Lufthansakapitän verdiente. Mit so hohen Summen hatte offensichtlich niemand gerechnet.

»Es ist diskriminierend, dass Frauen diese Verdienstmöglichkeiten grundsätzlich verwehrt bleiben«, fuhr Katharina fort und ging dann dazu über, die vermeintlich wissenschaftlichen Studien anzugreifen, die die Gegenseite beim ersten Prozess ins Feld geführt hatte und mit denen die geringere Fähigkeit zum logischen Denken bei Frauen nachgewiesen werden sollte. »Dafür gibt es absolut keine wissenschaftliche Grundlage«, sagte sie und stellte abschließend fest: »Die DLT, die Frau Maiburg als Flugkapitänin eingestellt hat, ist mit ihrer Arbeit ausgesprochen zufrieden. Es gibt keinerlei biologische Gründe, warum eine Frau nicht Pilotin werden sollte. Aber es gibt genügend Argumente, die belegen, warum es gegen das Gesetz verstößt, Frauen den Beruf der Pilotin zu verwehren. Die prinzipielle Weigerung der Lufthansa, Frauen in diesem Bereich einzustellen, verstößt nicht nur gegen das Grundgesetz, sondern es ist eine bewusste und offensive Diskriminierung von Frauen, die in unserem Land nicht erlaubt ist.«

Katharina setzte sich wieder, und Rita Maiburg beugte sich zu ihr herüber. »Das war klasse«, flüsterte sie.

Auch von den Zuschauerrängen war anerkennendes Gemurmel zu hören, und wieder spürte Katharina, wie sehr sie unter Beobachtung stand. Sie nickte ihrer Mandantin zu und wartete darauf, dass der Richter der Gegenseite das Wort erteilte. Erneut war es Dr. Hehn, der aufstand und zu seinem Plädoyer ansetzte.

»Das sind große Worte, liebe Kollegin«, sagte er in einem altväterlichen Tonfall, der in Katharina sofort Aggressionen weckte. »Und ich bin ganz bei Ihnen: Niemand will gegen das Grundgesetz verstoßen. Nicht die Lufthansa und schon gar nicht ihre Haupteignerin, die Bundesrepublik Deutschland. Ein absurder Vorwurf.«

Beifall heischend drehte er sich zu den Zuschauern um, von denen einige grinsend den Kopf schüttelten. Dass die Bundesrepublik gegen ihre eigenen Gesetze verstoßen könnte, erschien offenbar manchen undenkbar.

»Nun stellt sich der Fall aber viel einfacher da, als Sie, liebe Frau Maiburg und werte Frau Kollegin, sich das in Ihrem komplizierten Gedankengefüge vorstellen. Tatsächlich sind die Kosten, die Sie, Frau Kollegin, eben angeführt haben, auch für unsere Mandantin, die Lufthansa, entscheidend. Untersuchungen bei unseren Stewardessen haben ergeben, dass Frauen diese Tätigkeit bei einer Fluggesellschaft nur als Arbeit auf Zeit ansehen. Irgendwann wollen die meisten doch heiraten und Kinder bekommen«, argumentierte Dr. Hehn und führte aus, welche Unsummen die Lufthansa riskieren würde, wenn all die teuer und gut ausgebildeten Pilotinnen nach zwei Jahren schwanger zu Hause bleiben würden.

»Dauernd werde ich mit Stewardessen verglichen«, raunte Rita Maiburg ihr erzürnt zu. »Wie mich das nervt!«

»Zu Recht«, flüsterte Katharina zurück und signalisierte ihr dann mit Blicken, ruhig zu bleiben.

Dr. Hehn führte verschiedene Statistiken ins Feld, aus denen hervorging, wie lange Frauen im Schnitt arbeiteten, bevor sie Mutter wurden und sich aus dem Beruf zurückzogen, in der Regel für immer. Zu Katharinas Verwunderung zog er viele verschiedene Berufe als Beispiel heran und beschränkte sich nicht auf die Luftfahrt. Sekretärinnen wie auch Verkäuferinnen fielen ebenfalls in diese Statistik hinein. Mit lauten, fast donnernden Worten forderte Dr. Hehn am Ende seines Plädoyers, die Klage endgültig abzuweisen.

In der Pause, nach der der Richter sein Urteil verkünden würde, steckten Katharina und ihre Mandantin sich eine Zigarette an, auch wenn sie beide eigentlich nicht rauchten.

»Wir haben die besseren Argumente«, sagte Rita Maiburg.

»Ja. Das sehe ich auch so. Die Statistiken hinken doch«, meinte Katharina. »Solange Frauen der Zugang zu leitenden Positionen verwehrt wird, kann man doch nicht mit irgendwelchen Schwangerschaftsstatistiken kommen. Es ist etwas völlig anderes, ob ich nach zwei Jahren an der Kaufhauskasse entscheide, aus dem Beruf auszusteigen und eine Familie zu gründen, oder ob ich seit zwei Jahren Chefin dieses verdammten Kaufhauses bin. Eigentlich sollte die Familienplanung nirgendwo ein Thema sein!«

»Hoffentlich sieht der Richter das genauso.«

Als sie kurz darauf wieder im Saal saßen, spürte Katharina wieder die Blicke, die auf Rita Maiburg und ihr ruhten. Die Fotoapparate waren auf sie gerichtet, denn die Pressevertreter wollten den Moment des Urteils auf keinen Fall verpassen und im richtigen Augenblick ihr Foto schießen.

Mit starrer Miene verfolgte Katharina die Ausführungen des Richters. Sie blickte neben sich und sah, wie Rita Maiburg die Lippen zusammenpresste. Ihre Anspannung war deutlich zu spüren. Katharinas Herz schlug schneller, als der Richter den entscheidenden Satz schließlich aussprach:

»Daher weise ich die Klage auch in zweiter Instanz – und damit endgültig – ab.«

Sie bemühte sich, keine Regung zu zeigen. Die Gedanken rasten durch ihren Kopf, und sie konnte nicht fassen, was sie gerade gehört hatte. Die Lufthansa würde auch in Zukunft keine Frauen einstellen müssen. Rita Maiburg war ebenfalls wie versteinert. Einzig ihre Hände zitterten leicht, wie Katharina mit einem Seitenblick erkennen konnte.

»Auch wenn der Gleichberechtigung grundsätzlich nachzukommen ist, hat besonders ein Argument das Gericht überzeugt«, erläuterte der Richter. »Die Pilotenausbildung ist mit 38 000 Mark sehr teuer und stellt eine enorme Investition für das Unternehmen dar. Die sorgfältige und kritische Auswahl der geeigneten Kandidaten, die diese Investition rechtfertigen, ist für jedes Unternehmen unumgänglich. Da eine Frau aber schwanger werden kann und womöglich nie wieder in den Beruf zurückkehrt, ist das finanzielle Risiko für die Lufthansa zu groß. Auch wenn Rita

Maiburg bereits ausgebildete Pilotin ist und besagte Kosten bei ihr nicht zum Tragen kommen würden, würde die Lufthansa mit ihrer Einstellung einen Präzedenzfall schaffen, der andere Frauen ermutigen könnte, einen ähnlichen Weg einzuschlagen. Ein solches finanzielles Risiko ist dem Unternehmen nicht zuzumuten. Die Klage wird daher abgewiesen.«

Das Klacken der Fotoapparate erfüllte den Raum, Katharina verzog keine Miene. Mit einem Seitenblick stellte sie fest, dass auch Rita Maiburg zum Glück die Fassung wahrte.

Aufrechten Ganges verließen sie das Gericht und versuchten, sich die Erschütterung nicht anmerken zu lassen. Auf die zahlreichen Reporterfragen, die beim Verlassen des Gebäudes auf sie hereinprasselten, reagierte Katharina mit kurzen, knappen Antworten.

»Irgendwann wird man mit einem Kopfschütteln auf diesen Tag zurückblicken«, sagte sie zu einem Journalisten. Und zu einem anderen: »Der Kampf um mehr Gleichberechtigung wird sich dadurch nicht aufhalten lassen.«

»Ich will hier nur noch weg«, raunte Rita ihr zu.

»Das kann ich gut verstehen. Wo ist Ihr Wagen?«

»Um die Ecke.«

»Ich bringe Sie hin.«

Als Rita Maiburg mit ihrem alten VW Käfer in die Nebenstraße gebogen war, löste sich die Pressemeute langsam auf.

Erst da sah Katharina ihn, am Laternenpfeiler lehnend mit einer Zigarette im Mund. Er schnippte sie zu Boden und kam auf sie zu. Ohne etwas zu sagen, nahm Theo sie in den Arm und drückte sie an sich. Sie ließ es geschehen.

»Die Argumente der Gegenseite waren ein Witz«, sagte er, als er sie langsam wieder losließ.

»Du warst im Saal?«, fragte Katharina erstaunt.

»Ja, ich war da. Und du hast mich voll und ganz überzeugt.«

»Den Richter leider nicht …«

»Aber mich.« Theo nahm ihre Hände und schaute ihr ernst in die Augen. »Ich bin ausgezogen und habe die Scheidung eingereicht.«

Katharina wusste nicht, was sie sagen sollte. Sie war viel zu aufgewühlt und durcheinander. Die unterschiedlichsten Gefühle kamen in ihr hoch, und es fiel ihr schwer, sie richtig einzuordnen.

»Ich habe die Schuld auf mich genommen«, fuhr Theo fort. »Und Gitta zugesichert, dass sie in der Wohnung bleiben kann und Unterhalt von mir bekommt.«

»Wie hat sie reagiert?«, fragte Katharina mit belegter Stimme.

»Sie war einverstanden. Es wird kein Rosenkrieg. Wir wollen uns einen Anwalt teilen.« Erwartungsvoll und auch ein bisschen ängstlich sah er sie an. »Was sagst du?«

Katharina war immer noch sprachlos. Und verwirrt. Aber es war keine Frage, sie liebte Theo immer noch, ihre Liebe war keinen Deut schwächer geworden. Was sollte er noch tun, um seinen Fehler wiedergutzumachen?

Sie nahm seine Hände und zog ihn zu sich, sodass seine Arme ihre Hüften umschlangen. Dann kam sie ihm ganz nah. »Ich liebe dich«, sagte sie leise und küsste ihn.

*

Daddy Cool von *Boney M.* dröhnte aus den Boxen. Rita beobachtete Jürgen, wie er etwas ungelenk mit einer Stewardess tanzte. Die junge Frau dagegen schüttelte ihren Körper, als würden ihre Finger in einer Steckdose festklemmen. Vermutlich hatte die Gute schon einen sitzen, dachte Rita schmunzelnd. Obwohl sie zunächst Bedenken gehabt hatte, war sie Jürgen jetzt doch sehr dankbar, dass er die Party für sie organisiert hatte. Ursprünglich war sie als Siegerparty gedacht gewesen, weshalb Rita nach dem verlorenen Prozess auch alles absagen wollte. Aber jetzt war sie froh, dass sie sich von Jürgen hatte überreden lassen, trotzdem zu feiern, und sie musste zugeben, dass sich die Party als Trostspender sehr gut eignete.

Rita nippte an ihrer Schlammbowle, die eine der Stewardessen mitgebracht hatte. Eine teuflische Mischung aus flüssigem Vanilleeis und Wodka, die unglaublich gut schmeckte. Alle Gäste hatten etwas für den Abend beigesteuert. So war in dem Partyraum, den Jürgen angemietet hatte, ein stattliches Büfett zusammengekommen, in dem es vom Mettigel über Käsehäppchen bis hin zu diversen Bowlen alles gab.

Die überwältigende Sympathie, die ihr von Kollegen und Bekannten hier in Greven entgegenschlug, hatte sie sehr getröstet. Die ersten Tage nach dem Prozessende hatte sie sich am liebsten nur zu Hause vergraben wollen, zumal neben die Enttäuschung auch noch die Angst getreten war, man würde sie überall verspotten. Aber zu ihrer Überraschung war das Gegenteil der Fall gewesen. Als sie wieder zum Dienst erschienen war, hatten die Kollegen sie umarmt und ihr gesagt, wie ungerecht sie das Urteil fanden. Sogar der Chef der DLT war zu ihr gekommen und hatte betont, wie viel Respekt er für Ritas Kampf habe und wie sehr er sich den Sieg für sie gewünscht hätte.

Zum Glück hatte sich auch die Presse schnell wieder beruhigt. Am Tag nach dem Prozessende waren die Zeitungen noch voll gewesen, aber schon am darauffolgenden beherrschten wieder andere Themen die Schlagzeilen. Katharina Berner hatte recht gehabt, die nächste Sau war durchs Dorf getrieben worden, und sie und ihre Klage waren bald nicht mehr von Interesse gewesen.

Dafür erreichten sie jeden Tag zahllose Briefe. Auch hier waren die allermeisten wohlwollend. In der Regel stammten sie von Frauen, die ihr dankten, dass sie den Prozess auf sich genommen hatte und die jetzt ihre Solidarität ausdrücken wollten. Von zwanzig Briefen war vielleicht einer dabei, der spöttisch war.

Die Unterstützung tat ihr gut und gab ihr das Gefühl, dass der monatelange Kampf nicht völlig sinnlos gewesen war. Auch wenn sie ihr Ziel, Pilotin bei der Lufthansa zu werden, nicht erreicht hatte, so hatte sie vielleicht doch etwas bewirkt: Vielleicht hatte sie ein paar Leute wachgerüttelt. Und vielleicht würden sich einige Frauen jetzt eher gegen die Benachteiligung zur Wehr setzen, der die meisten noch jeden Tag ausgesetzt waren.

Jürgen kam mit der Stewardess zu ihr, die Mühe hatte, gerade zu stehen.

»Rita, das ist Margarethe, Margarethe, das ist Rita«, stellte er die beiden Frauen einander vor.

»Irre, dass du das gemacht hast«, sagte Margarethe leicht lallend.

»Das habe ich die letzten Monate auch oft gedacht!« Rita lachte, und Jürgen legte den Arm um ihre Schulter.

»Zu Recht, zu Recht!«, eiferte Margarethe sich. »Ausgerechnet die Lufthansa! Soll ich dir mal sagen, was mein Traum ist?«

»Ich bitte darum«, antwortete Rita amüsiert.

»Am allerliebsten würde ich einen Lufthansakapitän heiraten.«

»Egal, welchen?«, fragte Rita, aber Margarethe war nicht mehr in der Lage, Ironie wahrzunehmen.

»Absolut egal, welchen«, meinte sie. »Die bringen dermaßen viel Kohle mit nach Hause, besser als jeder Chefarzt.«

Jürgen lachte und nahm einen Schluck von Ritas Schlammbowle. Angewidert verzog er den Mund und gab ihr den Becher zurück.

»Bist du deshalb Stewardess geworden?«, fragte Rita und versuchte, sich die Missbilligung, die sie empfand, nicht anmerken zu lassen.

»Klar. Und wegen der Freiflüge natürlich.«

»Wenigstens ist sie ehrlich«, raunte Jürgen ihr zu, der zu ahnen schien, was in Rita vorging. »Wie kannst du so was trinken? Soll ich uns ein Bier holen?«

Rita schüttelte den Kopf. »Ich befürchte, liebe Margarethe, wenn alle Frauen so denken wie du, dann ändert sich nie was.«

»Wieso? Was ist falsch daran, einen Piloten zu heiraten?«, fragte Margarethe und pustete sich eine Haarsträhne aus der Stirn. »Ich würde ein Bier nehmen«, meinte sie zu Jürgen. Der nickte und verschwand Richtung Büfett. Vermutlich war er ganz froh, dem drohenden Streit zu entgehen, dachte Rita.

»Du kannst heiraten, wen du willst«, sagte sie. »Falsch finde ich, dass du deinen Beruf ausgewählt hast, um so einen Mann zu finden.«

»Ach Gottchen. Jetzt wollen wir mal nicht päpstlicher sein als der Papst«, spottete Margarethe. »Krankenschwestern heiraten Ärzte, Sekretärinnen ihren Chef, Verkäuferinnen den Filialleiter – so ist nun mal das Leben!«

»Und warum nicht selbst Chefärztin werden? Oder Pilotin?«

Margarethe seufzte. »Ach Rita.«

»Ja?«

Wieder seufzte sie. »Weißt du, es ist toll, dass du so gekämpft hast. Und irgendwie hast du es ja auch geschafft, du bist Flugkapitänin, die einzige Frau auf der ganzen Welt, die im Linienflug fliegt. Du hast wirklich meinen größten Respekt. Aber du musst doch selbst wissen, dass du eine Ausnahme bist.«

»Das muss ja nicht so bleiben!«

»Wird es aber. Du bist ein Vorbild, aber trotzdem werden alle

anderen lieber den Piloten, den Arzt oder ihren Chef heiraten.«
Margarethe zuckte mit den Schultern, als wollte sie sagen, dass
dies nun mal eine nicht zu verändernde Tatsache war.

Jürgen kam mit dem Bier zurück und drückte Margarethe eins
in die Hand, die einen kräftigen Schluck nahm und sich dann
mit einem Freudenschrei wieder auf die Tanzfläche stürzte, als
Moviestar aus den Boxen schallte.

Rita blickte ihr nachdenklich hinterher.

»Es sind nicht immer nur die Männer schuld«, sagte Jürgen, der
Ritas Gedanken zu erahnen schien.

»Solange es das größte Glück ist, einen Typen mit viel Geld zu
heiraten, wird sich nichts ändern.«

»Ich verdiene auch ganz gut.« Jürgen zwinkerte ihr zu, und
Rita musste lachen.

»Was soll das denn heißen?«

»Ich verdiene mehr als du.«

»Was auch total ungerecht ist!«, regte Rita sich auf.

Jürgen nahm sie in den Arm. »Jetzt ärgere dich nicht. Am
schlausten wäre es, wenn du einfach für immer bei mir bleibst.
Dann haben wir zwei Pilotengehälter und müssen mit keiner Stewardess teilen.«

Rita verdrehte die Augen, konnte sich aber ein Grinsen nicht
verkneifen. *Das ist das Schöne an Jürgen*, dachte sie, als sie ihn
küsste. Er brachte sie immer wieder zum Lachen. Und dabei war
es ihr vollkommen egal, wie hoch sein Gehalt war. Ob ein reicher
Lufthansapilot die hübsche Margarethe glücklich machen würde? Vielleicht. Vielleicht aber auch nicht. Rita jedenfalls war froh,
dass sie anders war.

Als Jürgen sie auf die Tanzfläche ziehen wollte, schüttelte sie
den Kopf und sah ihm amüsiert nach, wie er wippend zu den anderen ging. Er drehte sich noch mal zu ihr um und zwinkerte ihr

zu, bevor er anfing, sich enthusiastisch zur Musik zu bewegen. Fast alle Partygäste tanzten jetzt ausgelassen durch den Raum.

Rita ging ein paar Schritte zur Seite und lehnte sich gegen die Wand. Zufrieden ließ sie ihren Blick über die feiernden Kollegen schweifen.

Aufreibende Monate lagen hinter ihr, die an den Nerven gezehrt hatten. Aber sie hatte auch Kräfte mobilisieren können, von denen sie vorher nicht geahnt hatte, dass sie überhaupt in ihr steckten. Sie war selbst ein wenig überrascht, wie gut sie Anfeindungen und Spott wegstecken konnte. Die Zeit hatte sie stärker gemacht. Und obwohl sie den Prozess verloren hatte, überwog in ihr das Gefühl, trotzdem gewonnen zu haben.

Rita schloss für einen Moment die Augen. Sie war glücklich und freute sich auf die Zukunft. Auf ihr Leben als Pilotin.

*

Es war der zweite Weihnachtsfeiertag und außerdem ein Sonntag. Gleich zwei Gründe dafür, dass die ganze Familie in der Villa von Karl und Traute Berner zusammenkam. In der Nacht war etwas Schnee gefallen, nicht viel, aber genug, um den ganzen Garten mit einer pudrigen weißen Schicht zu überziehen.

Für Katharina war es ein besonderer Tag. Heute wollte sie ihren Eltern Theo vorstellen. Sie wussten zwar, dass ihre Tochter einen neuen Freund hatte, aber sie wussten noch nicht, dass es längst viel mehr war.

Obwohl Theos Scheidung lief und er sich mit seiner Noch-Ehefrau einen Anwalt teilte, sodass alles auf eine einvernehmliche Trennung hinauslief, hatte Katharina ihn gebeten, den Eltern erst mal nichts davon zu erzählen.

»Sie sind sehr katholisch und konservativ«, sagte sie zu ihm, als sie die Auffahrt zur Villa hinaufgingen. »Richtig toll werden die das nicht finden, dass du schon mal verheiratet warst.«

»Verstehe. Du willst die Bombe nicht an Weihnachten platzen lassen.«

Sie lächelte und hakte sich glücklich bei ihm unter, während sie daran dachte, wie er letzte Woche vor ihr auf die Knie gegangen war, ihr den Ring an den Finger gesteckt und sie gebeten hatte, seine Frau zu werden.

»Einen geschiedenen Schwiegersohn müssen wir ihnen langsam und vorsichtig unterjubeln«, meinte sie und küsste ihn. »Zumal du ja noch gar nicht geschieden bist.«

»Aber so gut wie.«

»Ein Glück.«

Martha öffnete ihnen die Tür und strahlte sie an. Die Freude, dass Katharina einen Mann mit nach Hause brachte, stand ihr ins Gesicht geschrieben. Für einen kurzen Moment ärgerte das Katharina ein bisschen. Aber sie konnte der guten Martha direkt verzeihen, weil sie wusste, wie aufrichtig und echt ihre Gefühle waren.

»Kathrinchen, wie schön«, sagte die alte Haushälterin, die seit ihrer Geburt an ihrer Seite gewesen war. »Und so stattlich«, flüsterte sie ihr ins Ohr, als sie ihren Schützling an sich drückte.

Katharina grinste. »Das ist Theo Langscheid, und das ist unsere Martha. Die gute Seele des Hauses.«

Theo schüttelte ihr die Hand. »Ich freue mich sehr.«

»Und ich mich erst! Kommt rein. Die anderen sind schon alle in der Bibliothek.«

Tatsächlich hatte sich die gesamte Familie dort versammelt. Ihre Nichten und Neffen standen in einer Gruppe in der Ecke des Raumes und tauschten sich über die Geschenke aus, die sie zu Weihnachten bekommen hatten. Peter, der Jüngste von ihnen, hatte seine neue *Big-Jim*-Figur mitgebracht, die sogar Karate konnte, wenn man ihr auf den Rücken drückte. Die Erwachsenen standen im Erker und hatten Sektschalen in der Hand. Sogar Barbara war da und wirkte für ihre Verhältnisse recht gut gelaunt. Nachdem Ines Reus einen Fotomodellauftrag in den USA angenommen hatte und seit Monaten in New York weilte, schienen die beiden ihre Eheprobleme in den Griff zu bekommen – auch wenn Katharina nicht glaubte, dass sie mit dem Weggang des Fotomodells gelöst waren. Es hätte sie nicht gewundert, wenn ihr Bruder bald einen Ersatz für die blonde Schönheit fand.

Ihr Blick fiel schließlich auf ihre Eltern. Sie waren die Einzigen, die auf zwei gepolsterten Stühlen Platz genommen hatten. Obwohl sie so wirkten wie immer, dachte Katharina plötzlich, dass sie alt geworden waren. Ob sie nächstes Jahr um diese Zeit noch mal so zusammenkommen würden?

»Ah, Kati! Da bist du ja!«, begrüßte Erich sie als Erstes.

Alle drehten sich zu ihnen um und musterten Theo unverhohlen. Aber wohlwollend und freundlich, wie Katharina beruhigt feststellte.

Erich ging auf ihn zu und gab ihm die Hand. »Das ist er also. Ich bin Erich. Der große Bruder.«

»Theo. Sehr erfreut.«

Karl stand auf und strich sein Jackett glatt. Katharina sah ein erfreutes Blitzen in seinen Augen, als sie mit Theo zu ihm kam. Auch Traute hatte sich inzwischen aus ihrem Sessel erhoben.

»Mama, Papa, ich möchte euch gern Theo vorstellen.« Und obwohl sie es eigentlich noch hatte für sich behalten wollen, rutschte es ihr über die Lippen: »Meinen Verlobten.«

Ein Raunen ging durch den Raum, und Barbara klatschte in die Hände. »Das ist ja großartig!«, rief sie begeistert.

Karl sah seine Tochter ernst an. Langsam ging ein Lächeln über sein Gesicht. »Das kommt zwar plötzlich, aber gute Nachrichten nehmen wir auch plötzlich an. Nicht wahr, Traute?«

Seine Frau nickte, auch sie freute sich sichtlich. Karl ergriff die Hand seines zukünftigen Schwiegersohnes und schüttelte sie herzlich. »Früher hätte man mich ja noch gefragt, aber die Zeiten sind wohl vorbei«, sagte er, ohne es böse zu meinen.

»Auf keinen Fall, Herr Berner. Wenn Ihre Tochter mir nicht zuvorgekommen wäre, hätte ich Sie selbstverständlich in aller Form gefragt!«

»In unserer Familie siezen wir uns nicht. Ich bin der Karl. Und das ist die Traute.«

Die ganze Familie kam zu ihnen, umarmte sie und beglückwünschte sie zur Verlobung. Für einen Moment ging es Katharina durch den Kopf, dass sie nun doch die Erwartungen der anderen erfüllte und zu der Frau wurde, die alle schon immer am liebsten in ihr gesehen hätten. Die brave Ehe- und Hausfrau. Aber schnell verwarf sie diesen Gedanken. Nur weil sie heiratete, würde sie noch lange nicht ein Leben am Herd verbringen. Als Theo ihr den Antrag gemacht hatte, war sie voller Zweifel gewesen und hatte sich gefragt, ob sie eine Ehe wirklich wollte. Die Sorge, dadurch fast automatisch in ein überkommenes Rollenverhalten zu rutschen, hatte ihr zu schaffen gemacht. Den ganzen Abend hatte sie mit ihm darüber gesprochen und dann erleichtert festgestellt, dass ihre Ansichten von einer glücklichen Ehe sehr ähnlich waren. Theo schätzte ihre Eigenständigkeit und wollte genauso wenig wie Katharina, dass sie diese aufgab. Niemals wollte sie darauf verzichten.

Und die aufrichtige Freude ihrer Geschwister nun zu sehen, versöhnte sie noch einmal mit dem Gedanken an die Heirat und auch mit ihnen selbst. Als Eva vor ihr stand, sah sie Katharina liebevoll an.

»Ich freue mich für dich, kleine Schwester.«

»Danke, Eva. Ich hoffe, wir kriegen das alles so gut hin wie du.«

Ihre große Schwester wirkte amüsiert. »Du willst noch vier Kinder kriegen?«, fragte sie. »Meinst du nicht, dafür wird die Zeit ein bisschen knapp?«

»Eins nach dem anderen«, mischte sich Karl ein. »Wann soll denn die Hochzeit sein? Wir feiern natürlich hier. Am besten im Mai, dann können wir die Terrasse und den Garten nutzen.«

»In welcher Kirche wollt Ihr euch trauen lassen?«, fragte Traute, die bisher recht still gewesen war.

Katharina unterdrückte ein Seufzen. Als geschiedener Mann würde Theo in einer katholischen Kirche nicht mehr vor den Traualtar treten können. Aber das wollte sie ihren Eltern nicht ausgerechnet an Weihnachten sagen.

»So weit sind wir noch gar nicht«, meinte sie deshalb. »Es ist doch alles noch ganz frisch!«

»Dann lasst uns feiern!«, sagte Barbara. Sie wirkte aufgedreht, und Erich warf seiner Frau einen besorgten Blick zu.

Hanna drückte auf den Knopf an der Wand, und kurz darauf brachte Martha weitere Sektschalen und eine Flasche zum Nachfüllen. Die Stimmung war ausgelassen, und während Martha nebenan den Esstisch eindeckte, wurde in der Bibliothek fröhlich die Verlobung gefeiert. Katharina freute sich. Bislang waren viele Familienfeiern von Diskussionen und Streit geprägt gewesen. Heute war es anders. Ob das an Theo lag?

»Dein Vater ist übrigens sehr stolz auf dich«, sagte Barbara, die sich auf die Fensterbank gesetzt hatte und eine Zigarette rauchte.

»Weil ich mich verlobt habe?«

»Nein. Weil du die Lufthansa verklagt hast.«

Katharina sah Barbara mit gerunzelter Stirn an. »Stolz? Wie kommst du darauf? Ich habe den Prozess verloren.«

»Trotzdem. Zu mir hat er danach gesagt, dass man eine gehörige Portion Mut braucht, um so einen Prozess durchzuziehen. Er meinte, den Mut hättest du von ihm geerbt, und dabei klang er sehr stolz.«

Katharina blickte nachdenklich zu ihrem Vater hinüber. Er unterhielt sich mit Theo, und sie hörte mit einem Ohr, wie er ihn über die Arbeit bei Ford befragte.

»Zu mir hat er darüber nie etwas gesagt«, meinte sie leise. »Als der Prozess verloren war, hat er mich nie wieder darauf angesprochen, hat weder gesagt, dass es ihm leidtut, noch, dass er stolz auf mich ist. Es wurde einfach überhaupt nicht mehr darüber gesprochen.«

Barbara nahm einen tiefen Zug von ihrer Zigarette. »Wundert dich das? Über die Dinge, die einen wirklich bewegen, wurde in dieser Familie doch nie gesprochen. Ganz nach dem Motto: Wenn man Probleme totschweigt, sind sie auch irgendwann tot.«

Katharina sah zu ihrer Mutter, die sich wieder in ihren Stuhl gesetzt hatte. Eva und Hanna hatten sich zu ihr gesellt und unterhielten sich mit ihr. Hanna zeigte den beiden ihren Hals, um den eine neue Perlenkette lag, die von den anderen beiden bewundert wurde.

»Vielleicht sollten wir das ändern«, sagte sie zu ihrer Schwägerin. »Vielleicht sollten wir versuchen, in Zukunft mehr miteinander zu reden. Und zwar über die Dinge, die uns wirklich beschäftigen.«

»Das ist eine schöne Idee, Katharina. Vielleicht kannst du das mit Theo in eurer Familie umsetzen. Ich glaube, bei allen anderen ist der Zug abgefahren. Wenn du nie gelernt hast, über deine Gefühle zu sprechen, dann wirst du das mit fünfzig Jahren auch nicht mehr tun. Und erst recht nicht, wenn du Ende siebzig bist.«

»Ich weiß nicht. Man kann doch immer etwas verändern, oder nicht?«

Barbara zuckte mit den Achseln und drückte ihre Zigarette aus.

»Schön, dass es dir so viel besser geht«, sagte Katharina, woraufhin Barbara ein kleines Plastikröhrchen aus ihrer Tasche zog und es ihr unter die Nase hielt.

»Das Zeug wirkt Wunder«, sagte sie leise.

»Was ist das?« Katharina las den Schriftzug auf dem Röhrchen. »Fluoxetin?«

»So heißt nur der Wirkstoff. Es ist was ganz Neues, noch nicht auf dem Markt«, flüsterte Barbara. »Ich nehme an einer Studie teil, bei der die Wirkung von dem Zeug an Patienten getestet wird. Die überlegen noch, wie sie es dann später nennen.«

»Und wofür soll das gut sein?«

»Ein Stimmungsaufheller. Besser als das Frauengold deiner Mutter. Solange ich das Zeug nehme, ist es mir vollkommen egal, mit wem dein Bruder durch die Betten springt.« Sie lachte und schenkte sich noch mehr von dem Sekt ein.

»Aber … mit ein paar Pillen änderst du doch nichts …«

Barbara grinste. »Ich habe dir ja gesagt: Man kann nichts ändern! Aber damit«, sie schüttelte das Röhrchen, »lässt sich alles besser ertragen!« Dann trank sie ihr Glas in einem Zug aus und ging zur Kommode, auf der eine Packung Zigaretten lag. Sie nahm eine heraus und zündete sie an.

Katharina ließ den Blick über ihre Familie schweifen. Wahrscheinlich waren sie alle ein bisschen verkorkst, und sie selbst ja vermutlich auch. Aber irgendwie liebte sie dennoch jeden von ihnen. Und auch wenn die anderen meinten, man könne nichts ändern – Katharina würde nicht aufgeben. Man konnte immer etwas verändern, davon war sie überzeugt.

EPILOG

10. SEPTEMBER 1977

Die neue Wohnung war groß und geräumig. Mit 120 Quadratmetern war sie deutlich größer als die meisten Wohnungen, die der Markt hergab. Lindenthal war sicherlich nicht die günstigste Ecke von Köln, aber Katharinas Kanzlei lief inzwischen so gut, dass sie sich so eine Wohnung zusammen mit Theo locker leisten konnte. Auch wenn sie den Prozess gegen die Lufthansa verloren hatte, war die Aufmerksamkeit, die sie und die Kanzlei bekommen hatten, sehr werbewirksam gewesen. Und so hatte sie ihrer alten Sekretärin Frau Kirsch nach Abschluss des Maiburg-Prozesses endlich ein Angebot machen können, das diese freudestrahlend angenommen hatte. Mit Begeisterung hatte Frau Kirsch bei Hassel und Partner gekündigt und war in ihre Kanzlei gekommen. Katharina galt nun als erste Adresse für alle frauenrechtlichen Fragen und hatte inzwischen so viel zu tun, dass sie auch eine zweite Anwältin einstellen konnte, die sie halbtags unterstützte. Gerade für die Zukunft konnte das nicht schaden.

Katharina strich sich über den gewölbten Bauch. In sechs Wochen sollte es so weit sein, und bisher wussten die Ärzte immer noch nicht, welches Geschlecht das Baby hatte. Die relativ neue Technik, mit der man versuchte, sich per Ultraschall ein Bild von dem Baby zu machen, war einmal bei ihr angewandt worden.

Richtig erkennen können hatte der Arzt dabei das Geschlecht aber nicht, was eventuell auf ein Mädchen hinwies. Aber schlussendlich würde es eine Überraschung bleiben.

Zufrieden schaute sie sich im neu eingerichteten Kinderzimmer um. Die weiße Raufasertapete hatte sie mit einer bunten Clownsborte verschönert, das braune Holzkinderbettchen stand unter dem Fenster, direkt neben der Wickelkommode in derselben Farbe. Die neuen Vorhänge waren orange-braun kariert und sorgten für ein warmes Licht im Raum.

Katharina hatte sich vorgenommen, nach drei Monaten in die Kanzlei zurückzukehren. Sicherlich würde das am Anfang nur für ein paar Stunden am Tag möglich sein, aber da sie jetzt zwei Mitarbeiterinnen hatte, würde sie viel Arbeit delegieren können. Das Baby würde sie in der Zeit zu Martha bringen, die inzwischen mehr Zeit hatte, da ihre Eltern sich langsam aus dem öffentlichen Leben zurückzogen. Die Anzeichen des Alters machten sich immer stärker bemerkbar, und gesellschaftliche Anlässe wurden im Hause Berner seltener. Da Martha das große Haus auch nicht mehr putzen musste, weil es dafür inzwischen Hilfen gab, hatte sie sich angeboten, mit dem Baby spazieren zu gehen und es zu versorgen, während Katharina in der Kanzlei nach dem Rechten sah.

Vonseiten ihrer Schwestern hatte sie eigentlich mit Kritik gerechnet, dass sie nun bald eine arbeitende Mutter sein würde, obwohl sie dank Theos Einkommen doch eigentlich auch zu Hause bleiben könnte. Aber zu ihrem Erstaunen hatten sich Eva und Hanna positiv geäußert. »Es war klar, dass du das anders machst als alle anderen«, hatte Eva gesagt. »Aber ich find's gut!«

Und das fand Katharina auch. Es stand nie zur Diskussion, die Kanzlei aufzugeben, und sie war davon überzeugt, Familie und Beruf unter einen Hut zu bekommen. Es war in ihren Augen wichtig, als Frau diesen Schritt zu wagen. Gleichberechtigung und

Emanzipation waren nicht nur Themen für Gesetze und Gerichte, sondern mussten auch im Privaten immer wieder neu verhandelt werden. Zum Glück sah Theo das genau wie sie.

Das Telefon klingelte, und Katharina fand es immer noch todschick, wie es grasgrün und glänzend auf einem kleinen Telefontischchen im Flur stand, neben das sie einen bequemen Sessel platziert hatten.

»Langscheid?«, meldete sie sich und musste lächeln. Wenige Wochen nachdem seine Scheidung abgeschlossen gewesen war, hatten sie standesamtlich geheiratet und ihren Eltern gesagt, dass Theo geschieden war. Sie hatten es überraschend gelassen aufgenommen, vielleicht wurden sie doch altersmilde. Oder sie hatten es sowieso schon geahnt.

Am anderen Ende der Leitung war Frau Kirsch. »Frau Langscheid, ich habe leider schlechte Nachrichten für Sie«, begann sie mit belegter Stimme.

»Was ist passiert?« Katharina setzte sich auf den weichen Sessel und spürte, wie ihre Knie zitterten. Es war doch nichts mit Theo?

»Ich habe gerade einen Anruf von Rita Maiburgs Familie bekommen ... Fräulein Maiburg hatte letzte Woche einen schweren Verkehrsunfall. Ein Frontalzusammenstoß mit einem Milchtankwagen.«

»Mein Gott. Wie geht es ihr?«

»Sie ist mit schweren Verletzungen ins Krankenhaus gekommen ... und ... sie ist gestern leider an den Folgen einer Lungenembolie gestorben ...«

Katharina nahm die Worte kaum noch wahr. Ihre Sekretärin sagte noch irgendetwas von der anstehenden Beerdigung, aber sie war nicht mehr in der Lage, die Unterhaltung weiterzuführen, und beendete das Gespräch. Wie betäubt lehnte sie sich in den Sessel zurück und starrte ins Nichts.

Zwei Jahre lang hatte sie Rita Maiburg und ihren Kampf um Gleichberechtigung begleitet. Sie hatten die vielen Anschuldigungen und die Häme, die man ihnen entgegengebracht hatte, zusammen ausgehalten und sich immer wieder gegenseitig darin bestärkt, weiterzumachen. Und obwohl sie den Prozess verloren hatten, hatten sie beide schlussendlich doch etwas gewonnen. Rita war so bekannt geworden, dass eine andere Fluggesellschaft den Schritt gewagt und sie als weltweit erste Kapitänin im Linienflugverkehr eingestellt hatte. Und Katharina hatte sich einen Namen als Rechtsanwältin machen können und seitdem eine sehr gut laufende Kanzlei.

»Etwas mehr als ein Jahr …«, flüsterte sie fassungslos.

So lange hatte Rita Maiburg ihren Traum leben können. Bis das Schicksal unerbittlich zugeschlagen und ihr Leben beendet hatte. Das war so ungerecht, dass Katharina keine Worte dafür fand. Warum musste so eine Frau so früh gehen? Eine Frau, die ein Vorbild für alle jungen Frauen gewesen war.

Ihr liefen die Tränen über die Wangen, und sie spürte, wie das Baby in ihrem Bauch strampelte, als würde es merken, dass mit seiner Mutter etwas nicht stimmte. Beruhigend strich Katharina über ihren Bauch.

»Rita«, sagte sie leise. »Wenn du ein Mädchen bist, wirst du Rita heißen.«

NACHWORT

Durch einen Zufall bin ich vor einiger Zeit auf die Geschichte Rita Maiburgs aufmerksam geworden. Auf einer Zugfahrt nach München las ich in einem Zeitungsartikel, dass es kaum nach Frauen benannte Straßen in Deutschland gibt. In dem Bericht wurde beklagt, dass damit auch ein Stück weit Wertschätzung von und Erinnerung an Leistungen von Frauen im öffentlichen Raum fehlen. Gerade mal drei Prozent der Straßenschilder sind Frauen gewidmet. Mich interessierte, wie es in meiner Heimatstadt Köln aussieht, und so begann ich zu recherchieren.

Ich fand heraus, dass es eine Rita-Maiburg-Straße gibt. Ich hatte noch nie von ihr gehört, und so forschte ich weiter nach: Rita Maiburg wurde am 23. Juni 1952 in Bonn geboren und starb am 9. September 1977 in Greven an den Folgen eines tragischen Verkehrsunfalls. Sie war die erste Linienflugkapitänin der Welt. Eine kleine Straße in einem Kölner Industriegebiet ist nach ihr benannt worden.

Die Tatsache, dass diese junge Frau den Mut hatte, 1976 eine Klage gegen die Lufthansa und gegen die Bundesrepublik Deutschland anzustrengen – sie wollte für ihr Recht kämpfen, als Pilotin zu arbeiten –, ließ mich immer tiefer in die Geschichte der Emanzipation eintauchen. Und es erschütterte mich, wie es um die Rechte der Frau in den 1970er-Jahren bestellt war. Diese Zeit wird heute oftmals als wilde und freie Hippiezeit verklärt, was tatsächlich aber nur einen Bruchteil der Bevölkerung betraf. Die große Mehrheit lebte ganz anders, mit Gesetzen, die Frauen in die Rolle der Hausfrau drängten und ein eigenständiges Berufsleben erschwerten – und die bis heute nachwirken.

Mein Entschluss stand fest, einen Roman über diese Zeit zu schreiben und darin eine fast vergessene Kämpferin für die Frauenrechte in den Mittelpunkt zu stellen: Rita Maiburg.

Nun ist ein historischer Roman immer eine Mischung aus Fiktion und Wirklichkeit. Zunächst recherchierte ich daher alle Fakten und versuchte unter anderem, die Angehörigen Rita Maiburgs ausfindig zu machen, was mir leider nicht gelang. Alle Details in Bezug auf das Familienleben der Maiburgs sind deshalb frei erfunden. Auch waren die Prozessakten von damals nicht archiviert worden. Dank der ausführlichen Berichterstattung in der damaligen Presse ließen sich dennoch viele Informationen sammeln.

Für mich stand schnell fest, dass es eine zweite, fiktive Protagonistin in dem Roman geben musste. So entwickelte ich die Figur der Katharina Berner, für die es kein historisches Vorbild gibt. Um sie möglichst realistisch zu zeichnen, tauchte ich für eine Weile in die Archive der Zeitschrift *Emma* ab und beschäftigte mich intensiv mit der Frauenrechtsbewegung dieser Zeit. Die Historikerin Frau Professor Dr. Anke Hilbrenner beriet mich außerdem in allen Fragen zur Geschichte der Emanzipation. Ihr gilt dafür mein besonderer Dank. Rechtsanwalt Dr. Nikolaos Paschos stand mir bei allen juristischen Fragen zur Seite und gab wichtige Hinweise zu dem historischen Prozess. Auch dafür möchte ich mich herzlich bedanken.

In der Zeit des Schreibens habe ich mir zahlreiche Dokumentationen über die 1970er-Jahre angeschaut, die in den Mediatheken zur Verfügung stehen und mich immer mehr in die Atmosphäre dieses Jahrzehnts eintauchen ließen. Ich habe mir unzählige Werbespots von damals angesehen, die allesamt leuchtende Beispiele für ein überkommenes Rollenverständnis und gelebten Sexismus sind – unvergessen der Opel-Spot, in dem der Beifahrerin unwillkürlich an die Brust gefasst wird, was diese lächelnd hinnimmt.

Diese Zeiten liegen noch gar nicht so lange zurück. Es waren die Jahre meiner frühen Kindheit, als meine Mutter als Ehe- und Hausfrau drei Kinder großzog und sich ein Leben, wie Frauen es heute führen, nicht vorstellen konnte. Auch deshalb hat es mich gereizt, diesen Roman zu schreiben – viele eigene Erinnerungen wurden dadurch geweckt.

Auch wenn wir heute einer wirklichen Gleichberechtigung von Mann und Frau viel näher sind als zu Zeiten Rita Maiburgs, ist der Weg nach wie vor ein weiter. Erst elf Jahre nach Rita Maiburgs Tod startete die erste Pilotin im Cockpit der Lufthansa. So lange hatte die Fluggesellschaft es geschafft, die Einstellung von Frauen zu verweigern. Heute liegt der Anteil der Pilotinnen weltweit bei gerade einmal fünf Prozent. Dieses eine Beispiel unter vielen zeigt: Es bleibt noch einiges zu tun.

Christine Drews